21 世纪高职高专能力本位型系列规划教材·财务会计系列

管 理 会 计

主　编　王红珠　邵敬浩
副主编　许秀萍　武莉莉

内 容 简 介

本书是根据最新颁布的《企业会计准则》、《企业财务通则》和《中华人民共和国企业所得税法》的内容，从企业经营管理的基本要求出发组织编写的。本书涵盖了管理会计的预测、决策、全面预算、成本控制和责任会计等方面的内容。

本书共分九章，分别为管理会计总论、成本性态与变动成本法、本量利分析、预测分析、短期经营决策、长期投资决策、全面预算、成本控制和责任会计。每章均设置了核心概念、学习目标、导入案例、课后训练等特色栏目。

本书可作为高职高专财会类和管理类专业的教材，也适合作为成人教育的教学用书。

图书在版编目(CIP)数据

管理会计/王红珠，邵敬浩主编．—北京：北京大学出版社，2013.7
(21世纪高职高专能力本位型系列规划教材·财务会计系列)
ISBN 978-7-301-22822-7

Ⅰ.①管… Ⅱ.①王…②邵… Ⅲ.①管理会计—高等职业教育—教材 Ⅳ.①F234.3

中国版本图书馆 CIP 数据核字(2013)第 153984 号

书　　名：	管理会计
著作责任者：	王红珠　邵敬浩　主编
策划编辑：	蔡华兵
责任编辑：	刘健军
标准书号：	ISBN 978-7-301-22822-7/F·3671
出版发行：	北京大学出版社
地　　址：	北京市海淀区成府路 205 号　100871
网　　址：	http://www.pup.cn　新浪官方微博:@北京大学出版社
电子信箱：	pup_6@163.com
电　　话：	邮购部 62752015　发行部 62750672　编辑部 62750667　出版部 62754962
印 刷 者：	北京鑫海金澳胶印有限公司
经 销 者：	新华书店
	787 毫米×1092 毫米　16 开本　16.75 印张　383 千字
	2013 年 7 月第 1 版　2016 年 1 月第 2 次印刷
定　　价：	34.00 元

未经许可，不得以任何方式复制或抄袭本书之部分或全部内容。
版权所有，侵权必究
举报电话：010-62752024　电子信箱：fd@pup.pku.edu.cn

前　言

　　管理会计是一门新兴的学科，是会计学的一个重要分支，它是以财务会计信息和其他数据资料为主要依据，以经济数学为主要手段，对企业的经营管理活动进行规划和控制，以求取得最佳经济效益的一种信息系统。随着现代企业经营管理的日益复杂，管理会计的内涵和外延正在不断丰富和发展。随着我国市场经济体系的逐步健全，企业如何在复杂多变的市场经济大潮中，面对各种风险和机遇，把握主动，迎接挑战，以求得生存与发展，并最终实现企业价值而获得盈利，在很大程度上取决于其经营管理水平，也取决于企业的财务管理人员能否真正做到及时运用好预测、决策、规划、控制和考核评价几大职能，这正是本书阐述的主要内容。

　　拥有先进的管理理念，掌握科学的管理方法和技术，具有丰富管理经验的高级管理人才是目前企业急需的人才。高等职业教育正是在这样的大背景下，教育理念和教学指导思想发生了重大的变化。在这种思想的指导下，我们根据最新颁布的《企业会计准则》、《企业财务通则》和《中华人民共和国企业所得税法》的内容，从企业经营管理的基本要求出发组织编写本书内容。

　　本书力图做到理论知识与实际操作紧密结合，并力求突出针对性、实践性、应用性、先进性和整体性。本书共分九章，结构合理，内容分布均匀，每章均设置了核心概念、学习目标、导入案例、课后训练等特色栏目，既起到巩固学生所学理论知识、将理论运用于实践的作用，又起到培养学生解决实际问题的综合能力的作用。

　　本书由王红珠、邵敬浩担任主编，许秀萍、武莉莉担任副主编。王红珠对全书进行了总撰和总体修订。王红珠负责编写第 3 章、第 6 章、第 8 章和第 9 章的内容，邵敬浩负责编写第 1 章和第 5 章的内容，许秀萍负责编写第 4 章和第 7 章的内容，武莉莉负责编写第 2 章的内容，全书由企业人员许小强进行了专业上和实践上的把关和指导。

　　本书在撰写过程中参考了大量的文献，在这里向有关作者表示衷心的感谢！

　　由于编者自身的学识水平和实践经验有限，书中难免有不妥之处，敬请有关专家、学者及广大读者不吝赐教，以便进一步修改与提高。

编　者
2013 年 3 月

目 录

第1章 管理会计总论 ······ 1
1.1 管理会计概述 ······ 2
- 1.1.1 管理会计的意义 ······ 2
- 1.1.2 管理会计的作用 ······ 3
- 1.1.3 管理会计的职能 ······ 4
- 1.1.4 管理会计的内容 ······ 4

1.2 管理会计的形成和发展 ······ 5
- 1.2.1 管理会计的形成 ······ 5
- 1.2.2 管理会计的发展 ······ 6

1.3 管理会计与财务会计的关系 ······ 7
- 1.3.1 管理会计与财务会计的联系 ······ 7
- 1.3.2 管理会计与财务会计的区别 ······ 7

课后训练 ······ 8

第2章 成本性态与变动成本法 ······ 12
2.1 成本性态概述 ······ 13
- 2.1.1 成本按照经济用途分类 ······ 13
- 2.1.2 成本按照成本性态分类 ······ 14
- 2.1.3 总成本公式及其性态模型 ······ 17

2.2 混合成本的分解方法 ······ 18
- 2.2.1 直接观察法 ······ 18
- 2.2.2 契约确认法 ······ 18
- 2.2.3 历史资料分析法 ······ 19

2.3 变动成本法 ······ 22
- 2.3.1 变动成本法和完全成本法的基本概念 ······ 22
- 2.3.2 变动成本法和完全成本法的差异 ······ 22
- 2.3.3 变动成本法与完全成本法的比较 ······ 24
- 2.3.4 变动成本法的评价 ······ 28

课后训练 ······ 29

第3章 本量利分析 ······ 34
3.1 本量利分析概述 ······ 35
- 3.1.1 本量利分析的概念 ······ 35
- 3.1.2 本量利分析的基本关系式及相关概念 ······ 35
- 3.1.3 本量利分析的基本内容 ······ 38

3.2 单一产品的本量利分析 ······ 38
- 3.2.1 保本分析 ······ 38
- 3.2.2 保利分析 ······ 39
- 3.2.3 企业经营安全程度评价 ······ 40

3.3 多种产品的本量利分析 ······ 42
- 3.3.1 主要产品贡献毛益率法 ······ 42
- 3.3.2 分别计算法 ······ 42
- 3.3.3 综合贡献毛益率法 ······ 42
- 3.3.4 贡献毛益保本率法 ······ 43

3.4 本量利分析的其他内容 ······ 44
- 3.4.1 本量利图 ······ 44
- 3.4.2 有关因素变动对保本点的影响 ······ 46

课后训练 ······ 47

第4章 预测分析 ······ 54
4.1 预测分析概述 ······ 55
- 4.1.1 预测分析的意义和特点 ······ 55
- 4.1.2 预测分析的基本原理 ······ 56
- 4.1.3 预测分析的一般程序 ······ 57
- 4.1.4 预测分析的方法 ······ 57

4.2 销售预测 ······ 58
- 4.2.1 销售预测的意义 ······ 58
- 4.2.2 销售预测的影响因素 ······ 59
- 4.2.3 销售预测的主要方法 ······ 59

4.3 成本预测 ······ 67
- 4.3.1 成本预测的意义 ······ 67
- 4.3.2 成本预测的程序 ······ 67
- 4.3.3 成本预测的方法 ······ 68

4.4 利润预测 ······ 73
- 4.4.1 利润预测的意义 ······ 73
- 4.4.2 利润预测的方法 ······ 73

4.5 资金需要量预测 ······ 76

　　　　4.5.1 资金需要量预测的意义 …… 76
　　　　4.5.2 资金需要量预测的基本
　　　　　　　方法 …………………… 76
　　课后训练 …………………………… 79

第5章　短期经营决策 ………… 86

　5.1 决策分析概述 …………………… 87
　　　5.1.1 决策的概念 ……………… 87
　　　5.1.2 决策的分类 ……………… 87
　　　5.1.3 决策分析的一般程序 …… 88
　　　5.1.4 决策中的成本概念 ……… 89
　5.2 生产决策 ………………………… 91
　　　5.2.1 新产品的投产决策 ……… 91
　　　5.2.2 亏损产品决策 …………… 94
　　　5.2.3 半成品是否深加工的决策 … 97
　　　5.2.4 零部件自制还是外购的
　　　　　　决策 ……………………… 99
　　　5.2.5 特殊订货的决策 ………… 102
　　　5.2.6 选择不同工艺加工的决策 … 106
　　　5.2.7 产品最优组合的决策 …… 107
　5.3 存货决策 ………………………… 110
　　　5.3.1 与存货有关的成本 ……… 110
　　　5.3.2 经济批量法的基本模式 … 112
　　　5.3.3 经济批量法的变换形式 … 115
　5.4 定价决策 ………………………… 119
　　　5.4.1 影响价格的因素 ………… 119
　　　5.4.2 企业产品定价策略 ……… 120
　　　5.4.3 以成本为基础的定价决策
　　　　　　方法 ……………………… 121
　　课后训练 …………………………… 122

第6章　长期投资决策 ………… 129

　6.1 长期投资决策概述 ……………… 130
　　　6.1.1 长期投资决策的概念、分类及
　　　　　　特点 ……………………… 130
　　　6.1.2 项目投资的相关概念 …… 131
　6.2 长期投资决策要素 ……………… 133
　　　6.2.1 货币时间价值 …………… 133
　　　6.2.2 现金流量 ………………… 139
　　　6.2.3 资金成本 ………………… 141
　6.3 长期投资决策方法 ……………… 142

　　　6.3.1 评价指标的分类 ………… 143
　　　6.3.2 评价指标的计算 ………… 143
　6.4 长期投资决策分析方法的具体
　　　应用 ……………………………… 151
　　　6.4.1 评价指标的应用范围与
　　　　　　原则 ……………………… 151
　　　6.4.2 长期投资决策具体应用 … 152
　　课后训练 …………………………… 155

第7章　全面预算 ……………… 162

　7.1 全面预算概述 …………………… 163
　　　7.1.1 预算的概念 ……………… 163
　　　7.1.2 全面预算的作用 ………… 164
　　　7.1.3 全面预算编制的原则 …… 164
　　　7.1.4 编制预算的一般程序 …… 165
　　　7.1.5 全面预算体系的构成 …… 166
　7.2 全面预算编制的基本方法 ……… 167
　　　7.2.1 业务预算的编制 ………… 168
　　　7.2.2 专门决策预算的编制 …… 174
　　　7.2.3 财务预算的编制 ………… 175
　7.3 全面预算编制的其他方法 ……… 178
　　　7.3.1 固定预算 ………………… 178
　　　7.3.2 弹性预算 ………………… 179
　　　7.3.3 增量预算 ………………… 182
　　　7.3.4 零基预算 ………………… 183
　　　7.3.5 定期预算 ………………… 186
　　　7.3.6 滚动预算 ………………… 186
　　课后训练 …………………………… 187

第8章　成本控制 ……………… 196

　8.1 成本控制概述 …………………… 197
　　　8.1.1 成本控制的概念 ………… 197
　　　8.1.2 成本控制的意义 ………… 198
　　　8.1.3 成本控制的原则 ………… 198
　　　8.1.4 成本控制的方法 ………… 199
　8.2 标准成本管理 …………………… 202
　　　8.2.1 标准成本制度 …………… 202
　　　8.2.2 标准成本制定 …………… 203
　　　8.2.3 标准成本控制 …………… 205
　　　8.2.4 成本差异分析 …………… 206
　8.3 成本差异的账务处理 …………… 210

8.3.1 标准成本制度下账务处理的特点 ⋯⋯⋯⋯⋯⋯⋯⋯ 210
8.3.2 成本差异账务处理的方法 ⋯ 210
8.4 成本费用日常管理 ⋯⋯⋯⋯⋯⋯ 213
8.4.1 成本、费用日常管理原则 ⋯ 213
8.4.2 成本费用计划 ⋯⋯⋯⋯⋯⋯ 214
课后训练 ⋯⋯⋯⋯⋯⋯⋯⋯⋯⋯⋯⋯ 215

第9章 责任会计 ⋯⋯⋯⋯⋯⋯⋯⋯⋯ 225

9.1 责任会计概述 ⋯⋯⋯⋯⋯⋯⋯⋯ 226
9.1.1 责任会计的意义 ⋯⋯⋯⋯ 226
9.1.2 责任会计的内容 ⋯⋯⋯⋯ 227
9.1.3 建立责任会计制度的原则 ⋯⋯⋯⋯⋯⋯⋯⋯⋯ 228
9.2 责任中心的设置和考核 ⋯⋯⋯⋯ 229

9.2.1 成本中心及其考核 ⋯⋯⋯⋯ 229
9.2.2 利润中心及其考核 ⋯⋯⋯⋯ 232
9.2.3 投资中心及其考核 ⋯⋯⋯⋯ 235
9.3 内部转移价格 ⋯⋯⋯⋯⋯⋯⋯⋯ 238
9.3.1 内部转移价格的概念 ⋯⋯ 238
9.3.2 内部转移价格的作用 ⋯⋯ 238
9.3.3 内部转移价格的种类 ⋯⋯ 239
课后训练 ⋯⋯⋯⋯⋯⋯⋯⋯⋯⋯⋯⋯ 241

附录 资金时间价值系数表 ⋯⋯⋯⋯⋯ 246

附表1 1元复利终值表 ⋯⋯⋯⋯⋯⋯ 246
附表2 1元复利现值表 ⋯⋯⋯⋯⋯⋯ 248
附表3 1元年金终值表 ⋯⋯⋯⋯⋯⋯ 250
附表4 1元年金终值表 ⋯⋯⋯⋯⋯⋯ 252

参考文献 ⋯⋯⋯⋯⋯⋯⋯⋯⋯⋯⋯⋯⋯ 254

第1章

管理会计总论

GUANLI KUAIJI ZONGLUN

【核心概念】

管理会计　预测决策会计　规划控制会计　责任会计

【学习目标】

知 识 目 标	技 能 目 标
1. 了解有关管理会计的基本理论知识 2. 了解管理会计的产生和发展、管理会计与财务会计的关系等基本理论知识	1. 掌握管理会计的内涵、基本内容及其特征 2. 掌握管理会计实践的工作全过程

【导入案例】

东胜公司是一家生产机械配件的公司,面对激烈的市场竞争,其管理层对于公司微薄的利润、巨大的售后成本和售后服务质量都感到担忧。为此公司已经采取了相应的措施,如新设立一个质量保证部门,实施"高质量保证"的产品质量改进计划,试图向顾客进行质量承诺;为了扩大销售,公司还给予几家大客户一定的价格折扣。但是,公司的这一系列举措没有收到应有的效果,公司的产品仍然有质量问题,财务业绩仍然不佳。咨询顾问发现,该公司存在如下问题:首先,公司的会计信息系统没有提供有关客户盈利能力、产品盈利能力和产品质量成本的相关信息,会计信息系统仍然按照财务会计的要求来计划产品成本,这给管理当局的决策造成了误导,企业销售的是在他们看来利润丰厚,其实是利润微薄的产品。由于缺乏质量成本信息,管理者无法对产品的质量进行监督和评价,也就无法达到质量控制的目标。其次,企业的各部门之间缺乏沟通,特别是销售和生产部门。销售部门为了扩大销售,不断接受过多的订单,生产部门总是无法及时完成这些订单,结果客户转向了其他制造商。生产部门的目标是不断降低产品成本,由于在传统的会计系统下,产量越多,成本越低,而且企业的设备在不同产品转换上成本较高,生产部门为了控制成本,总是在大批量生产完一种产品后再转向另一种,这样就造成了某些产品的存货过多,而其他产品的存货供不应求。

由这个案例我们可以发现,管理会计信息及时的反馈及运用管理会计方法帮助企业领导者更好地进行企业管理,在企业中起到了多么重要的作用。

 1.1 管理会计概述

管理会计是一门新兴的学科,是会计学的一个重要分支。根据它在企业管理中的作用,**管理会计**的定义如下:它是以财务会计信息和其他数据资料为主要依据,以经济数学为主要手段,对企业的经营管理活动进行规划和控制,以求取得最佳经济效益的一种信息系统。随着现代企业经营管理的日益复杂,管理会计的内涵和外延正不断地丰富和发展,具体表现为与各学科的相互结合与渗透,如经营管理学、数理统计、运筹学、计算机等已在管理会计中得到广泛的应用,使它逐渐发展成为一门边缘学科。因此,对于管理会计的概念、职能、方法的内容,已不能静态的理解和认识。同时,管理会计的形成与发展,在很大程度上丰富和扩大了会计学科的内容和领域,标志着会计学已进入一个崭新的阶段。

1.1.1 管理会计的意义

现代会计的发展,使会计的管理职能越来越受到重视,作为会计与管理直接结合的管理会计逐步从传统会计中分离出来,这样,原来传统的会计就被称为财务会计,从而形成了管理会计与财务会计这两个现代会计中并列的重要领域。

管理会计直接服务于企业的内部管理。管理有两个基本的职能,即计划与控制。相对于管理工作的计划职能,管理会计有以决策为主体的规划会计,对企业的经营管理活动进行预测、决策,确定目标,编制计划、预算。相对于管理的控制职能,管理会计则有以责任会计为主体的执行会计,对计划、预算所确定的方案的执行过程进行控制,评析工作业绩和效益,寻求改进措施,保证预定目标的实现。

管理会计进行预测、决策、计划、控制、考核,主要是利用财务会计信息,同时也要利用其他有关信息。管理会计所预期的经济效益能否实现，完成程度如何，最终要在财务会计中得到反映。管理会计所利用的技术方法是多样的，有会计方法、统计方法，但用得最多的是以运筹学为主的经济数学方法，它把复杂的经济活动用简明的数学模型表达出来，以揭示有关对象之间的内在联系和数量关系，从而为企业管理者正确地进行决策提供客观依据。管理会计对企业的经营管理活动进行规划和控制，即规划未来，控制现在，分析、评价过去。规划未来是管理会计的重点，因为事先制定正确的决策，确定最优的目标责任制，是提高经济效益的关键；控制现在，是保证决策所确定的目标能够实现的手段；分析、评价过去主要是分清责任，考核业绩，同时在分析评价过去的基础上，为今后决策提供经验。

1.1.2 管理会计的作用

管理会计重视数学模型和定量分析方法，但更重视人的主观能动作用，它主张做好人的工作，改善人际关系，引导、激励人们在经营管理活动中充分发挥主观能动性，调动一切积极因素，以达到取得最佳经济效益的目的。

管理会计在现代企业管理工作中的作用，主要有以下三个方面。

1. 提供管理信息

现代企业生产经营活动需要大量的经济信息，不仅需要财务会计提供的财务成本、经营情况等方面的信息，而且需要能适应于企业内部管理的各种管理信息。这些管理信息既包括经过进一步加工后的财务信息，也包括大量具有特定形式和内容的非财务信息，如实际的和预期的、历史的和未来的、局部的和全局的、技术的和经济的，等等。只有这样，企业的管理者才能据以对未来的生产经营活动进行规划和控制，达到预期的目标。管理会计由于不受有关法定会计规范和固有会计程式的制约，且可采用多种技术方法，所以它有可能对从各种不同渠道取得的信息进行加工、整理、改制，使之成为符合企业内部管理要求的特定数据，成为能满足管理者进行预测、决策、计划、控制等各项工作所需要的管理信息。

2. 直接参与决策

决策是现代企业经营管理的核心。决策过程是管理工作人员选择和决定未来经营活动方案的过程。只有正确地进行各种决策，企业才能实现未来生产经营的最优化运转。然而，要制定正确的决策，不仅需要及时获取和提供管理信息，而且更需要对管理信息进行科学地加工和有效的运用。在这里，管理会计发挥了它特有的功能。管理会计不是消极被动地提供管理信息，而是在提供管理信息的同时，积极、有效地帮助管理者进行计划和决策，能动地参与企业经营管理。特别是管理会计几乎涉及企业生产经营的整个过程和所有领域，因此，它不仅参与属于全局性、战略性的决策计划，而且参与企业内部各有关职能部门各种具体的决策计划。管理会计在提出和评价决策方案、帮助企业各级管理层进行正确的决策时，实际上也就置身于决策计划过程，直接参与了企业的经营管理活动。

3. 实行业绩考评

为了确保预定目标的实现，必须对生产经营过程和结果进行严密的跟踪和监控，将反映企业经营目标完成情况和经营计划执行过程的实际情况与体现目标、计划的预算进行对比分析和检查考核。这是便于生产经营活动得以按最优化原则进行的重要手段，也是衡量和控制决策、计划和实际执行进而最终实现预定经营目标的可靠保证。在对企业生产经营过程及其结果进行监控、考评的问题上，管理会计既可建立完备的控制系统，又可确定严格的考核措施，从而随时掌握达成企业目标的实际进程，正确考评企业内部有关部门的工作成绩，并为修订决策、调整计划提供客观依据。

1.1.3 管理会计的职能

管理会计的职能是指其在企业管理工作中所起的作用，可以概括为五个方面。

1. 预测职能

预测是指采用科学的方法预计、推测客观事物的未来发展必然性或可能性的行为。管理会计发挥预测经济前景的职能，就是按照企业未来的总目标和经营方针，充分考虑经济规律的作用和经济条件的约束，选择合理的模型，有目的地预计与推测企业未来销售、利润、成本及资金的变动趋势和水平。

2. 决策职能

决策是在充分考虑各种可能的前提下，按照客观规律的要求，通过一定程序对未来实践的方向目标、原则和方法做出决定的过程。决策既是企业经营管理的核心，也是各级各类管理人员的主要工作。管理会计发挥参与决策的职能，主要体现在根据企业决策目标搜集、整理有关信息资料，选择科学的方法计算有关的评价指标，并制作正确的行动方案。

3. 控制职能

控制是对企业日常的生产经营活动进行严密监控和跟踪的过程，它一般包括计划、预算的落实，标准、定额的制定，日程、进度的安排，以及实际的计量、差异的分析和行为的矫正等过程。

4. 规划职能

规划是对企业未来的生产经营活动进行科学的安排与筹划。它要求在最终决策的基础上，将事先确定的有关经济目标分解落实到各有关预算中去，从而合理有效地组织协调供、产、销，以及人、财、物之间的关系，并为控制和责任考核创造条件。

5. 考核评价职能

管理会计履行考核评价的职能，是通过建立责任会计制度来实现的，即在各部门、各单位及每个人均明确各自责任的前提下，逐级考核责任指标的执行情况，找出成绩和不足，从而为奖惩制度的实施和未来工作的改进提供必要的依据。

1.1.4 管理会计的内容

管理会计的内容与管理会计的职能是密切联系的，职能的发挥需要有相应的内容做保证。管理会计的内容包括预测、决策、全面预算、成本控制和责任会计等方面。其中，前两项内容合称为预测决策会计；全面预算和成本控制合称为规划控制会计。预测决策会计、规划控制会计和责任会计三者既相互独立，又相辅相成，共同构成了现代管理会计的基本内容。

（1）**预测决策会计**是管理会计系统中侧重于发挥预测经济前景和实施经营决策职能的最具有能动作用的会计子系统。它处于现代管理会计的核心地位，又是现代管理会计形成的关键标志之一。

（2）**规划控制会计**是指在决策目标和经营方针已经明确的前提下，为执行既定的决策方案而进行有关规划和控制，以确保预期奋斗目标顺利实现的会计子系统。

（3）**责任会计**是指在组织企业经营时，按照分权管理的思想划分各个内部管理层次的相应职责、权限及所承担义务的范围和内容，通过考核评价各有关方面履行责任的情况，反映其真实业绩，从而调动企业全体职工的积极性的会计子系统。

1.2 管理会计的形成和发展

管理会计从传统单一的会计中分离开来，成为与财务会计并列的独立学科，经历了一个逐步发展的过程。作为现代会计的一个分支，管理会计的产生是会计随着经济的发展而发展的。

1.2.1 管理会计的形成

19 世纪 60～90 年代，西方资本主义工业生产突飞猛进的发展，产生了工厂生产经营方式，并开始出现了股份有限公司这种组织形式。这不仅有利于资本的筹集和积累，而且为促进社会化大生产和工厂制度化的发展奠定了基础。

19 世纪末到 20 世纪 30 年代，西方整个工业生产领域和社会经济关系进行了全面改革，推动了社会化大生产，劳动分工和专业化的发展导致了企业组织上的更大的联合。与此同时，市场的激烈竞争导致一些企业在竞争中取得优势，迅速发展，另一些企业则竞争失败、亏损、倒闭。在这种情况下，企业为了避免在竞争中被淘汰，迫切要求会计不仅是事后的反映，而且更重要的是对企业未来的经营管理提出多种方案，事先预测其效果作为企业经营决策的依据，以便取得最佳的经济效益。因此，传统的财务会计已不能满足管理上的需要，建立一门以规划与控制为主要职能的新兴的会计学分支已迫在眉睫。

20 世纪初，为了解决如何用先进的科学管理代替落后的传统管理，使企业的各级管理工作得到较大的改善，美国出现了集中体现科学管理理论和方法的"泰罗制"，泰罗的科学管理学说主张在企业管理工作中要用精确的调查研究和科学知识来代替个人判断，即要对产品的制造过程进行缜密的观察、计量、分析和评价，为生产劳动制定各种标准。要求每个工人使用标准的工具，通过标准的动作，耗用不超过标准的时间和原材料，来制造质量符合标准的产品；实行职能工长制，超额累进计件工资制等。与泰罗制的推广应用相配合，一些新的会计观念和技术方法如标准成本、预算控制、差异分析等相继出现，并在实践中得到了不断的充实和完善。会计领域中这些新观念、新方法的出现，不仅给传统的会计增添了若干新内容，而且使会计开始突破单纯的事后计算而进入科学的事前计算，并将事前计算与事后分析紧密地结合起来，从而为会计更好地服务于企业管理开辟了一条新的途径。当时，有人把这些会计领域的新内容综合起来，称为管理会计，并写成专著，如 1922 年奎因坦斯的《管理会计：财务管理入门》等，虽然由于当时历史条件的限制，这些理论没有被充分的认识和广泛的应用,但是处于初级阶段的管理会计在事实上已经形成了。

此后不久,数学有了重大的突破性发展,从而促使了以优化为目的的运筹学的问世。第二次世界大战后,为了适应新形势的要求,会计人员运用运筹学对会计资料进行加工、分析,预测未来,参与经营决策。运筹学与会计的结合,形成了决策会计,奠定了管理会计的基础。

会计从事后反映发展到规划与控制,需要大量的信息,计算工作大大增加。尤其是许多数学模型,从理论上说,手工计算可以完成,而实际上手工根本无法胜任,因此必须具有良好的计算工具才能开展工作。1946年世界上第一台电子计算机的问世及随后计算机技术的迅猛发展,在客观上为管理会计的产生与发展提供了有利的条件。

1.2.2 管理会计的发展

20世纪50年代以来,盛极一时的泰罗制已经无法适应资本主义经济发展新的形势和要求。在这种形势下,以行为科学和运筹学为主体的现代管理科学应运而生,并终于以其更科学和先进的理论和方法取代了泰罗制,从而进一步促进了管理会计的发展。行为科学主要应用心理学、社会学等原理,来探讨所谓调整人与人之间的关系,引导、激励职工在生产经营中充分发挥主观能动作用,为企业出谋划策,争取实现最大的经济效益。运筹学主要用现代数学和数理统计的原理和方法,建立许多数量化的管理模式,帮助人们按照最优化的要求,对企业的生产经营活动进行科学的预测、决策、计划、组织和控制,促使企业实现最优运转,以提高企业的竞争能力。

按照行为科学所确立的原理和方法,企业应实行"目标管理",也就是企业应确定它在一定时期应当实现的总目标,企业内部各管理工作层次则要围绕这个总目标,各自制定一个与总目标相应的具体目标,以保证总目标的实现。为此,企业管理工作者不仅要求会计能反映整个企业的经营成果,而且要求控制和考核各责任部门和有关人员的工作业绩。会计与责任的控制考核相结合,就形成了管理会计的一个重要内容——责任会计。

另外,为了避免在激烈的市场竞争中被淘汰,企业管理工作者不仅要求会计做好事后反映,而且更重要的是要对企业未来的经营管理提出多种方案,并事先预测其经济效益,以供企业管理者进行正确的经营决策。为了适应这个新形势,会计人员就运用了运筹学这一现代管理科学的新成就,对会计信息进行进一步加工,规划未来,参与决策。会计与运筹学的结合,形成了管理会计的另一个重要内容——决策会计。决策会计的产生,使管理会计从传统的会计中分离出来,成为与财务会计相对应的一个独立分支。

管理会计与财务会计分离以后,又不断地吸收现代管理科学和系统论、信息论和控制论等各方面的研究成果,使它的理论体系不断完善,逐步成为现代企业管理的一个重要组成部分。

此外,专业管理会计团体的成立,也是现代管理会计形成的标志之一。美国于1972年成立了从全国会计人员联合会中分离出来的"管理会计协会",英国成立了"成本和管理会计师协会",并分别出版了《管理会计》月刊,在全世界范围内发行。同时,美国举行了"执业管理会计师"资格考试,出现了专门的执业管理会计师,他们可以在专门领域内开展工作并取得较高的社会地位。

1.3 管理会计与财务会计的关系

管理会计从传统会计中分离出来之后,企业会计中涉及日常会计核算及对外报告的那部分内容就称为财务会计,财务会计与管理会计一起成为会计学的两大分支。分析财务会计与管理会计的关系能帮助我们深刻地理解管理会计的特点。

1.3.1 管理会计与财务会计的联系

1. 管理会计与财务会计同属于现代会计

从逻辑上,在管理会计产生之前,也无从谈起财务会计,甚至连这个概念都没有。从结构关系看,管理会计与财务会计两者源于同一母体,都属于现代企业会计,共同构成了现代企业会计系统的有机整体。两者相互依存、相互制约、相互补充。

2. 管理会计与财务会计的最终目标一致

管理会计和财务会计都处于现代经济条件下的现代企业环境中,它们的工作对象从总的方面来看基本相同,都是企业经营过程中的资金运动,都统一服从于现代企业会计的总体要求,共同为实现企业内部经营管理的目标和满足企业外部有关方面的要求服务,因此,它们的最终目标是一致的。

3. 管理会计与财务会计相互分享部分信息

管理会计所需的许多资料来源于财务会计系统,它的主要工作内容是对财务会计信息进行深加工与再利用,因而受到财务会计工作质量的约束;而财务会计的发展与改革,则应当充分考虑到管理会计的要求,以扩大信息交换处理能力和兼容能力,避免不必要的重复和浪费。

4. 财务会计的改革有助于管理会计的发展

近年来我们开展的会计改革,其意义不仅仅局限于在财务会计领域实现与国际惯例接轨,而且还在于这一改革能够将广大财会人员从过去那种单纯反映过去、"算死账"的会计模式下解放出来,使之能腾出更多的时间和精力去考虑如何适应市场经济条件下企业经营管理的新环境,解决面临的新问题,从而建立面向未来决策的"算活账"的会计模式,开创管理会计工作的新局面。

1.3.2 管理会计与财务会计的区别

在区分会计的两个分支时,比较权威的观点集中于"内部与外部"的区别上,即财务会计和管理会计分别主要服务于企业外部和企业内部。但美国会计学家阿诺德·J. 和豪普·T. 提出了明显的质疑,他们认为:"财务会计与管理会计的区分在许多方面是不幸的和误导的。"不过,另外,他们还是认同了两者的基本区别:"管理会计为进行决策的管理者提供信息……相反,财务会计向管理者以外的使用者提供信息,如股东、顾客和银行等。"(阿诺德·J.和豪普·T.,《管理会计决策》,1990年,第二版)。毫无疑问,这种分歧会继续存在。但为了便于学习与理解,这里,我们对两者的区别概括如表1-1所示。

表1-1 管理会计与财务会计的区别

特 征	财务会计	管理会计
(1) 核算目的	主要为企业外部有关单位、组织或个人提供相关的会计信息	主要为企业内部各级管理决策人员提供相关的管理会计信息
(2) 核算重点	着重反映过去和现在	着重控制现在和预测未来(有时也评价过去)
(3) 核算依据	必须遵守公认的会计准则或统一的会计制度	只服从管理人员的需要,不一定完全遵守会计准则或统一的会计制度
(4) 核算对象	整个企业生产经营活动	可以是整个企业,也可是某个责任部门,甚至是某个责任人。可以是生产经营活动的全过程,也可以是某个阶段或某一方面
(5) 核算方法	会计方法	会计方法、统计方法及其他方法
(6) 核算要求	力求精确	不求精确,只求相对准确
(7) 核算程序	比较固定,凭证、账表格式都比较规范	不固定,可自由选择。各种报告没有规定的格式,可根据管理需要自行设计
(8) 编表时间	定期编制	根据需要,不要求定期编制
(9) 法律效力	财务会计报告是正式报告,具有法律效力	管理会计报告不是正式报告,不具有法律效力

【提示】必须指出,以上区别不是绝对的。从广义上讲,财务会计同样是为了满足管理的需要,而现代管理会计中,长期投资决策的结果、长期投资的可行性研究也经常作为对外提供的资料。作为现代管理会计的支柱之一,标准成本系统长期以来就是财务会计的重要组成部分。因此,管理会计与财务会计很难截然分开。

课后训练

一、判断题

1. 管理会计是一门新兴的会计学科和知识体系。( )
2. 管理会计的最终目标是提高企业的经济效益。( )
3. 管理会计递交报告的对象局限于企业内部各管理层次。( )
4. 管理会计受会计准则、会计制度的制约,同时企业也可根据管理的实际情况和需要确定。( )
5. 管理会计和财务会计具有截然不同的服务对象。( )
6. 管理会计侧重于为投资者服务。( )
7. 管理会计是随着经济的发展而产生和发展的。( )

8. 现代管理会计的特征在于以预测决策会计和责任会计为主，以规划控制会计为辅。
(　　)
9. 管理会计既能提供价值信息，又能提供非价值信息；既提供定量信息，又提供定性信息；既提供部分的、有选择的信息，又提供全面的、系统的信息。(　　)
10. 管理会计与财务会计的奋斗目标完全是一致的。(　　)

二、单项选择题

1. 现代会计中两个并列的重要领域是(　　)。
   A. 管理会计与决策会计　　　　B. 财务会计与责任会计
   C. 财务会计与管理会计　　　　D. 决策会计与责任会计
2. 管理会计对企业的经济活动进行规划和控制，主要利用(　　)。
   A. 财务会计信息　　　　　　　B. 业务信息
   C. 计划信息　　　　　　　　　D. 统计信息
3. 财务会计应用的数学方法一般只涉及(　　)。
   A. 初等数学　　B. 运筹学　　C. 数理统计学　　D. 回归分析法
4. 管理会计的服务对象侧重于(　　)。
   A. 投资者　　　B. 债权人　　C. 企业管理人员　　D. 政府
5. 现代管理会计的核心是(　　)。
   A. 决策控制　　B. 预算控制　　C. 业绩计量　　D. 成本核算
6. 下列关于管理会计的描述中正确的是(　　)。
   A. 管理会计在执行内部管理职能时，只能利用财务会计提供的资料
   B. 财务会计的信息质量特征管理会计无须满足
   C. 管理会计在满足公认会计准则及相关法律的基础上可根据管理需求提供其他的报告
   D. 管理会计的信息计量可以把货币性计量与非货币性计量相结合
7. 下列项目中，不属于管理会计系统能够提供的信息是(　　)。
   A. 不发生法律效用的信息　　　B. 全面精确的信息
   C. 非价值量信息　　　　　　　D. 定性信息
8. 在现代管理会计系统中，管理会计又可称为(　　)。
   A. 算呆账的报账型会计　　　　B. 外部会计
   C. 算活账的经营型会计　　　　D. 责任会计
9. 能够作为管理会计原始雏形的标志之一，是于20世纪初在美国出现的(　　)。
   A. 责任会计　　　　　　　　　B. 预测决策会计
   C. 科学管理理论　　　　　　　D. 标准成本计算制度
10. 下列会计子系统中，能够履行管理会计"考核评价经营业绩"职能的是(　　)。
    A. 预测决策会计　　　　　　　B. 规划控制会计
    C. 对外报告会计　　　　　　　D. 责任会计

三、多项选择题

1. 管理会计在现代企业中的作用是(　　)。
   A. 进行预测分析　　　　　　　B. 提供管理信息

C. 直接参与决策 D. 实行业绩考评
E. 计算产品成本

2. 对管理会计的迅速发展具有重要作用的理论和方法有( )。
A. 运筹学 B. 泰罗制 C. 行为科学
D. 目标管理 E. 心理学

3. 管理会计的基本内容可概括为( )。
A. 预测决策 B. 规划未来 C. 评价过去
D. 控制现在 E. 提供信息

4. 管理会计的基本职能是( )。
A. 规划 B. 评价 C. 控制
D. 确保资源的有效利用 E. 参与经济决策

5. 现代管理会计的内容是( )。
A. 预测决策会计 B. 规划控制会计 C. 财务会计
D. 责任会计 E. 预算会计

6. 管理会计的会计主体可以是( )。
A. 整个企业 B. 销售部门 C. 生产车间
D. 个人 E. 企业的主管部门

7. 下列说法中正确描述预测决策会计的包括( )。
A. 它最具有能动性
B. 它处于现代管理会计的核心地位
C. 它是现代管理会计形成的关键标志之一
D. 它主要履行规划经营目标的职能
E. 它能够考核评价经营业绩

8. 管理会计信息与财务会计信息相比有很多不同之处，包括( )。
A. 时间特征不同 B. 信息载体不同 C. 信息属性不同
D. 规范程度不同 E. 观念取向不同

9. 下列表述中，能够揭示管理会计特征的有( )。
A. 以责任单位为主体 B. 必须严格遵守公认会计原则
C. 工作程序性较差 D. 可以提供未来信息
E. 重视管理过程和职工的作用

10. 可以将现代管理会计的发展趋势简单地概括为( )。
A. 系统化 B. 规范化 C. 职业化
D. 社会化 E. 国际化

四、实务题

东胜公司有一个刚从财务会计工作转入管理会计工作的会计人员小李，对于管理会计知识不甚了解。以下是他对管理会计提出的个人观点：

（1）管理会计与财务会计的职能一样，主要是核算和监督，对相关人员的利益进行协调。

(2) 管理会计与财务会计是截然分开的,无任何联系。
(3) 管理会计报告要在会计期末以报表的形式上报。
(4) 管理会计的信息质量特征与财务会计的信息质量特征完全不同。
(5) 在提供管理会计信息时可以完全不用考虑成本效益原则。
(6) 与财务会计一样,管理会计同样提供货币性信息。
(7) 一个管理会计师可以将手中掌握的信息资料随意提供给他人。
要求:指出上述的观点正确与否,并进行分析。

第 2 章

成本性态与变动成本法

CHENGBEN XINGTAI YU BIANDONG CHENGBENFA

【核心概念】

成本性态　变动成本　固定成本　混合成本　高低点法　布点图法
回归直线法　变动成本法　完全成本法

【学习目标】

知 识 目 标	技 能 目 标
1. 掌握成本公式及其性态模型、混合成本的分解方法 2. 了解变动成本法及其优缺点	1. 熟练运用混合成本的分解方法 2. 熟练运用变动成本计算法

【导入案例】

静远公司是一家生产电子产品的大型企业,几年来在公司的不断努力下,产品销售量一直在不断上升。2012 年年初,为了更好地提高市场占有率,企业管理者需要了解更详细的成本信息,以便管理者能够做出利于企业的经济决策。

通过本章的学习,你将为企业提供相关的成本信息,尝试将成本按照成本性态的分析法来进行诠释,引入变动成本法,并用该法计算企业利润,同时将结果与完全成本法相对比,可以从新的角度提供给管理者不同角度、更加全面的成本信息。

2.1 成本性态概述

成本是企业为了达到一定目的而发生的用货币计量的耗费。企业在生产经营过程中发生的各项耗费,是综合反映企业生产经营效益的一项重要经济指标。为适应管理上的不同需要,成本可以从多种不同角度进行分类。

2.1.1 成本按照经济用途分类

1. 生产成本

生产成本是为生产产品或提供劳务而发生的成本,也称为制造成本。可一步划分为:
(1) 直接材料是指生产过程中直接构成产品实体的材料成本。
(2) 直接人工是指直接参加产品生产的工人的工资。
(3) 制造费用是生产过程中发生的除了直接材料和直接人工以外的其他耗费。具体分为间接材料、间接人工和其他制造费用等三个部分。

2. 非生产成本

非生产成本是指不能直接归属于某个特定产品而应归属于一定会计期间的非生产性耗费。可一步划分为:
(1) 销售费用是指与销售产品有关的支出。
(2) 管理费用是指与生产和销售产品没有直接关系的,用于企业行政管理部门为组织和管理生产活动而发生的支出。
(3) 财务费用是指企业在生产经营过程中为筹集资金而发生的各项费用。

上述成本按经济职能的分类可归纳如图 2-1 所示。

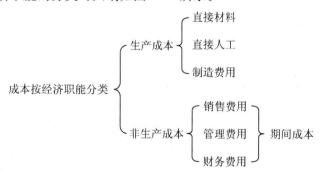

图 2-1 成本按经济用途分类

2.1.2 成本按照成本性态分类

成本的经济用途分类能够反映成本的构成,但不能和企业的生产能力挂钩,不利于成本的事前控制和挖掘降低成本的潜力。因此我们需要将成本按照成本性态进行分类。**成本性态**是指成本总额与业务量(指产量或销量)之间的依存关系,也称"成本习性"。可一步划分为:变动成本、固定成本和混合成本。

1. 变动成本

变动成本是指其总额随着业务量的增减变动成正比例变动的成本。主要包括直接材料、直接人工和物料用品、动力等间接材料、间接人工等变动的制造费用。

【**例题解析 2-1**】静远公司生产 GH01 型号鼠标元件,在不同产量水平下变动成本总额和单位变动成本对产量的依存如表 2-1 所示。

表 2-1 变动成本与产量的关系

生产量/部	变动成本总额/元	单位变动成本/元
10 000	100 000	10
20 000	200 000	10
30 000	300 000	10
40 000	400 000	10

从表 2-1 中可以看出,在一定范围内,变动成本总额是以固定比例与生产量总额同方向变动,而且不论生产量怎样变动,产品单位变动成本保持 10 元,这种依存关系如图 2-2 和图 2-3 所示。

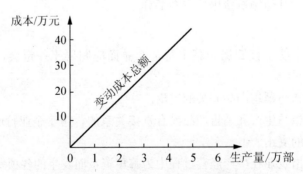

图 2-2 变动成本总额与产量的关系

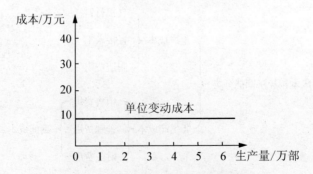

图 2-3 单位变动成本与产量的关系

2. 固定成本

固定成本是指在一定时期和一定业务量范围内,其总额不受业务量增减变动影响而变动的成本,主要包括按照直线法计提的固定资产折旧、广告费、财产保险费、租赁费、企业管理人员工资等。

【例题解析 2-2】 若静远公司的某一生产厂房是租用的,每月需向出租方交纳租金 30 000 元,如表 2-2 所示。

表 2-2 固定成本与业务量的关系

产量/部 (X)	租金总成本/元 (a)	单位固定成本/元 (a/X)
10 000	30 000	3
30 000	30 000	1
50 000	30 000	0.6
70 000	30 000	0.43

在本例中,产量从 10 000 部增加到 70 000 部,每月的租金固定,均为 30 000 元,但单位产品分摊的租金却随着生产量的增加而逐步从 3 元反方向下降到 0.43 元。固定成本的成本性态如图 2-4 和图 2-5 所示。

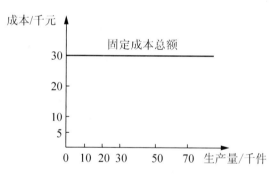

图 2-4 固定成本总额与产量的关系

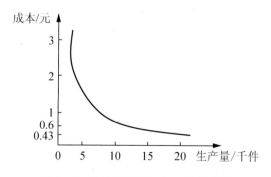

图 2-5 单位固定成本与产量的关系

固定成本按照对管理决策的影响不同,可一步划分为约束性固定成本与酌量性固定成本两类。

(1) 约束性固定成本(Committed Fixed Cost)是指企业管理者的短期经营决策不能改变其支出数额的固定成本,如固定资产的折旧费用、保险费、租赁费、管理人员的薪酬等。这类成本是与企业长期决策密切相关的,一般在短时期内难以作较大变动。它是企业经营一定生产能力必须负担的最低成本,即生产量的变化,对这类成本是没有影响的。因而,控制约束性固定成本,通过合理地利用生产能力,提高产品产量,相对降低其单位成本。

(2) 酌量性固定成本(Discretionary Fixed Cost)是指企业管理者的短期经营决策可以改变其支出数额的固定成本,如新产品研发费、职工培训费、广告费等。这类成本是与企业短期决策密切相关,管理者可以根据企业当前的财务状况等因素来增加或减少支出总额。因而,控制酌量性固定成本,在保持其预算的前提下,减少支出数额,提高资金利用效率。

3. 混合成本

当业务量总数发生变化时,有一些成本项目的成本总额随业务量成非正比例变动,这类成本称为**混合成本**。根据混合成本中的变动成本和固定成本与业务量之间的关系,可进一步划分为以下几种。

1) 半变动成本

半变动成本包括两部分,一部分是固定基数,类似于固定成本;另一部分为此基数之上随着业务量增加而增加的成本,类似于变动成本。例如,电话费、煤气费、水电费等,一般是由供应单位每月规定一个收费基数,不管企业使用量大小都必须支付,在此基础上再根据用量的大小乘以单价计算支付。

半变动成本与业务量的关系如图 2-6 所示。

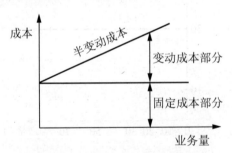

图 2-6 半变动成本与业务量的关系

2) 半固定成本

半固定成本在一定业务量范围内,其总额是固定的,但当业务量超出到一定限度,其发生额就会发生跳跃性的变化,然后业务量在新的范围内,发生额又保持不变,直到另一个新的跳跃为止,如企业检测人员的基本工资、机器设备维修费用等。半固定成本与业务量的关系如图 2-7 所示。

3) 延期变动成本

延期变动成本指在一定的业务量范围内,总额不随业务量变动而变动,但当业务量超过一定范围后,则随业务量变动的成本。例如,考虑加班费用的职工工资,在正常上班的情况下是不变的,当工作时间超出正常水准,则要根据加班时间的长短成正比例地支付加班工资。延期变动成本与业务量的关系如图 2-8 所示。

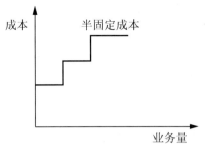

图 2-7 半固定成本与业务量的关系

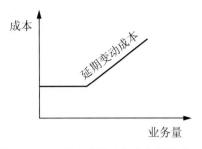

图 2-8 延期变动成本与业务量的关系

4) 曲线变动成本

曲线变动成本通常有一个不变的基数，相当于固定成本，在一定条件下保持不变，在这个基数之上，成本会随着业务量的增加成非线性的曲线增加。曲线变动成本还可以进一步分为递增型、递减型两种。

(1) 递增型曲线变动成本是指单位变动成本随业务量的增加而逐渐递增的变动成本，如累进计件工资等，它与业务量的关系如图 2-9 所示。

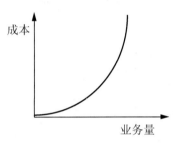

图 2-9 递增型曲线变动成本与业务量的关系

(2) 递减型曲线变动成本是指单位变动成本随业务量的增加而逐渐递减的变动成本，如供货单位根据采购量的大小给予折扣的那部分原材料成本，它与业务量的关系如图 2-10 所示。

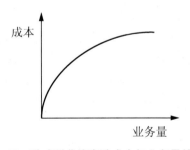

图 2-10 递减型曲线变动成本与业务量的关系

2.1.3 总成本公式及其性态模型

根据以上分析，企业的成本按照性态可分为变动成本和固定成本两大类，因此总成本的公式为

$$总成本=固定成本总额+变动成本总额$$
$$=固定成本总额+单位变动成本×业务量$$

现用 y 代表总成本，a 代表固定成本总额，b 代表单位变动成本，x 代表业务量，则上述总成本公式可表示为

$$y=a+bx$$

这是个直线方程式。其成本性态模型如图2-11所示。

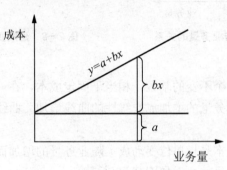

图2-11 总成本与业务量的关系

2.2 混合成本的分解方法

管理会计最终将全部成本分成变动成本和固定成本两部分，来控制规划各种企业发生的支出，为决策者提供可靠的财务信息。将混合成本分解为变动成本和固定成本，通常有以下几种方法。

2.2.1 直接观察法

直接观察法是根据混合成本中固定成本和变动成本各占总成本的大小，按照从大原则，加以认定混合成本归属的方法。例如，企业的燃料费项目，变动成本占的比重较大，与业务量的关系比较密切，直接作为变动成本处理；水电费、低值易耗品摊销费等项目，固定成本占的比重较大，与业务量变动的关系不显著，直接作为固固定成本处理。

直接观察法的优点是简单、直观、易理解，还能借以检查成本高低的原因。但是，不足之处在于仅凭观察人员的经验，比较粗略，结果也不尽准确。

2.2.2 契约确认法

契约确认法就是通过检查与对方签订的契约（协议或合同）中的具体规定来确定成本的习性。例如，设备租赁费用，如果协议按月计算租赁费，则划分为固定成本；如果协议按使用时间计算租赁费，则划分为变动成本。

契约确认法的优点是成本性态分析比较准确，但其应用范围较小，只限于有契约协议的生产经营项目的成本的性态分析。

2.2.3 历史资料分析法

1. 高低点法

高低点法是根据企业一定期间历史数据，计算最高业务量和最低业务量之差，和对应的混合成本总额差异额，计算出单位变动成本，最后分解出混合成本中变动成本和固定成本的数额。

根据高低点法的基本原理，假设 y 为混合成本总额，a 为混合成本中的固定成本，b 为混合成本中的单位变动成本，x 代表业务量，则公式表示为

$$y = a + bx$$

用高低点法进行分解，a、b 按下列方法计算：

$$b = \frac{最高业务量的成本 - 最低业务量的成本}{最高业务量 - 最低业务量}$$

$$a = 最高业务量的成本 - 单位变动成本 \times 最高业务量$$

或

$$a = 最低业务量的成本 - 单位变动成本 \times 最低业务量$$

【**例题解析 2-3**】静远公司 2011 年 1~12 月的设备维护费的有关资料如表 2-3 所示。

表 2-3 业务量与设备维护费资料

月 份	业务量 x/千机器小时	设备维护费 y/元
1	2	360
2	3	400
3	3	370
4	4	450
5	5	550
6	1	300
7	7	530
8	9	700
9	5	500
10	8	600
11	3	360
12	6	580

根据表 2-3 资料，该公司业务量最高点为 9 千机器小时，业务量最低点为 1 千机器小时。最高业务量的成本为 700 元，最低业务量的成本为 300 元。则

$$b = \frac{700 - 300}{9 - 1} = 50 (元/台)$$

$$a = 700 - 50 \times 9 = 250 (元)$$

或

$$a = 300 - 50 \times 1 = 250(元)$$

则直线方程为

$$y = 250 + 50x$$

2. 布点图法

布点图法也称直观法，是在以横轴代表业务量 x，纵轴代表成本 y 的直角坐标系中，将一定期间内历史数据标于坐标系中，形成散布的若干个成本点，再通过目测，在成本点中画出一条尽量与上下两侧各点距离相等的平均趋势的直线。该直线与纵轴的截距是固定成本总额 a，而它的斜率是单位变动成本 b。

【例题解析 2-4】 根据表 2-3 业务量对设备维修费的数据，绘制布点图如图 2-12 所示。

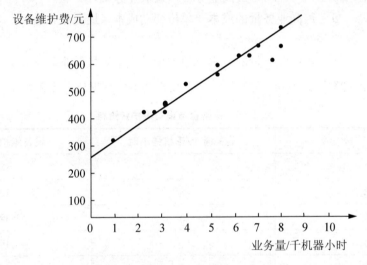

图 2-12 布点图

从图 2-12 中可看出，直线与纵轴相交之处为混合成本中的固定成本（即 a），在图中，固定成本大约为 250 元。图中直线的斜率即是单位变动成本 b，可用下列公式计算：

$$b = \frac{y-a}{x}$$

该公式代入的数值为直线上任意一点，应以 x 值较大一些为好。本例中，取 x 值为 9 千机器小时，相应的 y 值为 700 元，则

$$b = \frac{700-250}{9} = 50(元/台)$$

则直线方程为

$$y = 250 + 50x$$

3. 回归直线法

回归直线法又称为最小二乘法，是根据一定时期的历史数据，确定最能代表成本（y）和业务量（x）之间关系的回归直线方程，并据此确定混合成本中的固定成本和变动成本的方法。

假设共有若干(n)期业务量(x)和成本(y)的资料,基本原理以 $y=a+bx$ 为基础,根据最小二乘法的原理求得 a、b。

$$a=\frac{\sum y-b\sum x}{n}$$

$$b=\frac{n\sum xy-\sum x\sum y}{n\sum x^2-(\sum x)^2}$$

【例题解析2-5】仍以上例资料说明回归直线法的具体运用,如表2-4所示。

表2-4 回归直线法计算表

月 份	业务量(x)/千机器小时	维修费(y)/元	xy	x^2
1	2	360	720	4
2	3	400	1 200	9
3	3	370	1 110	9
4	4	450	1 800	16
5	5	550	2 750	25
6	1	300	300	1
7	7	530	3 710	49
8	9	700	6 300	81
9	5	500	2 500	25
10	8	600	4 800	64
11	3	360	1 080	9
12	6	580	3 480	36
$n=12$	$\sum x=56$	$\sum y=5\ 700$	$\sum xy=29\ 750$	$\sum x^2=328$

根据表2-4计算如下:

$$b=\frac{n\sum xy-\sum x\cdot\sum y}{n\sum x^2-(\sum x)^2}=\frac{12\times 29\ 750-56\times 5\ 700}{12\times 328-56^2}$$
$$=47.25(元/台)$$

$$a=\frac{\sum y-b\cdot\sum x}{n}=\frac{5\ 700-47.25\times 56}{12}$$
$$=254.5(元)$$

上述计算结果表明,采用回归直线法计算出的设备维修费混合成本直线方程为
$$y=254.5+47.25\ x$$

对照布点图法的计算结果,运用最小二乘法原理建立的直线方程显然比目测法确定的直线方程更精确、更科学。

2.3 变动成本法

分析成本习性,将企业的全部成本最终分解为变动成本和固定成本两大类,对于企业经营管理,尤其是预测、决策与控制,都具有十分重要的意义。进行变动成本计算,就是其中的一个重要方面。

2.3.1 变动成本法和完全成本法的基本概念

变动成本法在计算产品的生产成本时,只包括产品在生产过程中所消耗的直接材料、直接人工和变动制造费用,而把固定制造费用作为期间成本从销售收入中扣除。其产生于20世纪30年代的美国,主要适应企业管理者对经营活动的预测、决策、规划和控制的要求,满足对变动成本和固定成本信息日益频繁使用的需要,并成为现代企业管理的一个重要组成部分。

完全成本法在计算产品的生产成本时,将一定期间所发生的直接材料、直接人工和变动制造费用和固定制造费用作为产品成本的构成内容,只将非生产成本作为期间成本从销售收入中扣除。

2.3.2 变动成本法和完全成本法的差异

1. 成本分类与产品成本构成内容不同

变动成本法和完全成本法在成本分类与产品成本构成内容的本质区别是存货中是否应该包含固定性制造费用。

完全成本法是根据成本的经济职能把企业全部成本划分为制造成本和非制造成本两大类。产品成本由全部生产成本(包括直接材料、直接人工和全部制造费用)构成。非生产成本作为期间成本。对比之下,**变动成本法**则是根据成本习性把企业全部成本划分为变动成本和固定成本两大类。产品成本由变动生产成本构成,变动非生产成本和固定成本(包括生产和非生产)作为期间成本。

【例题解析2-6】静远公司生产的一款GH20型号鼠标,全年产量10 000件,每件直接材料费用20元,直接人工费用16元,制造费用9元(变动性制造费用4元,固定性制造费用5元),销售费用总额3 500元(变动性销售费用2 000元,固定性销售费用1 500元),管理费用总额4 000元(变动性管理费用3 000元,固定性管理费用1 000元),财务费用总额2 000元(变动性财务费用1 000元,固定性财务费用1 000元)。假定无期初存货,本年销售9 000件,每件售价75元。则两种成本法单位生产成本分别为

按完全成本法计算

$$单位生产成本=20+16+4+5=45(元/件)$$

按变动成本法计算

$$单位生产成本=20+16+4=40(元/件)$$

2. 在产品与产成品存货计价不同

完全成本法下,全部生产成本要在已售产成品、库存产成品和在产品之间进行分配,所以期末产成品和在产品的存货计价包括了固定制造费用。变动成本法下,在产品和产成品只包括变动制造成本,而不包括固定制造费用。

沿用上例资料,两种成本计算对期末产成品存货的计价如表2-5所示。

表2-5 两种成本法下单位产品成本与期末存货成本计算

摘 要	变动成本法	完全成本法
期末存货量/件	1 000	1 000
单位产品成本(元/台)	40	45
期末存货成本/元	40 000	45 000

3. 计算盈亏的公式不同

由于变动成本法和完全成本法在成本计算上存在着差别,因而计算利润时也存在不同。
变动成本法计算利润的公式:
(1) 销售收入总额－变动成本总额＝边际贡献总额
　　变动成本总额＝销售变动生产成本＋变动销售费用＋变动管理费用＋变动财务费用
(2) 边际贡献总额－固定成本总额＝息税前利润
　　固定成本总额＝固定制造费用＋固定销售费用＋固定管理费用＋固定财务费用
完全成本法计算利润的公式:
(1) 销售收入总额－销售成本总额＝销售毛利总额
　　　销售成本总额＝期初存货成本＋本期制造成本－期末存货成本
(2) 销售毛利总额－期间费用总额＝税前利润
　　　期间费用总额＝销售费用＋管理费用＋财务费用

从上面分析可知,两种成本计算法的根本区别在于对固定制造费用的处理不同。变动成本法将固定制造费用全部作为本期的期间成本处理,从边际贡献中扣除。完全成本法所扣除的固定成本,则是由期初存货中的固定成本加上本期固定成本减去期末存货中的固定成本计算而得的。

为了更好地分析两种方法的差异,下面总结了息税前利润差异的简算公式:
　　息税前利润差异＝完全成本法计算的息税前利润－变动成本法计算的息税前利润
　　　　　　　　＝期末存货×单位固定制造费用－期初存货×单位固定制造费用

这种对固定制造费用的不同处理,直接影响到产品成本,进而影响到企业的利润表计算。以下举例如表2-6所示。

对表2-6的计算过程和结果进行分析,可得出如下结论:在变动成本法下,企业的销售费用、管理费用和财务费用按照成本性态分为变动和固定两个部分,变动部分在计算边际贡献总额前,作为变动成本从销售收入总额中扣除,固定部分在计算边际贡献总额后被扣除,虽然被扣除的步骤不同,但最终由于二者都是期间费用而在当期被全部扣除。在完全成本法下,本期的销售费用、管理费用和财务费用不必划分,直接作为期间费用从销售毛利中全部扣除。因此,在两种方式下对销售费用、管理费用和财务费用实质上是一样的。

表 2-6 两种成本法下的利润计算

变动成本法		完全成本法	
销售收入总额(9 000×75)	675 000	销售收入总额(9 000×75)	675 000
减:变动成本总额	366 000	减:销售成本总额	405 000
包括:销售变动生产成本	360 000	包括:期初存货成本	0
变动销售费用	2 000	加:本期制造成本	450 000
变动管理费用	3 000	减:期末存货成本	45 000
变动财务费用	1 000		
边际贡献总额	309 000	销售毛利总额	270 000
减:固定成本总额	53 500	减:期间费用总额	9 500
包括:固定制造费用	50 000	包括:销售费用	3 500
固定销售费用	1 500	管理费用	4 000
固定管理费用	1 000	财务费用	2 000
固定财务费用	1 000		
税前利润	255 500	税前利润	260 500

如果在分析变动成本法和完全成本法时,考虑企业各期的产销量不平衡的因素,一般会有三种情况存在:

(1) 如果期末存货的固定制造费用等于期初存货的固定制造费用,则两种方法计算的息税前利润相等。

(2) 如果期末存货的固定制造费用大于期初存货的固定制造费用,则完全成本法计算的息税前利润大于变动成本法计算的息税前利润。

(3) 如果期末存货的固定制造费用小于期初存货的固定制造费用,则完全成本法计算的息税前利润小于变动成本法计算的息税前利润。

2.3.3 变动成本法与完全成本法的比较

从上面分析可知,两种成本计算法的根本区别在于对固定制造费用的处理不同。变动成本法将固定制造费用作为期间成本处理;完全成本法对固定制造费用计入产品成本。这种对固定制造费用的不同处理,直接影响到产品成本,进而影响到企业的财务状况和经营成果。以下举例说明。

1. 生产量稳定,销售量变动

【例题解析 2-7】假定静远公司连续三个会计年度的 A 型电子芯片的生产、销售和成本等有关资料如表 2-7 所示。

表2-7 静远公司连续三年财务数据资料

摘　要	第一年	第二年	第三年	合　计
期初存货量/件	500	500	1 500	500
本期生产量/件	8 000	8 000	8 000	24 000
本期销售量/件	8 000	7 000	9 000	24 000
期末存货量/件	500	1 500	500	500

基本资料/元	单位产品成本/元	
	完全成本法	变动成本法
每件售价 12元/件 生产成本： 单位变动成本 6元/件 年固定性制造费总额 16 000元 年销售及管理费： 固定成本 23 000元 变动成本 0元	变动生产成本 6元/件 固定生产成本 2元/件 (16 000÷8 000)	— 变动生产成本 6元/件
合　计	8元/件	6元/件

现根据上述资料，分别按完全成本法和变动成本法编制收益表，如表2-8所示。

表2-8 两种成本法下静远公司连续三年利润计算

摘　要	第一年	第二年	第三年	合　计
（按完全成本法编制）				
销售收入总额	96 000	84 000	108 000	288 000
销售成本				
（1）期初存货	4 000	4 000	12 000	4 000
（2）本期生产成本	64 000	64 000	64 000	192 000
（3）期末存货	4 000	12 000	4 000	4 000
小计	64 000	56 000	72 000	192 000
销售毛利	32 000	28 000	36 000	96 000
销售及管理费	23 000	23 000	23 000	69 000
税前净利	9 000	5 000	13 000	27 000
（按变动成本法编制）				
销售收入总额	96 000	84 000	108 000	288 000
销售变动成本	48 000	42 000	54 000	144 000
贡献毛益	48 000	42 000	54 000	144 000
期间成本				

续表

摘 要	第一年	第二年	第三年	合 计
(1) 固定性制造费	16 000	16 000	16 000	48 000
(2) 固定销售及管理费	23 000	23 000	23 000	69 000
小计	39 000	39 000	39 000	117 000
税前净利	9 000	3 000	15 000	27 000

将上面两张收益表的净收益加以对比，可以发现：

(1) 第一年两种成本计算法的税前净利是相同的。这是因为当年的生产量等于销售量，期初存货与期末存货的数量及其所包含的固定生产成本相等。因此，这两种成本计算法的税前净利是相同的。

(2) 第二年生产量大于销售量，使期末存货增加1 000件，年末完全成本法的期末存货吸收了固定生产成本2 000元(2×1 000)，而变动成本法在当年的收入中全部扣除固定生产成本16 000元，所以完全成本法税前净利比变动成本法多2 000元。

(3) 第三年生产量小于销售量，使期末存货减少1 000件。采用完全成本法必须把第二年年末转来的期初存货1 000件中所包含的固定生产成本2 000元(2×1 000)，转入本期作为销售成本。即第三年按完全成本法计算的销售成本，不仅包括第三年的固定生产成本，而且要加上第二年转来的2 000元固定生产成本。因此，它的销售成本比变动成本法的销售成本多2 000元，其税前净利也就必然比变动成本法少2 000元。

就连续三个会计年度来看，由于生产量与销售量的总和相同，故两种方法计算出来的税前净利的总数也是相等的。

2. 销售量稳定，生产量变动

【例题解析2-8】假定静远公司连续三个会计年度的B型电子芯片的生产、销售和成本等有关资料，如表2-9所示。

表2-9 静远公司连续三年财务数据资料

摘 要	第一年	第二年	第三年	合 计
期初存货量/件	0	0	2 000	0
当年生产量/件	4 000	6 000	2 500	12 500
当年销售量/件	4 000	4 000	4 000	12 000
期末存货量/件	0	2 000	500	500
基本资料	单位产品成本			
	完全成本法		变动成本法	

续表

摘要	第一年	第二年			第三年	合计		
每件售价 20元/件 生产成本： 　单位变动成本 10元/件 　年固定制造费总额12 000元 年销售及管理费： 　固定成本 8 000元 　变动成本 0元	年度	第一年	第二年	第三年	年度	第一年	第二年	第三年
	变动生产成本/(元/件)	10	10	10	变动生产成本/(元/件)	10	10	10
	固定生产成本/(元/件)	3	2	4.8				
	单位产品成本/(元/件)	13	12	14.8	单位产品成本/(元/件)	10	10	10

根据上述资料，按两种成本计算法编制的收益表如表2-10所示。

表2-10 收益表　　　　　　　　　　　　　　　　单位：元

摘要	第一年	第二年	第三年	合计
（按完全成本法编制）				
销售收入总额	80 000	80 000	80 000	240 000
销售成本：				
（1）期初存货	0	0	24 000	0
（2）本期生产成本	52 000	72 000	37 000	161 000
（3）期末存货	0	24 000	7 400	7 400
小计	52 000	48 000	53 600	153 600
销售毛利	28 000	32 000	26 400	86 400
销售及管理费	8 000	8 000	8 000	24 000
税前净利	20 000	24 000	18 400	62 400
（按变动成本法编制）				
销售收入总额	80 000	80 000	80 000	24 000
销售变动成本	40 000	40 000	40 000	120 000
贡献毛益	40 000	40 000	40 000	120 000
期间成本：				
（1）固定性制造费	12 000	12 000	12 000	36 000
（2）固定销售及管理费	8 000	8 000	8 000	24 000
小计	20 000	20 000	20 000	60 000
税前净利	20 000	20 000	20 000	60 000

将按两种成本计算法编制的收益表求得的税前净利进行对比，可以发现：

（1）第一年两种方法算出来的税前净利是相等的。这是因为当年的生产量等于销售量，期初存货与期末存货的数量及其所包含的固定成本都相等。因此，无论采用完全成本法还是变动成本法均没有固定生产成本需结转下期，或从上期转入的问题，故两种方法计算出来的税前净利相同。

（2）第二年按完全成本法计算出来的税前净利比变动成本法多 4 000 元。这是因为该年的生产量大于销售量，期末存货增加 2 000 件，在完全成本法下期末 2 000 件存货吸收了固定生产成本 4 000 元（2 000×2），而在变动成本法下 6 000 元固定生产成本作为期间成本全部从销售收入中扣除。所以使得变动成本法下的税前净利比完成本法的税前净利小。

（3）第三年按完全成本法计算出的税前净利比变动成本法少 1 600 元。这是因为该年的生产量比销售量少 1 500 件，使期末存货减少 1 500 件。采用完全成本法销售 4 000 件产品的销售成本中包含的固定生产成本为 13 600 元（期初 2 000 件×2 元＋本期生产 2 000 件×4.8，假定发出存货采用先进先出法），而在变动成本法下作为期间成本扣除的固定生产成本为 12 000 元，两者相差 1 600 元，所以变动成本法的税前净利比完全成本法多 1 600 元。

2.3.4 变动成本法的评价

1. 变动成本法的优点

1）提供便于企业管理当局理解的成本信息

变动成本法将生产成本按成本性态分为固定成本和变动成本，将直接用于产品生产的变动性生产成本计入产品成本，与产量成正比例变化，并与当期销售收入相配合。为了将保持本期的生产经营能力而发生的固定生产成本作为期间成本，它只能在本期贡献毛益中扣除，不应结转到以后各期。这使得变动成本法所提供的会计信息与大多数企业管理者理解的信息一致，方便企业的管理。

2）能促进企业管理者重视销售环节，实现以销定产

变动成本法下，利润是反映企业经营状况的重要指标，有助于管理者树立市场观念，努力开发市场，重视销售，以销定产，减少因盲目生产带来的损失。

3）有利于企业更科学地进行经营决策

在企业的短期经营决策中，一般不存在生产经营能力和规模的变动，固定成本相对固定，变动成本的概念会更实用一些。企业决策所用到的多为贡献毛益，而这一指标来自于变动成本法。它能够揭示成本、业务量和利润三者之间的内在联系，能提供在不同产销水平下每种产品赢利能力的资料，有利于进行利润预算、最优产品定价等短期决策。

4）便于企业强化成本分析控制

变动成本法核算下的产品成本主要取决于各项变动费用的多少，因此可直接分析因成本控制工作本身的好坏而导致的成本升降。变动成本法还能为企业制定经营目标，为成本控制、落实部门经济责任及进行业绩考核提供依据。

5）简化了产品成本计算程序

变动成本法把固定制造费用作为期间成本从贡献毛益总额中一次扣除，简化了企业在成本分配时的工作，也避免了人为的主观随意性。尤其是对于经营品种较多的生产企业而言，这种计算的简便更具有优势。

2. 变动成本法的局限性

1）不利于企业管理者的长期决策

长期决策必然涉及生产能力的增减、生产条件、技术水平等的变更，再加上通货膨胀等因素的影响，固定成本与变动成本的界限便很难划分，变动成本法提供的资料不能满足企业长期决策的需要。

2）不符合传统的成本概念

目前按照世界各国的会计原则的要求，产品成本应该既包括变动成本也包括固定成本，而按变动成本法计算出来的产品成本，显然不能满足这个要求。

3）成本分解不够精确

变动成本法是以成本性态分类为基本前提的，而将成本划分为固定成本和变动成本是假设的结果，成本性态分析的理论结果与生产经营的实际情况不完全一致，尤其是混合成本的分解带有更多主观随意性，导致了成本计算的不精确，也会从某种程度误导管理者。

课后训练

一、判断题

1. 高低点法是一种相对独立的分析方法，只能适用于缺乏历史成本数据的情况。（   ）
2. 在相关范围内，固定成本总额和单位固定成本均具有不变性。（   ）
3. 管理者短期决策行为影响酌量性固定成本而不影响约束性固定成本。（   ）
4. 不论采用什么方法核算，固定资产折旧费一定属于固定成本。（   ）
5. 成本性态分析的最终目的就是把全部成本分为固定成本、变动成本和混合成本三大类。

（   ）

6. 如果期末存货中的固定成本小于期初存货中的固定成本，用完全成本法计算出的税前净利一定大于用变动成本法计算出的税前净利。（   ）
7. 贡献毛益减去固定性制造费用就是利润。（   ）
8. 利用布点图法时，成本变动趋势直线与纵轴的交点为半变动成本的固定成本部分。

（   ）

9. 变动成本法计算的产品成本小于完全成本法计算的产品成本。（   ）
10. 变动成本法所提供的每种产品盈利能力的资料，有利于管理人员的决策分析。

（   ）

二、单项选择题

1. 将全部成本分为固定成本、变动成本和混合成本所采用的分类标志是（   ）。
   A. 成本的目标　　　　　　　　　B. 成本的可辨认性
   C. 成本的经济用途　　　　　　　D. 成本的性态
2. 管理会计中，混合成本可以用直线方程 $y=a+bx$ 来模拟，其中 bx 表示（   ）。
   A. 固定成本　　　　　　　　　　B. 单位变动成本
   C. 变动成本总额　　　　　　　　D. 单位固定成本

3. 在应用高低点法进行成本性态分析时,选择高点坐标的依据是( )。
   A. 最高的业务量   B. 最高的成本
   C. 最高的业务量和最高的成本   D. 最高的业务量或最高的成本

4. 在应用历史资料分析法进行成本性态分析时,必须首先确定 a,然后才能计算出 b 的方法是( )。
   A. 直接分析法   B. 高低点法   C. 布点图法   D. 回归直线法

5. 在相关范围内,单位变动成本( )。
   A. 随业务量增加而增加   B. 随业务量增加而减少
   C. 不随业务量发生增减变动   D. 在不同的产量水平各不相同

6. 在进行成本性态分析时,历史资料分析法中最为简便易行的方法是( )。
   A. 直接分析法   B. 高低点法   C. 布点图法   D. 回归分析法

7. 下列项目中,只能在发生当期予以补偿,不可能递延到下期的成本是( )。
   A. 直接成本   B. 间接成本   C. 产品成本   D. 期间成本

8. 在不改变公司生产经营能力的前提下,采取降低固定成本总额的措施通常是指降低( )。
   A. 约束性固定成本   B. 酌量性固定成本
   C. 半固定成本   D. 单位固定成本

9. 完全成本法和变动成本法净利润出现差异的根本原因在于( )。
   A. 两种成本法计入当期损益表的制造费用的水平出现了差异
   B. 两种成本法计入当期损益表的变动制造费用的水平出现了差异
   C. 两种成本法计入当期损益表的固定制造费用的水平出现了差异
   D. 两种成本法计入当期损益表的变动性管理费用的水平出现了差异

10. 在平面直角坐标图上,固定成本线是一条( )。
    A. 以单位变动成本为斜率的直线   B. 反比例曲线
    C. 平行于 X 轴的直线   D. 平行于 Y 轴的直线

三、多项选择题

1. 在相关范围内,不随产量变动而变动的是( )。
   A. 单位产品成本   B. 单位变动生产成本
   C. 固定制造费用总额   D. 单位固定制造费用

2. 完全成本法与变动成本法的明显区别体现在( )。
   A. 应用的前提条件不同   B. 期间成本的构成内容不同
   C. 损益确定程序不同   D. 提供信息的用途不同

3. 固定成本具有( )的特点。
   A. 成本总额的不变性   B. 单位成本的反比例变动性
   C. 成本总额的正比例变动性 D. 单位成本的不变性

4. 变动成本法的理论依据是( )。
   A. 产品成本只应包括变动生产成本   B. 产品成本只应包括生产成本
   C. 固定生产应作为期间成本处理   D. 制造费用应作为期间成本处理

5. 变动成本具有的特征是(　　)。
   A. 变动成本总额的不变性　　B. 单位变动成本的反比例变动性
   C. 变动成本总额的不变性　　D. 变动成本总额的正比例变动性
   E. 单位变动成本的不变性
6. 成本性态分析最终将全部成本区分为(　　)。
   A. 固定成本　　B. 变动成本　　C. 混合成本
   D. 半变动成本　　E. 半固定成本
7. 成本性态分析的方法有(　　)。
   A. 直接分析法　　B. 历史资料分析法
   C. 高低点法　　D. 布点图法
8. 在全部成本法下，影响计入当期损益固定性制造费用数额的是(　　)。
   A. 当期发生的全部固定性制造费水平
   B. 期末存货水平
   C. 期初存货水平
   D. 当期营业收入水平
9. 历史资料分析法具体包括的方法有(　　)。
   A. 高低点法　　B. 布点图法　　C. 回归直线法
   D. 阶梯法　　E. 定量法
10. 在相关范围内保持不变的有(　　)。
    A. 变动成本总额　　B. 单位变动成本
    C. 固定成本总额　　D. 单位固定成本
    E. 总成本

四、实务题

1. 某公司生产的甲产品1~8月的产量及总成本资料如表2-11所示。

表2-11　甲产品1~8月的产量及总成本资料

月份 项目	1	2	3	4	5	6	7	8
产量/件	18	20	19	16	22	25	28	21
总成本/元	6 000	6 600	6 500	5 200	7 000	7 900	8 200	6 800

要求：
(1) 采用高低点法进行成本性态分析。
(2) 采用回归直线法进行成本性态分析。

2. 某公司2013年和2014年按完全成本法编制简略收益表的有关资料，如表2-12所示。

假定该公司期初、期末无存货，两年的销售单价及成本水平均无变动。

表 2-12 收益表　　　　　　　　　　　　　　　　　　　　单位：元

项　目	2013 年度	2014 年度
销售收入	200 000	300 000
销售成本		
销售成本	40 000	（　）
直接材料	50 000	（　）
直接人工	20 000	（　）
变动制造费用	（　）	（　）
固定制造费用	（　）	（　）
销售毛利	40 000	（　）
销售、管理和财务费用：		
变动部分	（　）	（　）
固定部分	14 000	（　）
净　利	10 000	（　）

要求：根据上述表中已知的有关资料，结合成本习性的原理，在收益表中的括号里填入正确的数据。

3. 某公司只生产一种产品，预测 7 月总销量 194 件。1～6 月的实际产销量和部分成本资料如表 2-13 所示。

表 2-13　1～6 月实际产销量与总成本情况

月份＼项目	1	2	3	4	5	6
总成本/元	2 000	2 900	2 500	3 000	2 200	2 100
总销量/件	100	200	180	200	120	100

要求：
（1）如果你是公司财务经理，用高低点法进行成本性态分析。
（2）写出回归分析公式。
（3）如果你是公司财务经理，利用成本性态模型和 7 月的预测产销量，预测 7 月的总成本。

4. 表 2-14 是四个工厂去年的生产和销售情况。假定每个工厂销售产品的品种都在一种以上。

表 2-14　四个工厂的生产和销售情况

案　例	销售收入总额/元	变动成本总额/元	贡献毛益率(%)	固定成本总额/元	净利(或净损)/元
工厂 1	180 000		40		12 000
工厂 2	300 000	165 000		100 000	
工厂 3			30	80 000	−5 000
工厂 4	400 000	260 000			30 000

要求：根据贡献毛益率的实质及其与成本性态的联系，计算有关数据并填入表中空白栏内。

5. 某公司本年度只生产销售一种产品，其产量、售价及成本的有关资料如下：生产量为 4 000 件，销售量为 3 500 件，期初存货量为零。单位产品售价为 46 元/件，直接材料成本 20 000 元，直接人工成本 32 000 元，单位变动制造费用为 6 元/件，固定制造费用为 21 000 元。

要求：

(1) 分别采用变动成本计算法和完全成本计算法计算本年度的期末存货成本。

(2) 分别采用变动成本计算法和完全成本计算法编制收益表。

6. 某公司期初产成品存货 300 件，其变动成本总额 1 500 元，上月分摊的固定制造费用 750 元，本月产量 12 000 件，完工 10 500 件，期末在产品存货 1 500 件，完工程度 50%，本期销售 9 300 件（先进先出法），本期固定制造费用 36 000 元，产品单位变动成本 6 元/件，单位售价 15 元/件，销售费用 7 500 元。

要求：

(1) 分别用两种方法计算净收益。

(2) 说明两种方法确定收益产生差异的原因。

五、案例分析题

假定某公司专门生产 A 产品，原设计生产能力为每年 1 000 台，但由于市场竞争激烈，过去两年，每年只能生产和销售 500 台。市场销售价格为每台 2 500 元，而该公司的单位产品成本为 2600 元，其详细资料如下：单位变动生产成本为 1 000 元，固定制造费用为 800 000 元，固定销售、管理和财务费用为 250 000 元。

该公司已连续两年亏损，去年亏损 300 000 元；若今年不能扭亏为盈，公司势必要破产，形势严峻。

销售部经理认为，问题的关键在于每台产品的制造成本太高，为 2 600 元，但由于竞争的关系，公司不能提高售价，只能按 2 500 元的价格每年销售 500 台。因此公司的出路只能是请生产部门的工程技术人员想方设法，改进工艺，减少消耗，降低制造成本。

生产部经理认为，问题的关键在于设计生产能力只用了一半，如能充分利用生产能力，就可把单位固定成本降低，单位产品成本自然会下降。对策是要推销人员千方百计地去搞促销活动，如能每年售出 1 000 台，就一定能扭亏为盈。

总会计师则认为公司目前编制利润表的方法——完全成本法，为公司提供了一条扭亏为盈的"捷径"：即充分利用公司自身的生产能力，一年生产 1 000 台 A 产品。虽然市场上只能销售一半，但公司却可将固定成本的半数转入存货成本，这样即使不增加销售数量，也能使利润表上扭亏为盈。

要求：

(1) 根据上述资料，按变动成本法编制该公司去年的利润表。

(2) 根据总会计师的建议，按完全成本法计算该公司的税前净利是多少？并对该建议做出评价。

(3) 生产部经理和销售部经理的意见是否正确？请做出评价。

第 3 章

本量利分析

BENLIANGLI FENXI

【核心概念】

本量利分析　边际贡献　边际贡献率　变动成本率　保本点　保利点
安全边际　安全边际率　保本作业率

【学习目标】

知 识 目 标	技 能 目 标
1. 掌握保本点、保利点的有关公式 2. 熟悉本量利分析涉及的一些基本指标和几种本量利图的特点 3. 了解有关因素变动对保本点的影响	1. 熟练运用单一产品保本点、保利点的分析方法 2. 熟练运用多种产品的本量利分析方法

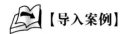【导入案例】

永辉公司是一家生产微波炉的大型家电企业，几年来其销售量占全国微波炉市场销量的30%。2012年年初，当地几家大型超市欲与永辉公司签订代理销售协议，该企业经理开始了市场调查。据统计，在过去的2年内，微波炉的销售量都在不断地上升。由于超市代理销售，一是销售渠道得以保证，二是节约广告费用降低成本，三是可以巩固市场占有率30%的同时，预计可以扩大5%以上。目前每台微波炉的单位变动成本是1 400元，销售单价为2 000元，企业年固定成本总额为600万元，永辉公司一年要维持在多少销售量的水平上，才可以开始获利？要达到多少销售量才能完成2012年企业330万元的目标利润呢？

通过本章的学习，我们将在成本性态分析的基础上了解到企业保本点和保利点的内涵，由此可以帮助企业减少经营风险，更多地获取利润。

 3.1 本量利分析概述

本量利分析是现代管理会计学的重要组成部分。运用本量利分析不仅可为企业完成保本、保利条件下应实现的销售量和销售额的预测；而且将其与风险分析相联系，可为企业提供化解经营风险的方法和手段；将其与决策分析相结合，可帮助企业进行有关的生产决策、定价决策和投资决策。此外，本量利分析还可成为编制全面预算和成本控制的基础。

3.1.1 本量利分析的概念

本量利分析是对"成本-业务量-利润"三者之间依存关系的分析，简称CVP(Cost-Volume-Profit)分析。它是在对成本按性态分类的基础上，揭示企业在一定期间内的固定成本、变动成本、业务量、销售单价、销售收入和利润等变量之间的数量关系，从而进行预测、决策和规划控制的一种会计分析方法。

3.1.2 本量利分析的基本关系式及相关概念

1. 基本关系式

在成本性态分析及变动成本法的基础之上，本量利分析主要考虑的相关因素包括固定成本总额、单位变动成本、销售量、单价、销售收入和营业利润等。这些因素之间是依据下列关系式进行的：

营业利润＝销售收入总额－（固定成本总额＋变动成本总额）

即

营业利润＝销售单价×销售量－（固定成本总额＋单位变动成本×销售量）

若用 p 代表销售单价，用 x 代表销售量，用 a 代表固定成本总额，用 b 代表单位变动成本，用 P 代表利润，则上述公式为

$$P = px - (a + bx)$$

或

$$P = (p - b)x - a$$

由于本量利分析的各种数学模型均是在上述公式的基础上建立起来的,故可以将该式称为本量利分析的基本公式。该式含有相互联系的五个变量,给定其中任意四个变量,就可求出另外一个变量的值。

2. 相关概念

进行本量利分析还必须掌握下面介绍的一些基本概念及其计算公式。

1) 边际贡献

边际贡献是本量利分析中一个十分重要的概念,又称"贡献边际""贡献毛益"或"边际利润"。它是指产品销售收入扣除其变动成本后的余额。边际贡献通常有两种表现形式:一是单位产品的边际贡献(cm),它能够反映某种产品的盈利能力;二是全部产品的边际贡献,即边际贡献总额(Tcm),它的经济内容体现在计算企业的营业净利中能做出多大贡献。其计算公式分别如下:

$$单位边际贡献(cm)=销售单价-单位变动成本$$
$$=p-b$$
$$=Tcm/x$$

$$边际贡献总额(Tcm)=销售收入总额-变动成本总额$$
$$=px-bx$$
$$=(p-b)x$$
$$=cm\times x$$

从上述公式可见,边际贡献的大小将直接影响企业产品销售盈亏水平的高低,边际贡献首先要补偿固定成本,如补偿固定成本后还有剩余,才能为企业提供利润;如边际贡献不足以补偿固定成本,那么企业就会发生亏损。

2) 边际贡献率

边际贡献率(cmR)是指以单位边际贡献除以销售单价的百分比,或以边际贡献总额除以销售收入总额的百分比。这表明每增加一元销售收入能够为企业提供的贡献是多少。公式如下:

$$边际贡献率=\frac{单位边际贡献}{销售单价}\times 100\%$$
$$=\frac{边际贡献总额}{销售收入总额}\times 100\%$$

即

$$cmR=\frac{cm}{p}\times 100\%$$
$$=\frac{Tcm}{px}\times 100\%$$

3) 变动成本率

变动成本率(bR)是指以单位变动成本除以销售单价的百分比,或以变动成本总额除以销售收入总额的百分比。它表明每增加一元销售收入所增加的变动成本。其计算公式如下:

$$变动成本率=\frac{单位变动成本}{销售单价}\times 100\%$$
$$=\frac{变动成本总额}{销售收入总额}\times 100\%$$

即
$$bR=\frac{b}{p}\times100\%=\frac{bX}{pX}\times100\%$$

4）边际贡献率与变动成本率的关系

正因为边际贡献率和变动成本率都是以销售收入作为100%进行计算的，两者相加为100%，故它们之间的关系可用下列公式表示：

$$边际贡献率(cmR)+变动成本率(bR)=1$$

即

$$边际贡献率(cmR)=1-变动成本率(bR)$$
$$变动成本率(bR)=1-边际贡献率(cmR)$$

上述关系式表明，边际贡献率和变动成本率具有互补关系，变动成本率低的企业，边际贡献率则高，创利能力就强；反之，则创利能力较弱。

以上基本概念及其计算公式在管理会计中十分重要，必须在理解的基础上熟练掌握，以便灵活运用。

【例题解析3-1】 依导入案例，永辉公司每台微波炉售价2 000元，耗用的原材料、人工等变动成本1 400元。固定成本总额为600万元，2011年预计共生产销售15 000台，则2011年该公司：

$$单位边际贡献=2\ 000-1\ 400=600(元)$$
$$边际贡献总额=2\ 000\times15\ 000-1\ 400\times15\ 000$$
$$=9\ 00(万元)$$

或

$$边际贡献总额=(2\ 000-1\ 400)\times15\ 000$$
$$=900(万元)$$
$$边际贡献率=\frac{9\ 000\ 000}{2\ 000\times15\ 000}\times100\%=30\%$$

或

$$边际贡献率=\frac{600}{2\ 000}\times100\%=30\%$$
$$变动成本率=\frac{1\ 400\times15\ 000}{2\ 000\times15\ 000}\times100\%=70\%$$

或

$$变动成本率=\frac{1\ 400}{2\ 000}\times100\%=70\%$$

或

$$边际贡献率+变动成本率=30\%+70\%=1$$
$$利润=(2\ 000-1\ 400)\times15\ 000-6\ 000\ 000=300(万元)$$

或

$$利润=Tcm-a=9\ 000\ 000-6\ 000\ 000$$
$$=300(万元)$$

3.1.3 本量利分析的基本内容

本量利分析是管理会计中一项重要的定量分析方法,具有简便易行、易学易懂的特点。目前在实际工作中已得到了广泛应用,它的主要内容有:单一产品下的保本点分析;单一产品下的保利点分析;单一产品下的本量利关系图;多种产品条件下的本量利分析。

3.2 单一产品的本量利分析

本量利分析在实际工作中有广泛的用途。本量利分析首先是保本分析,即确定保本点,就是在销售单价、单位变动成本和固定成本总额不变的情况下,企业既不盈利又不亏损的销售数量;其次是保利分析,即分析在销售单价、单位变动成本和固定成本总额不变的情况下,销售数量变动对利润的影响,从而确定目标利润。本节先从企业单一产品的保本和保利分析开始介绍。

3.2.1 保本分析

所谓保本分析是研究当企业恰好处于保本状态时本量利关系的一种定量分析方法。它是本量利分析的核心内容之一,也是确定企业经营安全程度和进行保利分析的基础。保本分析的内容包括确定企业的保本点和评价企业的经营安全程度。

1. 保本点的概念及形式

保本点也称盈亏临界点、损益平衡点等,是指当产品的销售业务达到某一点时,其总收入等于总成本,边际贡献正好抵偿全部固定成本,利润为零,企业处于不盈不亏的状态,这种特殊的状态就称为保本状态,使企业达到保本状态的销售量或销售额的点即为保本点。

保本点的意义和作用在于它能帮助管理人员正确地把握产品销售量与企业盈利之间的关系,即企业要盈利,其销售量一定要超过其保本点。保本点的另一重要意义是,超过保本点后的销售量所提供的边际贡献就是利润,这是因为所有固定成本都已由保本点销售量所提供的边际贡献所抵偿,而超过保本点的销售量所提供的边际贡献已无须抵偿任何固定成本,所以即为利润。故企业的销售一旦超过了保本点,销售越多,利润的增长也就越快,这是刺激当今生产经营不断向规模经济发展的一个重要的内在因素。

保本点主要有两种表现形式:保本销售量(简称保本量)和保本销售额(简称保本额),前者以实物计量单位表示,后者以货币价值量单位表示。

2. 保本点的计算

单一品种的保本点可以采用数学推导法来计算确定,即在本量利分析的基本关系式的基础上,根据保本点定义,即不盈不亏,利润为零的销售业务量的点。

据前述的本量利分析的基本数学模型:

$$利润 = 销售量 \times (销售单价 - 单位变动成本) - 固定成本总额$$

即
$$P=(p-b)x-a$$

设：保本量为 X_0，保本额为 Y_0，且令利润 $P=0$，则

$$\text{保本量 } X_0 = \frac{a}{p-b} = \frac{a}{cm}$$

$$\begin{aligned}\text{保本额 } Y_0 &= \text{销售单价} \times \text{保本量}\\ &= px_0 = \frac{ap}{p-b}\\ &= \frac{a}{\frac{p-b}{p}}\\ &= \frac{a}{cmR}\\ &= \frac{a}{1-bR}\end{aligned}$$

【例题解析 3-2】 依上例永辉公司在 2012 年需要销售多少台微波炉才能达到保本状态？

$$\begin{aligned}\text{保本量 } X_0 &= \frac{a}{p-b}\\ &= \frac{6\,000\,000}{2\,000 - 1\,400}\\ &= 10\,000(\text{台})\end{aligned}$$

$$\begin{aligned}\text{保本额 } Y_0 &= pX_0\\ &= 2\,000 \times 10\,000\\ &= 2\,000(\text{万元})\end{aligned}$$

或

$$\begin{aligned}Y_0 &= \frac{a}{cmR}\\ &= \frac{6\,000\,000}{(2\,000 - 1\,400)/2\,000}\\ &= 2\,000(\text{万元})\end{aligned}$$

以上计算表明，该企业 2012 年销售量为 10 000 台或销售额为 2 000 万元时，刚好处于不盈不亏的状态，即保本状态。

3.2.2 保利分析

从现实角度看，企业处于市场经济激烈的竞争中，如果仅处于保本状态，企业将无法生存和发展，因此企业应当追求盈利。只有在考虑到盈利存在的条件下，才能充分揭示成本、业务量和利润之间的正常关系。

1. 保利点的概念

保利点是指在单价和成本水平确定的情况下，为确保预先确定的目标利润能够实现，而应达到的销售量和销售额的统称。为此，保利点也称实现目标利润的业务量，具体包括实现目标利润销售量和实现目标利润销售额两项指标。

目标利润销售量和实现目标利润销售额两项指标。

应该看到，前述的盈亏临界点分析仅是企业本量利分析内容的一部分，即假定利润为零时的本量利分析。由于保本经营并非企业的最终目的，确定盈亏临界点只是为管理者建立一道经营中的预警线，企业经营的最终目的还是为了获取盈利。因此，为保证预定目标利润的顺利实现，企业应在盈亏临界点分析的基础上进一步开展目标利润的规划分析，即分析为实现目标利润企业应完成的销售量、应控制的成本水平，以及应制定的价格水平等。

值得说明的是，尽管现实中的成本、业务量和利润等诸因素之间存在着错综复杂的制约关系，但为了简化分析，在揭示任何一个因素与目标利润之间的关系时，通常均假定其他因素是已知或不变的。因此，目标利润的规划分析实质上是在目标利润已确定的前提下，孤立抽象地逐一研究目标利润与业务量、成本、价格等因素间的数量关系。

2. 保利点的计算

根据前述的本量利分析的基本数学模型，保利点的计算公式如下：

$$保利量(x') = \frac{a+P}{p-b} = \frac{a+P}{cm}$$

$$保利额(y') = 销售单价 \times 保利量 = px' = \frac{a+P}{cmR} = \frac{a+P}{1-bR}$$

【例题解析 3-3】仍用永辉公司资料，假设该厂 2012 年目标利润为 330 万元，价格和成本水平保持不变，则

$$保利量\ x' = \frac{6\ 000\ 000 + 3\ 300\ 000}{2\ 000 - 1\ 400} = 15\ 500(台)$$

$$保利额\ y' = px' = 2\ 000 \times 15\ 500 = 3\ 100(万元)$$

或

$$y' = \frac{a+P}{cmR} = \frac{9\ 300\ 000}{30\%} = 3\ 100(万元)$$

计算结果表明，该企业 2012 年为实现 330 万元目标利润需完成 15 500 台销售量或 3 100 万元的销售额。

3.2.3 企业经营安全程度评价

评价企业经营安全程度的指标主要有安全边际与安全边际率、保本作业率。

1. 安全边际指标

1) 安全边际

同保本点相联系的另一个指标是"安全边际"。安全边际是指企业实际或预计的销售量(或销售额)与保本销售量(或销售额)之间的差量(或差额)，称为安全边际量(或安全边际额)。

安全边际量 = 实际(或预计)销售量 − 保本销售量

安全边际额 = 实际(或预计)销售额 − 保本销售额
= 安全边际量 × 销售单价

明企业达不到预计销售目标而又不至于亏损的范围有多大,这个范围越大,说明企业发生亏损的可能性越小,经营就越安全。

2) 安全边际率

相对的安全边际又称为**安全边际率**,是安全边际与实际或预计销售量(或销售额)之间的比率,公式如下:

$$安全边际率 = \frac{安全边际量(额)}{实际(或预计)销售量(额)} \times 100\%$$

安全边际与安全边际率都是评价企业经营安全程度的指标,即指标数值越大,说明企业经营越安全;反之,指标数值越小,则企业经营风险越大。企业评价其经营安全程度的一般参考标准如表3-1所示。

表3-1 企业经营安全性检验标准

安全边际率	10%以下	10%~20%	20%~30%	30%~40%	40%以上
安全程度	危险	值得注意	比较安全	安全	很安全

2. 保本作业率

某些企业不考核安全边际率,而是利用"保本作业率"指标来评价企业的经营安全程度。

保本作业率又称"危险率",是指保本点业务量占实际或预计销售业务量的百分比,该指标是一个负指标,越小说明越安全,其计算公式为

$$保本作业率 = \frac{保本销售量(额)}{实际或预计销售量(额)} \times 100\%$$

保本作业率表明企业的保本业务量在正常业务量(实际或预计业务量)中所占的比重,同时它还表明保本状态下生产经营能力的利用程度。

3. 安全边际率与保本作业率的关系

安全边际率与保本作业率之间存在以下关系:
$$安全边际率 + 保本作业率 = 1$$

【**例题解析3-4**】仍用永辉公司资料,假设该厂2011年实际销售了14 500台微波炉,计算该企业的安全边际指标、保本作业率,并评价该企业的经营安全程度。

$$安全边际量 = 14\ 500 - 10\ 000 = 4\ 500(台)$$
$$安全边际额 = 14\ 500 \times 2\ 000 - 20\ 000\ 000 = 900(万元)$$
$$安全边际率 = \frac{4\ 500}{14\ 500} \times 100\%$$
$$= 31.03\%$$
$$保本作业率 = \frac{10\ 000}{14\ 500} \times 100\%$$
$$= 68.97\%$$

因为该企业的安全边际率为31.03%,可以判断永辉公司的经营状况为安全。

3.3 多种产品的本量利分析

上一节讨论的是单一品种的本量利分析,但实际上绝大多数企业都不可能只生产和销售一种产品。企业在生产销售多种产品的情况下,其本量利分析就不能用实物量表现,而只能用价值量表现。因为不同品种的销售量无法直接相加,因而也就无法直接应用以单一品种为基础的保本、保利销售量公式计算企业综合的保本、保利点。关于多种产品情况下保本、保利点的计算与分析通常有以下几种方法。

3.3.1 主要产品贡献毛益率法

如果企业生产经营的多种产品中有一种主要产品,其他产品的销售额比重很小,为了简化计算,可把它们视作单一产品,并按主要产品的保本点近似作为企业的保本保利点。

采用这种方法要求企业产品品种主次分明,当然采用这种方法计算的保本保利点会有一些误差,但只要事前掌握误差的方向和大致幅度,适当加以调整,那么该法还不失为是一种简便的方法。

3.3.2 分别计算法

分别计算法是将固定成本总额分配给各种产品,然后将每种产品分别按单一产品的预测方法计算保本保利点。如果有必要,将各产品的保本保利销售额汇总,可得出企业综合保本保利销售额。在分配固定成本时,对专属固定成本可进行直接分配,对共同性固定成本则选择适当标准(如销售比重、产品的重量、体积、或所需工时比重等)分配给各种产品。

3.3.3 综合贡献毛益率法

综合贡献毛益率法又称加权平均边际贡献率法。企业生产多种产品,由于各种产品的贡献毛益率各有所异,其各自的销售额也不同。因而有必要先算出各种产品的加权平均贡献毛益率,再算出企业各种产品的综合保本保利销售额,最后按产品的销售比重计算各产品的保本保利点。在实际工作中,综合贡献毛益率法是计算多种产品保本保利点最常用的方法。

主要计算公式如下:

各产品加权平均边际贡献率 = $\sum$(各种产品的边际贡献率 × 该种产品的销售比重)

各种产品的销售比重 = $\dfrac{各种产品销售额}{全部产品总销售额} \times 100\%$

综合保本销售额 = 固定成本总额 ÷ 加权平均边际贡献率

某种产品保本销售额 = 综合保本销售额 × 该产品销售比重

某种产品保本销售量 = 某种产品保本销售额 ÷ 该产品的销售单价

【例题解析 3-5】假定永辉公司 2013 年计划新开发甲、乙、丙三种产品,有关资料如表 3-2 所示,计算该公司新开发的三种产品的保本点。

表 3-2 三种产品产量及成本数据

摘　要	甲产品	乙产品	丙产品
产销量/件	1 500	3 000	1 000
销售单价/元	20	10	15
单位变动成本/(元/件)	15	7	9
固定成本总额	6 000		

将上述资料计算整理如表 3-3 所示。

表 3-3 计算整理表

摘　要	甲产品	乙产品	丙产品
单位边际贡献/(元/件)	5	3	6
边际贡献率	25%	30%	40%
销售额/元	30 000	30 000	15 000
销售比重	40%	40%	20%

则

$$加权平均贡献毛益率 = 25\% \times 40\% + 30\% \times 40\% + 40\% \times 20\% = 30\%$$

$$综合保本销售额 = \frac{6\,000}{30\%} = 20\,000(元)$$

其中：

$$甲产品保本销售额 = 20\,000 \times 40\% = 8\,000(元)$$
$$乙产品保本销售额 = 20\,000 \times 40\% = 8\,000(元)$$
$$丙产品保本销售额 = 20\,000 \times 20\% = 4\,000(元)$$
$$甲产品保本销售量 = 8\,000 \div 20 = 400(件)$$
$$乙产品保本销售量 = 8\,000 \div 10 = 800(件)$$
$$丙产品保本销售量 = 4\,000 \div 15 \approx 267(件)$$

3.3.4 贡献毛益保本率法

根据前面所学已经知道，企业的贡献毛益首先要用来抵偿固定成本，如贡献毛益刚好等于固定成本则保本，补偿后还有剩余的即为利润。贡献毛益率也是如此，其中一部分用来补偿固定成本，称为"贡献毛益保本率"，即保本作业率；另一部分则是补偿固定成本后剩余部分，称为"贡献毛益创利率"，即安全边际率。所以，可以根据保本作业率测算企业综合保本销售额及各产品的保本点。计算公式如下：

$$保本作业率 = \frac{固定成本总额}{各产品贡献毛益总额}$$

综合保本销售额 = 各产品销售总额 × 保本作业率

某产品保本销售额 = 该产品销售额 × 保本作业率

【例题解析 3-6】 根据上例资料，用贡献毛益保本率法计算永辉公司计划期企业的综合保本销售额及各产品的保本销售额。

保本作业率＝6 000/[75 000－(15×1 500＋3 000×7＋1 000×9)]＝26.666 7％

综合保本销售额＝75 000×26.666 7％＝20 000(元)

其中：

甲产品保本销售额＝30 000×26.666 7％＝8 000(元)

乙产品保本销售额＝30 000×26.666 7％＝8 000(元)

丙产品保本销售额＝15 000×26.666 7％＝4 000(元)

可见综合贡献毛益率法与贡献毛益保本率法计算所得保本点结果是一致的，二者只是分别适用于掌握的不同资料。

3.4 本量利分析的其他内容

3.4.1 本量利图

本量利图又称盈亏平衡图、损益平衡图、盈亏临界图，是指利用直角坐标系反映成本、业务量、利润三者之间数量关系的图形。单一品种的本量利图的基本形式有收入式、贡献式、利润式三种。

1. 收入式本量利图

收入式本量利图的绘制程序如下：首先建立直角坐标系，以横轴表示销售量，以纵轴表示销售额和成本(金额)。然后在该直角坐标系中以固定成本 a 为 y 轴上的截距，以单位变动成本 b 为斜率，作总成本直线 $y=a+bx$；再以销售单价 p 为斜率，过原点 O 作一条直线 $y=px$，即销售收入线；只要销售单价 p 大于单位变动成本 b，销售收入线与总成本线在直角坐标系的第Ⅰ象限内必有交点，两条直线的交点即为保本点。

【例题解析 3-7】 仍以永辉公司为例，假定该公司计划生产和销售丙产品 1 000 件，销售单价为 10 元，单位变动成本为 6 元，固定成本总额为 2 000 元。根据资料绘制收入式本量利图，分析永辉公司保本点。

$$保本销售量＝\frac{2\ 000}{10-6}＝500(件)$$

$$保本销售额＝500×10＝5\ 000(元)$$

可绘制收入式本量利图，如图 3-1 所示。

通过对上图的分析，可以清楚地看到：①销售量超过保本点就能盈利，销售量越多，实现的利润就越多；反之，销售量低于保本点则发生亏损，且销售量越少，亏损面就越大。②在销售量不变的情况下，保本点越低，产品的盈利能力越大，亏损越小；反之，保本点越高，产品盈利能力就越小，亏损越大。③在销售收入不变的情况下，单位变动成本或固定成本总额越小，则保本点越低；反之，则保本点越高。

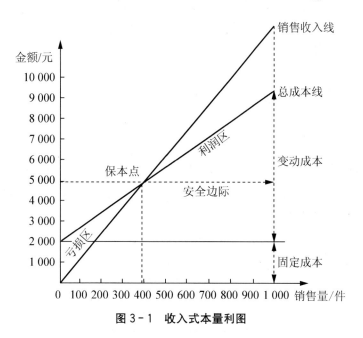

图 3-1 收入式本量利图

2. 贡献式本量利图

贡献式本量利图的绘制程序如下：首先建立直角坐标系，然后在第Ⅰ象限内以单位变动成本 b 为斜率，过原点 O 作一条变动成本线 $y=bx$，再以固定成本 a 为 y 轴上的截距，过截距作一条与变动成本线相平行的直线，此直线即为总成本线 $y=a+bx$；最后以销售单价 p 为斜率，过原点 O 作一条销售收入线 $y=px$，则销售收入线与总成本线的交点即保本点。

贡献式本量利图如图 3-2 所示。

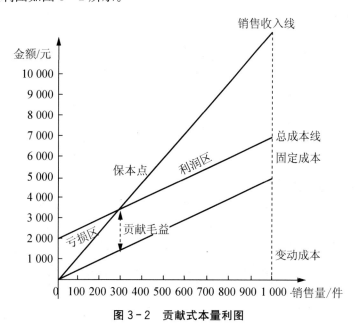

图 3-2 贡献式本量利图

3. 利润式本量利图

利润式本量利图的绘制程序如下：首先建立直角坐标系，以横轴表示销售收入，以纵轴表示利润(负数为亏损)。然后在此坐标图中,先在纵轴的负数亏损区确定固定成本总额,即在横轴下方,以固定成本 a 为纵轴的截距,再任选某整数销售量,通过利润基本公式,确定其相应的利润点,过纵轴上的截距和该利润点作一条直线,此直线即利润线。则该利润线与横轴(销售额)的交点即保本点。

利润式本量利图如图 3-3 所示。

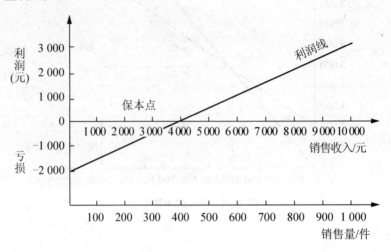

图 3-3 利润式本量利图

利润式本量利图能清楚地表示在销售数量变动时利润的变动情况,很容易为管理者所理解,但不足的是在销售数量变动时,不能反映出相应成本的变动情况。

3.4.2 有关因素变动对保本点的影响

以上关于保本点的本量利分析,都是假定在相关范围内除业务量以外的销售单价、单位变动成本、固定成本、品种结构等因素保持不变的条件下讨论的。而在实际的经营活动中,每个因素都会发生变动。所以事先了解有关因素对保本点的影响,争取降低保本点,对企业避免亏损有重要意义。

【**例题解析 3-8**】仍依据前述永辉公司资料,每台微波炉售价为 2 000 元,单位变动成本为 1 400 元,计划期内固定成本总额为 600 万元时该公司的保本量为 10 000 台,保本额为 2 000 万元。那么有关因素变动对保本点的影响如下。

(1) 价格变动对保本点的影响。

若在其他因素不变的情况下,销售单价提高至 2 040 元,则此时保本点为

$$保本销售量 X_0' = \frac{6\,000\,000}{2\,040 - 1\,400} = 9\,375(件)$$

$$保本销售额 Y_0' = 9\,375 \times 2\,040 = 1\,912.5(万元)$$

说明销售单价上升,保本点随之下降,保本点与销售单价反方向变动。

(2) 单位变动成本变动对保本点的影响。

上例中,假定单位变动成本由 1 400 元增加到 1 500 元,其他因素不变,则此时保本点为

$$保本销售量\ X_0' = \frac{6\,000\,000}{2\,000 - 1\,500} = 12\,000(件)$$

$$保本销售额\ Y' = 12\,000 \times 2\,000 = 2\,400(万元)$$

说明单位变动成本增加，保本点随之上升，保本点与单位变动成本同方向变动。

(3) 固定成本变动对保本点的影响。

上例中，假设固定成本总额由 600 万元下降到 540 万元，其他因素不变。则此时保本点为

$$保本销售量\ X_0' = \frac{5\,400\,000}{2\,000 - 1\,400} = 9\,000(件)$$

$$保本销售额\ Y' = 9\,000 \times 2\,000 = 1\,800(万元)$$

说明固定成本下降，保本点也随之下降，保本点与固定成本同方向变动。

(4) 目标利润变动的影响。

通过保本点和保利点的计算公式，可以发现只有保利点公式中包含目标利润因素，因此可以断定，目标利润的变动只能影响保利点，不会影响保本点。

(5) 销售量变动的影响。

由于保本点和保利点本身就是业务量指标，因此销售量的变动只会影响营业利润，对保本点和保利点的计算都不会产生影响。

课后训练

一、判断题

1. 本量利分析是以成本性态分析为基础的。 （ ）
2. 贡献毛益是销售收入扣除单位产品变动成本后的差额，不必扣除单位变动非生产成本。 （ ）
3. 安全边际越大，企业经营越安全，亏损的可能性越小。 （ ）
4. 在销售收入既定的情况下，固定成本越多，盈亏临界点越低。 （ ）
5. 在销售收入既定的情况下，单位变动成本越高，盈亏临界点越高。 （ ）
6. 若产品销售单价与单位变动成本同方向同比例变动，则单一品种的产品保本点业务量不变。 （ ）
7. 边际贡献率小于零的企业，必然是亏损企业。 （ ）
8. 若边际贡献等于固定成本，则企业处于保本状态。 （ ）
9. 如变动成本率为 60%，固定成本总额为 30 000 元，则保本销售额为 50 000 元。 （ ）
10. 在多品种情况下，若其他因素不变，只要提高边际贡献率较大的产品销售比重，就可以降低整个企业的综合保本销售额。 （ ）

二、单项选择题

1. 产品销售收入扣除变动成本后的余额称为（ ）。
   A. 毛利　　　　B. 贡献毛益　　　　C. 税前净利　　　　D. 净利润

2. 某企业盈亏临界点销售额为 16 000 元，正常开工销售收入为 20 000 元，则如果该公司要求获利，作业率至少应达到（　　）。
   A. 20%　　　　　　B. 80%　　　　　　C. 125%　　　　　　D. 以上均不对
3. 下列导致盈亏临界点上升的因素是（　　）。
   A. 售价下降　　　　　　　　　　B. 单位变动成本下降
   C. 单位贡献毛益增加　　　　　　D. 固定成本下降
4. 某企业只产销一种产品，单位变动成本为 36 元/件，固定成本总额为 4 000 元，单位售价 56 元/件，要使安全边际率达到 50%，该企业的销售量应达到（　　）件。
   A. 400　　　　　　B. 222　　　　　　C. 143　　　　　　D. 500
5. 边际贡献率与变动成本率二者之间的关系是（　　）。
   A. 变动成本率高，则边际贡献率高
   B. 变动成本率高，则边际贡献率低
   C. 变动成本率与边际贡献率二者没有关系
   D. 变动成本率是边际贡献率的倒数
6. 若某企业在一定时期内的保本作业率为 100%，则可断定该企业处于（　　）状态。
   A. 盈利　　　　　　B. 保本　　　　　　C. 亏损　　　　　　D. 以上都不对
7. 已知企业年目标利润 2 500 万元，产品单价 1 000 元/件，单位变动成本率 40%，产品固定成本为 700 万元，则要达到目标利润，企业应销售产品（　　）件。
   A. 80 000　　　　　B. 53 334　　　　　C. 41 667　　　　　D. 62 550
8. 已知企业只产销一种产品，单位变动成本为 45 元，固定成本总额 60 000 元，产品单位售价 120 元/件，为使安全边际率达到 60%，该企业当期应销售（　　）件产品。
   A. 80 000　　　　　B. 1 600　　　　　C. 1 800　　　　　D. 2 000
9. 根据本量利分析原理，只提高安全边际而不会降低盈亏临界点的措施是（　　）。
   A. 提高单价　　　　　　　　　　B. 增加产销量
   C. 压缩固定成本　　　　　　　　D. 降低单位变动成本
10. 经营杠杆系数可以揭示利润受下列指标之一变动影响的敏感程度，该指标是（　　）。
    A. 单价　　　　　　　　　　　　B. 单位变动成本
    C. 固定成本　　　　　　　　　　D. 销售量

三、多项选择题

1. 企业经营安全程度的评价指标包括（　　）。
   A. 保本点　　　B. 安全边际量　　　C. 安全边际额
   D. 安全边际　　E. 保本作业率
2. 若企业处于保本状态，则有（　　）。
   A. 保本作业率为 0　　　　　　　B. 安全边际率为 0
   C. 保本作业率为 100%　　　　　D. 安全边际率为 100%
   E. 边际贡献等于固定成本
3. （　　）呈上升趋势变化时，会导致保本点升高。
   A. 销售量　　　B. 单价　　　C. 固定成本
   D. 单位变动成本　　E. 目标利润

4. 在盈亏临界图中，盈亏临界点的位置取决于(　　)等因素。
   A. 固定成本　　　B. 单位变动成本　　C. 销售量
   D. 销售单价　　　E. 产品成本

5. 加权平均边际贡献率的计算公式为(　　)。
   A. ∑(各产品边际贡献率×该产品的销售收入)
   B. ∑(各产品边际贡献率×该产品的销售比重)
   C. 各产品边际贡献之和÷各产品销售收入之和
   D. 各产品销售收入之和÷各产品边际贡献之和

6. 提高企业生产经营安全性的途径有(　　)。
   A. 增加产量　　　B. 降低固定成本　　C. 降低单位变动成本
   D. 提高单价　　　E. 提高保本点

7. 下列指标中会随单价变动向反方向变动的有(　　)。
   A. 保本点　　　B. 保利点　　　C. 变动成本率
   D. 单位贡献边际　　E. 安全边际率

8. 下列各项中，有可能成立的关系有(　　)。
   A. 边际贡献率大于变动成本率　　B. 边际贡献率小于变动成本率
   C. 边际贡献率＋变动成本率＝1　　D. 边际贡献率和变动成本率都大于零

9. 下列项目中属于本量利分析研究内容的有(　　)。
   A. 销售量与利润关系　　　　B. 成本、销售量与利润关系
   C. 成本与利润关系　　　　　D. 产品质量与成本关系
   E. 产品数量与成本关系

10. 某产品单价为8元，固定成本总额2 000元，单位变动成本为5元，计划产销量600件，要实现400元的利润，可分别采取的措施有(　　)。
    A. 减少固定成本600元　　　　B. 提高单价1元
    C. 提高产销量200件　　　　　D. 降低单位变动成本1元
    E. 提高单价0.5元

四、实务题

1. 表3-4是四家公司在2011年的产销资料，假定每家公司只产销一种产品，且均产销平衡。

表3-4　四家公司2011年产销资料

公司	销售数量	销售收入总额	变动成本总额	固定成本总额	单位边际贡献	利润(或亏损)
甲公司	10 000件	100 000元	60 000元	25 000元	(　　)元/件	(　　)元
乙公司	5 000台	200 000元	160 000元	(　　)元	(　　)元/台	10 000元
丙公司	(　　)套	250 000元	(　　)元	50 000元	15元/套	25 000元
丁公司	8 000件	(　　)元	96 000元	(　　)元	8元/件	24 000元

要求：
(1) 根据本量利分析的基本数学模式，计算并填列上表空白栏的数额，写出计算过程。
(2) 根据本量利分析的基本概念及其计算公式，分别计算丙和丁两家公司的单位变动成本、边际贡献率、变动成本率，并验证边际贡献率与变动成本率的互补关系。

2. 某公司 2011 年销售收入为 120 000 元，销售成本为 150 000 元，其中包括固定费用 90 000 元。若 2012 年计划增加广告费 4 500 元，产品单价仍为 30 元/件。

要求：
(1) 预测 2012 年该公司的保本销售额。
(2) 若该公司计划实现目标利润 30 000 元，则目标销售额应为多少？

3. 假设某公司本年度简略损益表如表 3-5 所示。

表 3-5 简略损益表　　　　　　　　　　　　　　　　　　　　　　单位：元

产品销售收入	600 000
减：产品销售成本	660 000
净损失	60 000

上述产品成本中包括固定费用 300 000 元。公司经理认为，如果计划期间增加广告费 40 000 元，产品销售量将大幅度增加，这样公司就可以扭亏为盈。该项计划已由董事会批准。

要求：
(1) 按照公司经理的预想预测该公司的保本销售额。
(2) 如果公司董事会希望在计划期内能够获得 50 000 元的目标利润，该公司的目标销售额应达到多少？
(3) 预测公司的安全边际量和安全边际率。
(4) 如果该公司只产销一种产品，单价 5 元/件，保本销售量和实现目标利润的销售量各为多少？

4. 某企业上年度产销 C 产品 25 000 件，销售单价 50 元，单位变动成本 30 元/件，固定成本总额 320 000 元。经调查，如果下年度降价 8%，销售量可增加 15%，假定下年度的单位变动成本和固定成本总额保持不变。

要求：
(1) 预测下年度的保本销售量和保本销售额。
(2) 预测下年度的可实现利润。
(3) 如果下年度的目标利润为 780 000 元，降价后的销售量要达到多少才能保证目标利润的实现。

5. 某厂只生产和销售一种产品，有关资料如下：单位产品售价 5 元/件，单位产品变动成本 3 元，全月固定成本 32 000 元，全月预计销售量 20 000 件。

要求：
(1) 计算保本销售量、安全边际量、预测预计销售量的利润。
(2) 该厂通过调查，认为单位产品售价如提高到 5.5 元/件，全月预计可销售产品 18 000 件，请重新计算在新情况下的保本销售量、安全边际量和预测预计销售量的利润。
(3) 该厂通过调查，认为由于出现了一些新的情况，单位产品的售价将降低到 4.60 元/件，同时每月还需增加广告费 4 000 元，请重新计算保本销售量，并计算要销售多少件，才能使利润比售价变动前(即单位售价仍为 5 元/件时)的利润增加 10%。

6. 某公司 2011 年的实际销售量为 1 000 件，售价为 200 元，单位变动成本为 90 元/件，营业净利为 55 000 元。

要求：

(1) 计算经营杠杆系数。

(2) 若 2012 年计划提高 5% 的销售量，试用经营杠杆系数预测营业净利。

(3) 若 2012 年的目标利润为 66 000 元，试用经营杠杆系数计算应该达到的销售量。

7. 已知 A 公司同时生产甲、乙、丙三种产品，计划年度三种产品的产销量分别为 45 000 件、45 000 件、30 000 件，企业固定成本总额为 313 500 元。单位产品的有关资料如表 3-6 所示。

表 3-6　三种产品相关资料　　　　　　　　　　　　　　　　单位：元

项　　目	产品甲	产品乙	产品丙
单价	10	5	2.5
单位变动成本	7.5	3	1
单位贡献毛益	2.5	2	1.5

要求：

(1) 计算 A 公司计划年度三种产品的保本销售额。

(2) 假如 A 公司计划年度计划销售总额不变，三种产品的销售收入比例为 2∶2∶1，试计算这种情况下三种产品的保本销售额。

五、案例分析题

凯斯公司原为军工产品生产企业，由于近年来军工产品的生产任务减少，致使该厂生产能力过剩，生产二车间被迫停工。由于该公司科技与新产品研发力量雄厚，因此在进行深入的调查研究后，该公司召开了由各主要部门领导参加的新产品开发决策会议。会议的主要记录如下。

新产品研发部：该部门负责人对此做了说明，他阐述了在众多的民用新产品开发领域中，有一种新型产品——小型电动搅碎机，该机在国外已有生产，销路情况良好。在国内尚无厂家生产，而该厂又有试制能力，前景肯定会看好。该产品生产工艺简单，投产快，生产周期短，见效快，很适合生产二车间的生产条件，并随时可以转产其他产品。该产品的主要用途是运用微型电动机带动刀具旋转来粉碎、搅拌各种食品的原料，如加工肉馅、蔬菜等，加工过程迅速，使用方便，密封操作，安全卫生，耗电少。该产品特别适用于小型企事业单位、个体饮食店和家庭加工。

营销部：该部门负责人认为，具备该产品这种性能的，目前在我国市场上只有小型手动搅碎机供应，售价在 8~12 元不等，这种手工机器与电动搅碎机相比，功能少，效率低，质量不过硬。根据销售部门对用户的抽样调查的结果表明，如果这种电动搅碎机产品质量有保证，定价合理，本市将有 3% 的家庭，全国将有 10% 的小型集体企业和个体经营餐饮店者对该产品感兴趣。本市有人口 1 000 万，按 5 人一户计算需求量为 6 万台(1 000 万×3%÷5)。

全国小型集体所有制和个体餐饮店为100万家需求量为10万台(100万×10%)，预计市场总需求量16万台。电动搅碎机的市场寿命估计为8年，平均每年市场需求量为2万台。有关产品的价格和销售量预测结果如表3-7所示。

表3-7 产品价格和销售量预测数

价格/(元/台)	60	58	57	52
销售量/(台/年)	8 000	12 000	14 000	20 000

电动搅碎机的产品销售税率为5%。

技术部：该部门负责人提供有关技术资料为，电动搅碎机由微型电动机一台，开关一个，塑料件一套，电源线三米，粉碎刀具四把，轴承一副，橡皮圈三套以及其他辅件一套等零部件组成。生产该产品有两套方案可供选择。其一，外购全部零部件，该厂只进行组装，这样原来停产的二车间设备就多余了，可出售，也无须再添置设备；其二，利用二车间现有的机器自制塑料件、橡皮圈、电源线，其余的零部件外购，最后进行组装。如果采用前一方案，现已有单位愿出80 000元现金购买二车间多余设备。

生产部：该部门负责人根据二车间现有的生产能力和电动搅碎机的产品材料、工时消耗定额，预计每年产量情况如下：如果全部零部件外购，第一年年产量为10 000台，以后每年比上一年增长20%；如果部分零件自制，其余外购，则第一年年产量为6 000台，以后每年比上一年增长2 000台。

供应部：该部门负责人将该产品所需要的材料和外购零部件的市场价格以表格的形式表达，如表3-8所示。

表3-8 零部件外购价格

项目 \ 方案	零件自制的材料成本	零部件外购的价格/元	部分零件自制，部分零件外购的成本
微型电动机(1台)	—	26.00	26.00
开关(1个)	—	1.00	1.00
塑料线(1套)	8.50	14.00	8.5
电源线(3米)	0.40	0.50	0.40
刀片(4把)	—	1.00	1.00
轴承(1副)	—	2.00	2.00
橡皮圈(3套)	1.10	1.50	1.10
辅件(1套)	—	2.00	2.00
合计		48.00	42.00

财务部：该部门负责人确认，二车间的固定成本为70 000元(包括生产工人工资)。由于二车间长期停产，造成企业流动资金不足，如果生产电动搅碎机，需增加流动资金80 000元。目前银行贷款较困难，如果采用其他办法筹资，则利息率高达10%。如果将二车间多余的设备出售，每年可减少折旧费10 000元。如果采用零部件全部外购方案生产，则每台要加

上 2 元其他变动费用；如果用部分自制，部分外购方案每台需加上 3 元其他变动费用。

要求：

（1）根据营销部提供的电动搅碎机的四种价格，分别计算其保本销售量（计算部分外购零部件保本点的销售量；计算全部外购零件保本点的销售量）。

（2）试在部分外购零部件的条件下，计算在电动搅碎机的正常使用年限内，每一年可能的利润。

（3）试在全部外购零部件的条件下，计算在电动搅碎机的正常使用年限内，每一年可能的利润。

（4）根据问题 2、3 所提供的计算结果，选定最佳决策方案。

第4章

预测分析

YUCE FENXI

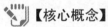【核心概念】

预测分析　销售预测　成本预测　利润预测　资金需要量预测
趋势预测法　目标利润　经营杠杆

【学习目标】

知 识 目 标	技 能 目 标
掌握销售预测、利润预测、成本预测和资金需要量预测的基本方法	能进行销售、成本、利润和资金需要量的预测分析

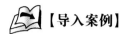【导入案例】

明星电器公司主要从事彩色电视机的生产。公司 2011 年的简报显示：我国城镇彩电拥有率 200% 已经饱和，农村的彩电拥有率 95% 基本饱和。针对今后彩电的销售市场如何，市场需求趋势怎样，决策者进行了调研并对 2012 年的市场进行预测分析。第一，市场需求愿望的预测分析。通过调研了解到彩电的生命周期一般为 12～14 年，很多彩电产品已经进入更新换代期，随着人们生活水平的提高，液晶彩电因轻薄便携、色彩丰富、分辨率高、绿色环保、耗电量低，使用寿命长受到人们的欢迎。又适逢国家推行"送家电下乡"、"以旧换新"活动的开展。第二，销售量的预测分析。公司产品市场占有率为 10%，去年销售总量 300 万台，今年拟联系几家新落成的宾馆、学校，抓住配备家电设备的机会进行集体销售，预计的销售增长率为 3%。第三，成本预测分析。液晶彩电生产的一条装配线价值为 1 200 万元，年生产能力可达 1 000 台以上，年设备损耗率为 4%，变动成本为 2 600 元。第四，利润预测分析。该液晶彩电预计销售价格为每台 8 500 元，每台销售费用 500 元。分析计算 2012 年的利润预算是多少？

通过这个案例我们发现，预测分析对企业未来经营发展的必要性，而大家应该学会的预测内容主要包括销售量的预测、成本的预测、利润的预测和资金需要量的预测。

 4.1 预测分析概述

预测分析是指采用各种科学的专门分析方法，根据过去和现在预计未来，以及根据已知推测未知的分析过程。预测的理论前提是被研究对象的发展趋势具有一定的规律性且可以为人们所认识和掌握。它是西方国家在 20 世纪 60 年代以后发展起来的一门新兴的综合性学科。在发达的资本主义国家里，无论在宏观经济或微观经济方面都很重视预测，并且作为经济科学、管理科学中的重要方法。

4.1.1 预测分析的意义和特点

当今的市场是一个千变万化的市场，企业要在市场竞争中取胜，就必须对未来事先做出估计，提高企业的应变能力。在企业中，预测的重要性首先表现在它是经营决策的前提，预测可以为决策提供准确可靠的依据。首先，要做出科学的决策必须先进行科学的预测，没有准确可靠的预测，要做出符合客观实际的科学决策是不可能的。我国古人即有"凡事预则立，不预则废"的说法，也是强调应当在事前对事物发展做出预测之意，由此可见，预测分析是决策分析的先导，是决策分析科学化的保证条件之一。其次，它是制订经营计划、编制预算的主要依据。在目前的市场条件下，市场需要决定了企业生产，通过市场预测，就可以避免盲目生产造成的损失。最后，现代科学的发展为提高预测的科学性创造了条件。这是因为，一方面，任何经营活动无论其繁简程度如何，总具有一定的规律性；另一方面，现代数学方法和计算机技术为我们认识和掌握经济规律提供了必要的物质技术基础。

由于未来充满了不确定性，加之人们认识事物发展规律的局限性，预测分析将表现出以下特点：第一，预测分析的依据具有一定的假定性；第二，预测分析的结果与事物实际发展结果之间存在一定的差异性；第三，预测分析过程将不可避免地渗入预测者的主观判断因素,即具有一定的主观性;第四,对同一预测对象,存在着多种可以使用的方法、技术和模型,即预测分析具有方法技术上的多样性。

预测分析的应用范围极为广泛,涉及社会、经济、科学、技术、政治、军事等各个领域。其中的经济预测就其涉及的范围来看,又有宏观经济预测和微观经济预测之分。前者是全局性的预测,主要是对国家、地区、行业的经济发展速度和投资规模、自然资源的开发与利用效果、经济结构的变动、居民消费水平的变动,以及财政收入与物价水平甚至世界经济的发展趋势等方面的预测,后者是局部性的,主要是对企、事业单位的经济预测。具体到一个企业,预测分析的内容主要包括销售预测、利润预测、成本预测和资金需要量预测等。

4.1.2 预测分析的基本原理

1. 延续性原理

延续性原理是指企业经济活动发生、发展往往不是突变性的,而是连续性的,它或多或少地与过去和现在存在一定的关系。如果没有预测对象发展变化的过去和现在,就不可能存在发展变化的未来。从这个意义上说,未来是过去和现在的延伸。因此,延续性原理认为,了解过去和现在,是预测未来的基础和出发点,预测分析可以把未来视作历史的延伸进行推测。

2. 相关性原理

相关性原理是指企业经济活动中某些经济变量之间存在着相互依存、相互制约的关系。所以可以通过找出其相互影响的相关关系的规律性,从某一变量的变化预测受其影响的相关变量的变化趋势。

3. 可知性原理

可知性原理也称规律性原理。它属于认识方面的理论问题。它是指尽管企业经营活动错综复杂,但还是各有其自身的变化规律。人们可以从企业经济活动中的某个经济变量做出观测,结果可能是随机的,但多次观测的结果,就会出现具有某种统计规律性的情况。经济变量的这种规律性是应用概率论及数理统计的理论和方法进行经济预测的基础。一切预测活动都奠基于可知性的原理。

4. 可能性原理

任何经济活动的发生、发展都受其内外因的支配和影响。内因是经济活动发展变化的根据,外因是发展变化的条件。内因对经济活动未来发展方向起决定性作用,外因则在不同程度上对其施加影响。作为预测对象的经济活动,其未来发展趋势和状况,也必然在其内外因共同作用下出现。因此,它可能具有多种可能性,而不是只存在单一的可能性。

5. 可控性原理

预测对象未来的发展变化是在内因和外因的共同作用下产生的,它有着自身的发展规律,在掌握其规律性的情况下,可以发挥人的主观能动性和创造性的作用,使它朝着符合人们需要的方向发展,称为可控性原理。

4.1.3 预测分析的一般程序

1. 确定预测目标

要进行预测分析,首先是要明确预测对象和目标,这是进行预测分析的首要工作。预测目标是根据企业经营的总体目标来设计和确定的,既不能盲目随意,也不应面面俱到。确定预测目标是做好预测分析的前提,是制订预测分析计划、确定信息资料来源、选择预测方法及组织预测人员的依据。然后根据确定的预测目标、具体内容和要求来确定预测的范围和时间。

2. 收集分析资料

系统的、准确的原始资料和数据是开展预测分析的前提条件。因此,预测目标确定后,应着手搜集有关经济、市场、技术等方面资料。这些资料包括过去及现在的资料,内部与外部的资料。在占有大量资料的基础上,还要对这些资料进行整理、归纳、鉴别,去伪存真,去粗取精。尽量从中发现与预测目标有关的各因素之间的规律性和相互依存关系,从而为预测提供条件。

3. 选择预测方法

每种预测方法都有特定的用途,我们必须根据预测目标、内容、要求和所掌握的资料,选择相应的预测方法。对于那些可以量化并能建立数学模型的预测对象,应反复筛选比较,选择最恰当的定量预测分析法;对于那些缺乏定量资料无法开展定量分析的预测对象,应结合以往的经验,选择最佳的定性预测分析方法。

4. 进行预测分析

应用选定的预测分析方法,根据建立的数学模型和掌握的信息资料分别进行定量分析和定性分析,并提出实事求是的预测结果。这是一个反复进行信息数据处理和选择判断的过程,也是多次进行反馈的过程。

5. 分析预测误差,对预测值进行修正

计算预测中产生的误差,检验预测结论与当前实际是否符合,并分析差异产生的原因,以验证预测分析方法是否科学有效,以便在本期预测过程中加以修正。

6. 评价预测结果

预测做出以后,随着时间的推移,应将实际的情况与预测结果及时地进行比较,分析其可能产生的差异,找出原因,以便及时修订预测数据和预测方法,提高预测的正确性和可靠性。

4.1.4 预测分析的方法

随着预测科学的发展,预测方法已多达150多种,据美国斯坦福研究所统计,广泛使用的有31种,经常使用的也有12种。这些方法按其性质大体可分为两类,即定性预测法和定量预测法。

1. 定性预测分析法

定性预测分析法又称非数量分析法,是一种直观性预测方法。是指借助有关专业人员的知识技能、个人经验和综合分析能力,在调查研究基础上,结合预测对象的特点进行综合分析,对某一未来事件发展趋势做出判断的一类预测方法。这种方法通常在统计数据、原始资料缺乏或影响因素复杂多变而无法进行定量分析的情况下采用,如市场调查法、集合意见法。

2. 定量预测分析法

定量预测分析法又称数量分析法,是指在掌握与预测对象有关的各种定量资料的基础上,运用现代数学方法进行数据处理,据以建立能够反映变量之间规律性联系的各类预测模型进行预测分析的方法。这种方法一般在历史资料比较完备准确,事物发展变化的环境和条件比较稳定情况下采用。定量预测分析法根据具体做法不同,又分为以下两类。

1)趋势预测分析法

趋势预测分析法也称时间序列分析法,是指根据研究对象过去的、按时间顺序排列的数据,运用一定的数学方法进行加工处理,借以预测未来发展趋势的预测分析方法,如算术平均法、移动加权平均法、指数平滑法和修正的时间序列回归分析法等。

2)因果预测分析法

因果预测分析法是根据某项指标与其他有关指标之间的相互依存、相互制约的规律性的联系,建立相应的因果数学模型所进行的预测方法,如本量利分析法、回归分析法等。

定量预测分析法与定性预测分析法并不是相互排斥,而是相辅相成的,应将它们结合使用。在占有比较完备的历史资料的企业中,应先用定量预测分析法,找出有关变量之间的规律性联系作为预测未来的一个重要依据。但是数学方法的应用是以过去资料赖以产生的条件作为基础来预测未来,而现代经济生活十分复杂,某些经济变量要受许多不同因素的影响。例如,国家的方针政策、市场的供需情况、经济发展前景、竞争对手的动态等,这些因素有些无法量化,因而也无法用数学公式表示。同时企业掌握的历史资料有些不真实或取得资料成本太高,未来的状况与现在和过去也不尽相同。为了使预测结果能更加接近客观实际,往往在可以采用定量预测分析法的同时,还要与企业管理者和业务专家的经验结合起来进行分析研究,根据有关因素进行修正。只有把定量预测法和定性预测法正确地结合起来,相互补充,才能做出较正确的预测结论。

4.2 销售预测

销售预测是根据企业历史销售资料和市场上对产品需求的变化情况,对未来一定时期内有关产品的销售发展变化趋势所进行的科学预计和推测。

4.2.1 销售预测的意义

企业生产经营的最终目的是获利,任何企业只有将产品销售出去才有可能实现利润,可见,销售是企业整个生产经营活动过程的中心环节,是企业管理的龙头。因此,做好销售预测工作，对于加强企业管理，提高经济效益关系很大，离开了可靠的销售预测，企业所做的其他各种预测决策将无任何意义。销售预测工作在企业经营管理中的重要作用表现为：其一，销售预测可以全面掌握产品市场需求的基本动态和产品销售变化的一般规律，从而正确地组织未来时期的生产经营，合理安排供应、生产、销售，从而使企业的各项经营管理活动得以顺利进行。其二，在市场经济"以需定销"、"以销定产"的条件下，销售预测在企业预测体系中处于先导地位，是企业各项经营预测的基础和前提。虽然其他预测各有其自身的特点和范围，但他们都必须以做好销售预测为先决条件，都要在多方面同销售预测结果紧密配合。企业只有认真准确地做好销售预测，才有可能正确开展成本预测，继而进行利润资金等其他预测。其三，销售预测可以随时获得大量的有关政治、经济、技术等企业外部环境变化的信息资料，这些资料是企业管理者科学地制定各项经营决策的依据。

4.2.2 销售预测的影响因素

销售预测的直接目的是为了了解产品的社会需求量及销售前景，掌握产品的销售状态和市场占有情况，而这些情况一般要受社会再生产中生产、分配、交换和消费等多种因素的综合影响，因此，开展销售预测，实际上就是对有关因素的变动情况进行分析。影响销售预测的因素很多，也很复杂，一般可分为外部和内部两类。影响销售的外部因素有国家政策、当前市场环境、企业的市场占有率、消费者的心理和习惯、经济发展趋势和竞争对手情况等。内部因素有产品的价格、产品的功能和质量、企业提供的配套服务、企业的生产能力、各种广告手段的应用、推销的方式等。

对一个企业而言，销售量的预测是综合各种因素以后的结果。销售预测的好坏直接影响企业的生产经营活动的计划安排。随着我国经济体制改革的不断深化，多种形式的经济实体并存和竞争使企业销售预测显得更重要，也更复杂了。只有认真研究各种销售预测的方法，根据实际情况灵活运用，才能使销售预测的结果真实可靠，发挥应有的作用。显然，销售预测是企业经营预测的主要内容。

4.2.3 销售预测的主要方法

1. 判断分析法

判断分析法是指根据熟悉市场变化情况的人员对产品未来的销售量做出判断的一种方法。参加判断的人员可以是本企业熟悉销售业务、对市场将来发展变化趋势较为敏感的领导人、销售人员，也可以是企业外的专家。判断分析法具体又包括以下几种。

1) 集合意见法

集合意见法是指将本企业熟悉市场情况及相关变化信息的经营管理人员对市场的判断意见加以汇总、分析、整理，从而做出较为正确的预测。其中的经营管理人员一般有企业的总经理、供销人员、生产部门负责人、财务人员等，综合这些管理人员的意见，可以对市场、生产、成本等方面的情况有一个比较客观的了解，预测的正确性也就有了一定的保证。

2) 德尔菲法

德尔菲法又称专家调查法，它是一种客观判断法，由美国兰德公司在20世纪40年代首先倡导使用，后来为西方国家所广泛采用而久负盛名。它主要是采用函询调查方式向有关专家分别提出问题,征询意见,然后将专家回答的意见进行综合、整理后,再通过匿名的方式反馈给各位专家,再次征询意见,如此反复综合、反馈,直至得出基本一致意见为止的预测方法。它一般包括选择专家、设计调查表、发送调查表、处理调查意见和编写预测报告等五个工作程序。

采用这一方法,在征询意见时,各专家之间应尽量做到互不通气,以使各位专家能真正根据自己的经验、观点和方法进行预测,避免受到特别权威专家的左右。有些复杂的问题涉及面较广,而每个专家所占有的资料总是有限的,如果由各位专家单独预测,则难免带有一些片面性,这就需要进行重复征询。同时,在每次重复征询过程中,都应注意把上次征询意见的结果进行加工整理后反馈给每位专家。特别要注意不应忽略少数人的意见,以使各专家在重复预测时能做出较全面的分析和判断。

【例题解析4-1】依导入案例,明星电器公司准备开发新款彩电,因该产品没有销售记录,公司特聘请七位专家采用德尔菲法预测其一定时期内的销售量。经过这些专家连续三次预测,对该新款产品最乐观、最悲观和最有可能三种情况的销售量水平做出估计,预测所得数据如表4-1所示。

表4-1 专家意见汇总表　　　　　　　　　　　　　　　　　　单位:台

专家编号	第一次判断情况			第二次判断情况			第三次判断情况		
	最高	最可能	最低	最高	最可能	最低	最高	最可能	最低
1	2 500	2 050	1 500	2 200	1 900	2 000	2 400	1 900	1 700
2	1 700	1 500	900	1 800	1 500	1 100	1 700	1 500	1 300
3	2 000	1 600	1 200	2 100	1 900	1 500	2 050	1 900	1 700
4	3 400	2 300	2 000	3 500	2 000	1 700	2 900	2 000	1 800
5	1 300	900	800	1 500	1 300	900	2 000	1 500	1 300
6	2 000	1 500	1 100	1 500	1 500	1 100	1 800	1 700	1 400
7	1 600	1 400	1 700	1 500	1 300	1 000	1 700	1 500	1 300
平均值	2 071	1 607	1 314	2 086	1 629	1 329	2 079	1 714	1 500

要求:根据表4-1中第三次判断的资料,分别采用算术平均法、加权平均法(最高0.2,最可能0.6,最低0.2)和中位数法,做出计划期新彩电预计销售量的判断。

(1) 算术平均法。

按第三次判断的平均值计算:

$$预计销售量(x) = \frac{\sum x_i}{n} = \frac{2\,079 + 1\,714 + 1\,500}{3} = 1\,764(台)$$

(2) 加权平均法。

按第三次判断的平均值进行加权平均计算:

$$预计销售量(x) = \sum x_i W_i$$

式中:W_i——权数。

$$预计销售量(x) = (2\,079 \times 0.2) + (1\,714 \times 0.6) + (1\,500 \times 0.2)$$
$$= 415.80 + 1\,028.40 + 300$$
$$\approx 1\,744(台)$$

(3) 中位数法。

首先，根据第三次判断，按预测值从高到低排列成中位数计算法，然后求出各情况下的中位数，如表 4-2 所示。

表 4-2 中位数计算表　　　　　单位：台

销售情况	预测值从高到低排列	中位数
最高销售量	2 900、2 400、2 050、2 000、1 800、1 700	第三、第四次平均数 2 025
最可能销售量	2 000、1 900、1 700、1 500	第二、第三次平均数 1 800
最低销售量	1 800、1 700、1 400、1 300	第二、第三次平均数 1 550

其次，把表 4-2 中中位数进行加权平均：

$$预计销售量 = (2\,025 \times 0.2) + (1\,800 \times 0.6) \times (1\,550 \times 0.2)$$
$$= 405 + 1\,080 + 310$$
$$= 1\,795(台)$$

3) 专家小组法

专家小组法是由企业组织各有关方面的专家组成小组，运用专家们的集体智慧进行判断。小组中的专家们可以充分运用集体智慧，相互启发，取长补短，使问题的研究更加全面和深入。但是，在专家小组讨论时，要尽量避免由个别权威一锤定音的情况，要求每一位专家要从企业的整体利益出发，充分表达自己的观点，不必受不同意见的约束和影响。

2. 市场调查法

市场调查是指根据对某种产品在市场上供需情况变化的详细调查，来预测其销售量（或销售额）的一种专门方法。市场调查一般从以下四个方面进行。

1) 对产品的调查

调查产品本身目前处于"寿命周期"的哪个阶段，根据产品寿命周期理论，一种产品的寿命周期应该有试销期、成长期、成熟期、饱和期、衰退期五个阶段。任何一个企业的产品在一定时期内必然在某一阶段上，而同一产品在其寿命周期的不同阶段，又有着明显不同的销售量。因此，有必要查清产品在当前市场的寿命周期长度及所处的寿命周期阶段，以把握产品的市场销售前景。

2) 对消费者的调查

进行销售预测时，必须调查了解消费者的经济情况和经营发展前景，掌握消费者的消费心理和个人爱好、风俗习惯、购买心理和消费结构的变化，以便对市场需求做到心中有数。

3) 对竞争状况的调查

市场经济离不开竞争，要能在市场竞争中求得生存和发展，既要充分了解同行业中同类产品在质量、包装、价格、运输、售后服务等方面的新举措，又要掌握本企业的市场占有率，以便知己知彼，正确估计本企业产品在市场上的地位。

4）对经济发展趋势的调查

充分了解国内外和本地区经济发展的趋势对企业产品的影响，以便对产品的市场需求做出正确的判断，及时调整经营策略，顺应经济发展的潮流。

最后，对上述四个方面的调查资料进行综合、分析、加工、整理，就可以对产品销售做出预测判断。

【例题解析4-2】 明星电器公司对其生产的新款液晶彩电的销售情况进行了调查。该产品已处于寿命周期阶段成长期的第1年，截至本年度在本地区已拥有10万用户，本区共有居民100万户。据调查，下年度明星公司对外可销售彩电2万台，本市从外地订购3万台。假定该产品的成长期为5年，产品的普及率为8%～50%，该公司的市场占有率为30%。

要求：利用市场调查分析法预测该公司下年度彩电的销售量。

(1) 本区平均年需求量 $= \dfrac{居民户数 \times (最高普及率 - 已达普及率)}{产品所处寿命周期阶段的剩余年限}$

$= \dfrac{100 \times (50\% - \dfrac{10}{100} \times 100\%)}{5-1} = 10（万台）$

(2) 该公司下年度销售量预测值 = 外地订购量 + (本市平均年需求量 - 外地供给量) × 市场占有率

$= 2 + (10-3) \times 30\%$

$= 4.1（万台）$

3. 趋势预测法

趋势预测法又称时间序列分析法，它是把过去历史销售资料按时间的顺序排列，通过运用数理统计知识来推断计划期间的销售数量或销售金额的方法。

趋势预测法根据采用的具体数学方法的不同，又分为算术平均法、移动平均法、趋势平均法、加权移动平均法、指数平滑法等。

1）算术平均法

算术平均法又称简单平均法，是指以过去若干期的销售量或销售额的算术平均数作为计划期的销售预测值的一种预测方法。其计算公式为

$$计划期销售预测值(\bar{x}) = \dfrac{各期销售量（或销售金额）之和(\sum x)}{期数(n)}$$

【例题解析4-3】 明星电器公司2012年1～6月销售情况如表4-3所示。

表4-3 销售额资料表　　　　　　　　　　　　　　　　　　单位：万元

月　份	1	2	3	4	5	6	合计
销售额	310	320	360	380	370	330	2070

要求：使用算术平均法预测7月的销售额。

根据表 4-3 中资料可预测 7 月的销售额如下：

$$x = \frac{\sum x}{n} = \frac{2\,070}{6} = 345(万元)$$

用算术平均数预测销售量(或销售额)，计算方法比较简单，但它把各个时期的销售差异平均化，没有考虑不同时期(如远期和近期)实际销售数字对预测值的不同影响，预测误差一般较大。故此法一般只适用于销售量(或销售额)比较平稳的商品，如没有季节性变化的食品、日常用品等。

2) 移动平均法

移动平均法是从 n 期的时间数列销售量中所选取一组 m 期(假设 $m<n/2$，且数值固定不变)的数据作为观察期数据，求其算术平均数，并不断向后移动，连续计算观测值平均数，以最后一组平均数作为未来销售预测值的一种方法。其计算公式为

$$销售量预测数(\bar{x}) = 最后 m 期算术平均销售量 = \frac{最后移动期销售量之和}{m \text{ 期}}$$

为使预测值更能反映销售量变化的趋势，可以对上述计算结果按趋势值进行修正，其公式为

$$预测销售量(\bar{x}) = 最后 m 期算术平均销售量 + 趋势值$$
$$趋势值 = 最后移动期的平均值 - 上一个移动期的平均值$$

此法的计算过程也比较简单，但由于只选用了 n 期数据中的部分数据作为计算依据，因而代表性较差。该法适用于对销售量略有波动的产品进行预测。

3) 趋势平均法

趋势平均法是在按移动平均法计算 m 期时间序列移动平均值的基础上，进一步计算趋势值的移动平均值，进而利用特定基期销售量移动平均值和趋势值移动平均值来预测销售量的一种方法。其计算公式为

$$销售量预测数(\bar{x}) = 基期销售量移动平均值 + 基期趋势值移动平均值 \times 基期与预测期的时间间隔$$

其中

$$某一期的趋势值 = 该期销售量移动平均值 - 上期销售量移动平均值$$
$$基期趋势值移动平均值 = \frac{最后一个移动期趋势之和}{趋势值移动时期数}$$
$$基期与预测期的时间间隔 = \frac{销售量移动时期数 + 趋势值移动时期数}{2}$$

上式中，销售量移动时期数和趋势值移动时期数均应为奇数。

此法既吸收了移动平均法的优点，同时又考虑了趋势值的移动平均数，预测精度略高于移动平均法。但计算过程比较麻烦。该法适用于对各期销售量变动趋势比较明显的产品进行预测。

4) 加权移动平均法

加权移动平均法是根据过去若干期的销售资料，按近大远小的原则确定各期权数（权数用 w 表示），然后计算其加权平均数作为计划期的销售预测值的一种预测方法，所谓"移动"是指预测值随着时间的不断推移，计算的加权平均值也在不断向后顺延。例如，预测 7 月的销售额，采用 4 月、5 月、6 月三个月的历史资料为依据。若预测 8 月的销售额，则以 5 月、6 月、7 月三个月的资料为依据。以此类推，预测值随时间的推移而顺延。另外，加权时，由于接近预测期的实际销售对预测值的影响较大，故其权数应大些；而距离预测期较远的，影响也较小，故其权数也应较小些，为了计算方便，可令权数之和等于 1，即 $\sum w = 1$。因此，移动加权平均法的计算公式为

$$\text{计划期销售预测值}(x) = \sum (\text{某期销售量或销售额}) \times \text{该期权数} = \sum wx$$

【例题解析 4-4】 引用例 4-3 的案例资料，若明星电器公司对销售量的观察值为 3 个月，权数按距离计划期的远近分别为 0.2、0.3、0.5，则 4 月、5 月、6 月、7 月的销售额可预测如下：

$$\bar{x}_4 = (310 \times 0.2 + 320 \times 0.3 + 360 \times 0.5) = 338(万元)$$

$$\bar{x}_5 = (320 \times 0.2 + 360 \times 0.3 + 380 \times 0.5) = 362(万元)$$

$$\bar{x}_6 = (360 \times 0.2 + 380 \times 0.3 + 370 \times 0.5) = 371(万元)$$

$$\bar{x}_7 = (380 \times 0.2 + 370 \times 0.3 + 330 \times 0.5) = 352(万元)$$

加权移动平均法重视近期资料，且对距离预测期越近的资料越重视，这样就避免了各月差异的平均化，使预测结果更接近实际。它适用于各期销售有较大波动的产品。

5) 指数平滑法

指数平滑法是指在充分考虑有关前期预测值和实际情况的基础上，利用事先确定的平滑指数预测未来销售量或销售额的一种预测方法。这种方法需导入平滑指数（用 a 表示），其取值范围一般为 0.3~0.7。指数平滑法的计算公式为

$$\text{计划期销售预测值}(x) = (\text{平滑指数} \times \text{上期实际销售数}) + (1 - \text{平滑指数}) \times \text{上期销售预测数}$$
$$= aA + (1-a)F$$

【例题解析 4-5】 仍引用例 4-3 资料，假定明星电器公司 1 月的销售预测额为 320 万元，平滑指数为 0.3。要求用指数平滑法预测 7 月的销售额。

根据表 4-4 的结果计算，7 月的销售预测值为

$$7 \text{月销售预测值} = (\bar{x})_7 = 0.3 \times 330 + (1 - 0.3) \times 353 = 346(万元)$$

表 4-4 指数平滑法销售预测计算表   单位：万元

月 份	A	0.3A	(1−0.3)F	F
1	310			320
2	320	93	224	317
3	360	96	222	318
4	380	108	223	331

续表

月 份	A	0.3A	(1−0.3)F	F
5	370	114	232	346
6	330	111	242	353
7		99	247	346

从计算过程看，指数平滑法实质上是一种特殊的加权平均法（权数分别为 α 和 $1-\alpha$）。这种方法的优点是可以排除在实际销售中所包含的偶然因素的影响，方法比较灵活，适用范围较广；缺点是平滑指数的确定具有一定的主观随意性。一般 α 取值越大，则近期实际数对预测结果的影响越大；α 取值越小，则近期实际数对预测结果的影响越小。因此，进行近期预测时，应采用较大的平滑指数，进行长期预测时，应采用较小的平滑指数。

指数平滑法的关键是如何确定平滑指数的问题，一般的做法是取经验值。

4. 因果预测法

因果预测法是依据所掌握的历史资料，找出所要预测的变量和与它相关联的变量之间的因果关系，从而建立相应的因果预测模型。描述预测对象的变量与相关联的变量之间的依存关系，然后通过数学模型的求解来确定预测对象在计划期的销售量（或销售额）的方法。

回归关系一般都指变量之间存在的主从关系或因果关系，它是对具有相关关系的多个变量之间的数量变化进行数量测定，配合一定的数学方程，对因变量进行估计或预测的一种统计分析方法。因此，在实际工作中，回归分析法是因果预测分析中最常用的方法。此法应用于销售预测时的数学模型为

$$y = a + bx$$

式中：a、b——回归系数；

y——销售量或销售额；

x——观测期，即时间自变量。

回归系数 a、b 的值可按下列公式计算：

$$a = \frac{\sum y - b \sum x}{n}$$

$$b = \frac{n \sum xy - \sum x \sum y}{n \sum x^2 - (\sum x)^2}$$

由于自变量 x 按时间顺序排列，间隔相等，故可采用简便的方法。求出回归直线，即令 $\sum x = 0$，上述 a 与 b 的计算式可简化为

$$a = \frac{\sum y}{n}$$

$$b = \frac{\sum xy}{\sum x^2}$$

为使 $\sum x = 0$，若时期数(n)为奇数，则取 x 的间隔数为1，将 $x=0$ 置于所有观测期的中间；若时期数(n)为偶数，则取 x 的间隔数为2，将 $x=+1$ 与 $x=-1$ 置于所有观测期的当中上下两期，这样两种情况下均可使 $\sum x = 0$。

【例题解析4-6】 仍引入例4-3明星电器公司2012年1~6月的销售额资料，要求采用回归分析法预测7月销售额。

(1) 若观察期为偶数，则 x 的间隔期为2。整理和计算有关数据如表4-5所示。

表4-5 资料整理表　　　　　　　　　　　　　　　　　　　　单位：万元

月　份	间隔期(x)	销售额(y)	xy	x^2
1	−5	310	−1 550	25
2	−3	320	−960	9
3	−1	360	−360	1
4	1	380	380	1
5	3	370	1 110	9
6	5	330	1 650	25
$n=6$	$\sum x = 0$	$\sum y = 2\,070$	$\sum xy = 270$	$\sum x^2 = 70$

$$a = \frac{\sum y}{n} = \frac{2\,070}{6} = 345(元)$$

$$b = \frac{\sum xy}{\sum x^2} = \frac{270}{70} = 3.86(元)$$

7月预计销售额

$$y = a + bx$$
$$= 345 + 3.86 \times 7$$
$$= 372(万元)$$

(2) 若观察期为奇数，则 x 的间隔期为1。整理和计算有关数据如表4-6所示。

表4-6 资料整理表　　　　　　　　　　　　　　　　　　　　单位：万元

月　份	间隔期(x)	销售额(y)	xy	x^2
2	−2	320	−640	4
3	−1	360	−360	1
4	0	380	0	0
5	1	370	370	1
6	2	330	660	4
$n=5$	$\sum x = 0$	$\sum y = 1\,760$	$\sum xy = 30$	$\sum x^2 = 10$

代入公式：

$$a = \frac{\sum y}{n} = \frac{1\,760}{5} = 352(元)$$

$$b = \frac{\sum xy}{\sum x^2} = \frac{30}{10} = 3(元)$$

7月预计销售额

$$\begin{aligned} y &= a + bx \\ &= 352 + 3 \times 3 \\ &= 361(万元) \end{aligned}$$

 4.3 成本预测

成本预测就是根据成本的内在规律性及其企业现有的经济技术条件和发展目标，采用一定的分析方法，通过对影响成本变动的有关因素的分析和测算，对企业未来时期的成本水平及其变动趋势所进行的科学预计和推测。

4.3.1 成本预测的意义

成本是衡量企业经济效益的重要指标，也是管理会计的主要对象之一。成本管理水平的高低，直接反映着一个企业经营管理水平的高低。可见，成本预测在现代企业经营管理工作中具有十分重要的意义。成本预测有利于加强事前管理，通过进行成本预测，为企业在生产经营活动开始前，确定成本的变动趋势和未来一定时期的成本水平，把握成本降低的方向和途径，论证和评价各种方案、措施可能产生的经济效果，同时为编制成本计划提供科学依据。从而将成本管理纳入事前管理的轨道，以主动的成本控制取代被动的成本控制，使成本管理由单纯进行事后的核算与分析，转变为事前的计划和控制。

成本预测有利于加强目标管理。在实施目标管理过程中，目标成本管理具有举足轻重的地位。通过成本预测，就能确定成本与业务量之间的相互关系，也就为确定未来一定期间的成本目标提供了客观依据，为做好企业整个的目标管理工作奠定了基础。

成本预测有利于加强成本控制。通过成本预测，就能预计出本期产品成本水平，将这一预测值与目标成本相比较，就可以预计本期产品成本计划的完成情况。如果预计出来的成本不能达到目标成本的要求，企业就可以采用各种控制措施，纠正偏差，以达到经营目标。

成本预测有利于制定经营决策。经营决策的正确制定，依据于以成本为主体内容的决策成本信息。通过成本预测，可以恰当地确定有关产品的品种结构、产量界限、质量标准和材料、人工的合理消费水平，还可以准确地揭示、估量各种因素对产品成本的影响与制约。

4.3.2 成本预测的程序

成本预测通常可按以下四个步骤进行：

第一，提出目标成本初步方案。目标成本是指在一定时期内产品应该达到的标准，其形式可以是标准成本、计划成本或定额成本,它是一种要经过企业全体职工的共同劳动才能实现的成本,在实践工作中,一般可用产品的某一先进的成本水平作为目标成本,如本企业历史上最好的成本水平,国内外同行业同类产品的先进成本水平等。

第二,找出预测成本与目标成本的差距。采用各种技术方法,对本企业在当前实际情况下可能达到的成本水平进行测算,并通过对比找出预测成本与目标成本的差距。

第三,拟订缩小差距的各种方案。分析预测成本与目标成本之间的差距,找出缩小差距的途径,并在此基础上拟订各种降低成本的具体方案。

第四,确定目标成本。对降低成本的各种具体方案进行技术经济分析,从中选出经济效益最佳方案,并据以确定正式的目标成本。

【提示】进行成本预测,必须考虑到未来一定期间有关因素的变动对成本的影响,同时采用适当的方法具体确定它们对成本的影响程度,为正确地进行成本预测提供科学的依据。其主要因素有:①材料消耗定额和单价;②劳动生产率和平均工资水平;③产品产量;④产品质量;⑤产品技术经济指标。另外,企业所处的地理位置、所面临的市场条件、所经营的产品品种等,也都直接或间接地影响成本的升降。

4.3.3 成本预测的方法

1. 目标成本预测

目标成本是为实现**目标利润**所应达到的成本水平或应控制的成本限额,是企业未来一定时期成本管理工作的目标。目标成本的预测方法主要采用以下两种方法。

1) 按目标利润预测目标成本

这种方法是在确定了目标利润的基础上,通过市场调查,根据销售预测和国内外同类企业的信息资料,确定适当的销售价格,用预计的销售收入减去目标利润即可得到目标总成本。

$$目标成本 = 预计单价 \times 预计销售量 - 目标利润$$
$$= 预计销售收入 - 目标利润$$

按这种方法确定的目标成本能够与目标利润衔接起来,有利于目标利润的实现。

2) 以先进的成本水平作为目标成本

目标成本的确定可以根据本企业历史上最好的成本或国内外同行业同类产品先进水平分析选择确定,也可以根据基期的实际成本水平,充分考虑到各方面成本降低因素后计算得到目标成本水平。这种方法的优点是可以直接确定各项成本项目的目标成本,但与目标利润没有直接联系。目标成本的确定既要考虑到先进性,又要注意可行性。这样,才有利于调动各方面的积极性,从而保证目标的实现。

2. 历史成本预测法

历史成本预测法是在掌握有关历史资料的基础上,按照成本习性的原理运用数理统计的方法来估计推测成本的发展趋势。具体做法是用 $y=a+bx$ 的直线方程式来反映成本的发展趋势。在这个直线方程式中,只要求出固定成本(a)和单位变动成本(b)的值,就能预测在任何产量(x)下,产品的总成本(y)。

预测成本变动趋势的方法很多,最常用的有高低点法、加权平均法和回归分析法。现分别加以说明。

1) 高低点法

高低点法是利用代数式 $y=a+bx$,选用过去若干时期的成本资料中的最高业务量和最低业务量的总成本之差(Δy)与两者业务量之差(Δx)进行对比,求出 b,然后再求出 a 的一种方法,其计算公式如下:

$$b = \frac{y_{高} - y_{低}}{x_{高} - x_{低}} = \frac{\Delta y}{\Delta x}$$

$$a = y_{高} - bx_{高}$$

或

$$a = y_{低} - bx_{低}$$

求得 a 和 b 的值后,根据计划期的总成本方程式,即可预测计划期的产品总成本与单位成本。

【例题解析 4-7】明星电器公司生产某 B 型彩电,2012 年前 5 个月的销售量和成本资料如表 4-7 所示,若下一预算期产量为 350 台,预测其总成本和单位成本各为多少?

表 4-7 1~5 月销售量和销售成本资料

月 份	销售量(x)	总成本(y)
1	180	400 000
2	150	310 000
3	220	480 000
4	300	580 000
5	280	600 000
合计	1 130	2 370 000

$$b = \frac{y_{高} - y_{低}}{x_{高} - x_{低}} = \frac{\Delta y}{\Delta x} = \frac{580\ 000 - 310\ 000}{300 - 150}$$
$$= 1\ 800(元/台)$$
$$a = y_{高} - bx_{高} = 580\ 000 - 1\ 800 \times 300 = 40\ 000(元)$$

或

$$a = y_{低} - bx_{低} = 310\ 000 - 1\ 800 \times 150 = 40\ 000(元)$$

成本预测模型为

$$y = 40\ 000 + 1\ 800x$$

预测期产品的总成本为

$$y = a + bx = 40\ 000 + 1800 \times 350 = 670\ 000(元)$$

预计计划年度 1 月产品的单位成本 $= \frac{670\ 000}{350} = 1\ 914(元)$

高低点法一般适用于产品成本变动趋势比较稳定的情况,如企业各期成本变动幅度较大,则采用此法会产生较大的误差。

2) 加权平均法

加权平均法是根据过去若干时期的固定成本总额和单位变动成本的历史资料，按其离计划期的远近分别确定权数（w），通过加权平均确定预测方程中 a、b 的方法。其计算公式为

$$y = a + bx$$

$$y = \frac{\sum a \cdot w}{\sum w} + \frac{\sum b \cdot w}{\sum w} \cdot x$$

为了简化计算，可令 $\sum w = 1$，则

$$y = \sum a \cdot w + \sum b \cdot wx$$

$$预测计划期单位成本 = \frac{y}{x}$$

【例题解析 4-8】明星电器公司最近三年生产 A 型彩电，其成本资料如表 4-8 所示。

表 4-8　成本资料表　　　　　　　　　　　　　　　　　　　　　单位：元

年　份	固定成本总额（a）	单位变动成本（b）
2009	12 000	520
2010	10 000	500
2011	9 000	510

若 2012 年计划生产 A 型彩电 1 000 台，2009 年、2010 年、2011 年的加权权数分别为 1、2、3，要求用加权平均法预测 2012 年 A 型彩电生产 1 000 台时的总成本和单位成本。

预计 2012 年 A 型彩电的总成本（y）：

$$y = \frac{\sum a \cdot w}{\sum w} + \frac{\sum b \cdot w}{\sum w} \cdot x$$

$$= \frac{12\,000 \times 1 + 10\,000 \times 2 + 9\,000 \times 3}{1 + 2 + 3} + \frac{520 \times 1 + 500 \times 2 + 510 \times 3}{1 + 2 + 3} \times 1\,000$$

$$= 9\,833 + 508 \times 1\,000$$

$$= 517\,833（元）$$

预计 2012 年 A 型彩电的单位成本：

$$\frac{y}{x} = \frac{517\,833}{1\,000} = 518（元）$$

加权平均法一般适用于企业历史成本资料中具有详细的固定成本总额和单位变动成本的数据，否则应用高低点法或回归分析法。

3) 回归分析法

回归分析法在上节已做介绍。它在成本预测中是应用数学上的最小平方法的原理来确定能反映 $y = a + bx$ 直线方程中 x（自变量）与 y（因变量）之间具有误差平方和最小的一条直线，这条直线称为回归线，其中 a 和 b 的计算公式为

$$a = \frac{\sum y - b \sum x}{n}$$

$$b = \frac{n \sum xy - \sum x \sum y}{n \sum x^2 - (\sum x)^2}$$

【例题解析 4-9】 明星电器公司只生产 C 型彩电，最近五年的产量和历史成本资料如表 4-9 所示。

表 4-9 产量、历史成本资料表

年　度	产量/台	单位产品成本/元
2007	10	600
2008	30	350
2009	20	450
2010	40	550
2011	50	400

要求：若该公司计划 2012 年度产量为 100 台，预测其总成本和单位成本各为多少？根据以上资料，该公司的有关数据计算如表 4-10 所示。

表 4-10 资料整理表

年　度	产量(x)	单位产品成本	总成本(y)	xy	x^2
2007	10	600	6 000	60 000	100
2008	30	350	10 500	315 000	900
2009	20	450	9 000	180 000	400
2010	40	550	22 000	880 000	1 600
2011	50	400	20 000	1 000 000	2 500
$n=5$	$\sum x = 150$	—	$\sum y = 67\,500$	$\sum xy = 2\,435\,000$	$\sum x^2 = 5\,500$

将表中计算所得的数值代入公式，分别计算 b 与 a 的值：

$$b = \frac{n \sum xy - \sum x \sum y}{n \sum x^2 - (\sum x)^2}$$

$$= \frac{5 \times 2\,435\,000 - 150 \times 67\,500}{5 \times 5\,500 - 150^2}$$

$$= \frac{12\,175\,000 - 10\,125\,000}{27\,500 - 22\,500} = \frac{2\,050\,000}{5\,000} = 410$$

$$a = \frac{\sum y - b \sum x}{n}$$

$$= \frac{67\,500 - 410 \times 150}{5} = \frac{67\,500 - 61\,500}{5} = 1\,200$$

计划期100台的预计总成本$(y)=a+bx=1\,200+410\times100=42\,200$(元)

计划期预计单位成本$=\dfrac{y}{x}=\dfrac{42\,200}{100}=422$(元)

回归分析法一般适用于产品成本忽高忽低,变动幅度较大的情况。

上述成本预测分析的三种专门方法,虽然都是根据会计的历史资料进行数学推导而来,在一定程度上反映成本变动的趋势,但它们对于企业的外部条件(如市场的供需、国家的方针政策、原材料的供应和运输、信贷利率等)的变化情况均未加考虑,这就必然影响预测分析的准确性。

为了使成本预测更加接近实际,我们在采用数学方法推导的同时,还必须与企业主管人员的经验预测结合起来,缜密地进行分析研究,才能做出实事求是的判断。

3. 因素变动预测法

因素变动预测法是通过对影响成本的各项因素的具体分析,预测计划期成本水平的方法。

【例题解析4-10】明星电器公司2011年1~10月A型彩电的实际生产量为3 000台,实际总成本为1 800 000元,预计11~12月产量为500台,总成本为289 500元,则该型号彩电2011年预计平均单位成本为

$$\dfrac{1\,800\,000+289\,500}{3\,000+500}=597(元/台)$$

假定该型号彩电2011年度预计平均单位产品成本和总成本的分项资料如表4-11所示。

表4-11 成本资料表   单位:元

项 目	单位成本/元	总成本/元
材料	358	1 253 000
燃料和动力	59	206 500
工资和福利费	75	262 500
制造费用	105	367 500
合计	597	2 089 500

假定上述材料、燃料和动力、工资和福利费为变动费用,制造费用全为固定费用,并假定2012年影响产品的主要因素及影响程度为:产量提高20%;材料成本降低1%,材料消耗降低2%;燃料和动力消耗量降低5%;制造费用提高10%。要求用因素分析法预测2012年明星电器公司A型彩电生产的总成本和单位成本。

(1) 预测期材料费用$=1\,253\,000\times(1+20\%)=1\,503\,600$(元)

由于材料成本降低1%,材料费用节约额$=1\,503\,600\times(-1\%)=-15\,036$(元)

由于材料消耗降低2%,材料费用节约额$=1\,503\,600\times(-2\%)=-30\,072$(元)

预测期A型彩电的材料费用$=1\,503\,600-15\,036-30\,072=1\,458\,492$(元)

(2) 预测期燃料和动力费用$=206\,500\times(1+20\%)\times(1-5\%)=235\,410$(元)

(3) 预测期工资和福利费用=262 500×(1+20%)=315 000(元)
(4) 预测期制造费用=367 500×(1+10%)=404 250(元)

得

2012年A型彩电的预测总成本=1 458 492+235 410+315 000+404 250=2 413 152(元)

2012年A型彩电的单位成本=$\dfrac{2\,413\,152}{3\,500\times(1+20\%)}$≈575(元/台)

4.4 利润预测

利润预测是在销售预测的基础上，根据企业的经营目标的要求，通过对企业利润影响的各种因素——成本、价格、产销量等进行综合分析和计算，预测企业在未来一定时期内的利润水平和变动趋势，以及实现预期目标利润的可行途径。

4.4.1 利润预测的意义

利润是综合性最强的指标，它反映企业在一定时期内的生产经营成果，是衡量和考核企业经济效益和工作成绩的重要依据，在社会主义市场经济条件下，没有利润，企业就不能生存，国家建设就没有资金来源，人民生活就得不到改善。因此，企业需要对未来一定时期企业的盈利情况进行事先了解。做好利润的预测工作，对于加强企业管理，扩大经营成果，提高经济效益有着极为重要的作用。

（1）利润预测是改善生产经营，提高经济效益的手段。利润既是反映企业经营成果的综合指标，也是衡量企业经济效益的重要标准。在实际工作中，企业要增加利润，就必须加强经营管理，扩大产品销路，节约费用开支。通过利润预测，可以将企业管理各方面的积极性广泛调动起来，将生产经营各环节的潜力充分挖掘出来，从而达到改善经营管理，增加收入，节约开支，提高经济效益的目的。

（2）利润预测是实现企业经营目标的重要环节。任何一个企业，若想在激烈的市场竞争中求得生存并不断得到发展，就必须首先明确自身的经营目标。尽管企业在不同时期可能有不同的经营目标，但经营目标的实现，都直接或间接地同利润紧密相联。因此，做好利润预测工作，就不仅能够合理地确定企业未来一定期间的利润目标，而且还可以使整个企业的总体奋斗目标建立在坚实可靠的基础之上。

（3）利润预测是企业加强利润管理的重要措施。利润既是企业自身发展，改善职工生活的必要条件，又是整个国家发展经济，增加国力的必备基础，每个企业都必须对利润进行有效的管理。为了加强利润管理，企业管理者必须认真做好确定目标利润，编制利润计划，拟定实现目标利润的可行途径，组织利润计划的具体实施等项工作。企业利润管理工作的正常开展，在很大程度上取决于利润预测的过程和结果，因为利润预测不仅可以为目标利润的确定和利润计划的编制提供科学依据，而且可以指明企业实现目标利润的方向。

4.4.2 利润预测的方法

利润预测的方法有很多种，主要有本量利分析法、经营杠杆系数法、敏感性分析法和相关比率(销售利润率、销售成本利润率、利润增长百分率、资金利润率)分析法等。

1. 运用预测保本点的方法预测利润

保本点是一项很重要的数量指标,因为保本是获得利润的基础,任何一个企业为了预测利润,从而把目标利润确定下来,首先要预测保本点。保本点的预测方法详见第 3 章。

2. 预测目标利润的方法

目标利润是企业在计划期间所要达到的利润指标。目标利润预测是根据企业经营总目标要求,以市场调查为基础,结合本企业的具体情况,在发动群众自下而上广泛吸取意见的基础上,使用一定预测技术科学合理地测定目标利润的过程。预测目标利润的方法有以下几种。

1) 本量利分析法

本量利分析法是根据"盈亏平衡分析"的内容进行的。它是在前述成本性态研究和盈亏平衡分析的基础上,根据有关产品成本、产销量与利润的关系,确定计划期间目标利润总额的一种方法,本法已在第 3 章进行了详细讲解,在此不再阐述。

2) 销售额增长比率法

销售额增长比率法是以基期实际销售利润与销售额预计增长比率为依据计算目标利润的方法。此法假设利润与销售额同步增长,其计算公式为

$$目标利润 = 基期销售利润 \times (1 + 销售额增长比率)$$

【例题解析 4-11】明星电器公司 2010 年实际销售利润为 23 万元,实际销售收入为 180 万元,若 2011 年计划销售额为 225 万元,则 2011 年度该企业目标利润为

$$销售额预计增长比率 = \left(\frac{225}{180} - 1\right) \times 100\%$$
$$= 25\%$$
$$目标利润 = 23 \times (1 + 25\%)$$
$$= 28.75(万元)$$

3) 资金利润率法

资金利润率法是根据企业预定的资金利润率水平,结合基期实际资金占有状况与未来计划投资额来确定目标利润的一种方法。

$$目标利润 = (基期占用资金 + 计划投资额) \times 资金利润率$$

【例题解析 4-12】明星电器公司 2011 年度实际固定资产平均占有额为 300 万元,流动资金平均占用为 100 万元,下年度计划扩大生产规模,拟年初购置一套价值 60 万元的新型生产设备投入生产,年初追加流动资金 22 万元,预定资金利润率为 12%,该企业 2012 年度的目标利润为

$$目标利润 = [(300 + 100) + (60 + 22)] \times 12\%$$
$$= 57.84(万元)$$

4) 利润增长百分率法

利润增长百分率法是根据企业基期已达到的利润水平,结合过去连续若干年(通常为近 3 年)利润增长率的变动趋势,以及影响利润的有关因素在未来可能发生的变动等情况,确定一个相应的预计利润增长率,然后确定未来目标利润的一种方法。公式如下:

$$目标利润 = 基期利润 \times (1 + 利润增长率)$$

【例题解析 4-13】 明星电器公司 2010 年度实现利润总额为 50 万元,根据过去 3 年盈亏情况分析,确定下年度的利润增长率为 10%,该企业下年度的目标利润应是多少?

$$目标利润 = 50 \times (1 + 10\%)$$
$$= 55(万元)$$

5) 经营杠杆系数法

经营杠杆系数法是指产销量一定百分比变化所引起的利润一定百分比的变化的比率。即利润变动率与产销量变动率的比率,也是贡献毛益额与利润额的比率。公式如下:

$$经营杠杆系数 = \frac{利润变动率}{产销量变动率}$$

或

$$经营杠杆系数 = \frac{基期边际贡献总额}{基期边际贡献总额 - 基期固定成本总额}$$

或

$$经营杠杆系数 = \frac{(单价 - 单位变动成本) \times 销售量}{(单价 - 单位变动成本) \times 销售量 - 固定成本}$$

或

$$经营杠杆系数 = \frac{贡献毛益额}{利润额}$$

由于固定成本的存在,经营杠杆系数总是大于 1。也就是说企业利润变动的幅度总是大于企业销售量变动的幅度。当销售量增长时,利润以更高的增长率增长。当销售量减少时,利润将会以更快的降低率下降。企业的这种现象即为"经营杠杆现象"或"经营杠杆效应"。利用经营杠杆系数可进行目标利润预测。公式如下:

$$目标利润 = 基期利润 \times (1 + 经营杠杆系数 \times 销售量变动率)$$

【例题解析 4-14】 明星电器公司 2010 年产品贡献毛益总额 150 万元,利润总额 50 万元,预测 2011 年销售增长 10%,要求确定目标利润。

$$下年经营杠杆系数 = \frac{150}{50} = 3$$

$$目标利润 = 50 \times (1 + 3 \times 10\%) = 65(万元)$$

【例题解析 4-15】 假设明星电器公司只生产和销售一种产品,该产品的单位售价为 400 元,单位变动成本为 310 元。固定成本总额为 270 000 元,该产品的销售量由 4 000 件向 4 800 件变动时的经营杠杆系数计算如下:

$$经营杠杆系数 = \frac{\frac{[(400-310) \times 4\,800 - 270\,000] - [(400-310) \times 4\,000 - 270\,000]}{(400-310) \times 4\,000 - 270\,000}}{\frac{4800 - 4\,000}{4\,000}}$$

$$= \frac{0.8}{0.2} = 4$$

或

$$经营杠杆系数 = \frac{360\,000}{360\,000 - 270\,000} = 4$$

$$预算期利润 = 90\,000 \times (1 + 20\% \times 4) = 162\,000(元)$$

4.5 资金需要量预测

企业正确地进行经营决策，合理地组织经济活动，除了必须进行销售、利润、成本的预测分析以外，还需要开展资金需要量的预测分析工作。

4.5.1 资金需要量预测的意义

企业生产经营业务的正常开展，有关产品供产销活动的顺利进行都需要一定数额的资金投入做保证，同时也必然会有一定数额的资金收入做回报。因此，企业的一切生产经营活动都直接或间接地同资金相关联，所以保证资金供应，合理安排调度使用资金，提高资金利用的经济效果，既是企业正常经营的前提，又是企业的奋斗目标之一，可见，资金需要量的预测，对改进企业经营管理和提高经济效益有着十分重要的意义。

由于企业的一切生产经营活动都离不开资金，加之企业生产经营活动错综复杂，形成多种因素对资金的增减变动产生影响。但就较短的经营期间而言，导致资金发生增减变动的直接原因是有关产品销售收入的增减变动。在通常情况下，当销售量增长或处于较高水平时，资金需要量较多；而当销售量减少或处于较低水平时，资金需要量较少。可见，一般情况下，影响资金需要量的主要因素就是计划期间的预计销售金额。所以，良好的销售预测是资金需要量预测的主要依据。

资金需要量预测的目的是要有意识地把生产经营活动引导到以最少的资金占用，取得最佳经济效益的轨道上来。

4.5.2 资金需要量预测的基本方法

1. 因素分析法

因素分析法又称分析调整法，是以有关项目基期年度的平均资金需要量为基础，根据预测年度的生产经营任务和资金周转加速的要求，进行分析调整，来预测资金需要量的一种方法。这种方法计算简便，容易掌握，但预测结果欠精准。它通常用于品种繁多、规格复杂、资金用量较小的项目。因素分析法的计算公式如下：

$$资金需要量=(基期资金平均占用额-不合理资金占用额)\times(1\pm预测期销售增减率)\times(1\pm预测期资金周转速度变动率)$$

【例题解析 4-16】明星电器公司上年度资金平均占用额为 2 500 万元，经分析，其中不合理部分 200 万元，预计本年度销售增长 8%，资金周转加速 2%。则

$$预测年度资金需要量=(2\ 500-200)\times(1+8\%)\times(1-2\%)$$
$$=2\ 434.32(万元)$$

2. 销售百分比法

销售百分比法，就是根据资产、负债各个项目与销售收入总额之间的依存关系，并假定

这些关系在未来时期保持不变的情况下,根据计划期销售额的增长情况来预测需要相应地追加多少资金的方法。其分析过程如下。

1) 分析研究资产负债表各个项目与销售收入总额之间的依存关系

(1) 资产类项目。周转过程中的货币资金,正常的应收账款和存货等项目,一般都会因销售额增长而相应地增长,而固定资产项目是否要增加,则需视基期的固定资产是否已被充分利用。至于长期投资、无形资产等项目,一般不随销售额的增加而增加。

(2) 权益类项目。应付账款、其他应付款等项目,通常会因销售的增长而相应增加,而长期负债及股东权益等项目,则不随销售的增加而增加。

2) 计算基期的销售百分比

根据基期资产负债表,将与销售额有依存关系的项目,按基期销售收入计算其金额占销售额的百分比。

3) 计算计划期内所需追加资金量

计划期间所需追加资金量包含以下几方面内容。

(1) 由于计划期间销售额增加而追加的资金量。它是根据增长的销售额按销售的百分比计算的,其计算公式如下:

$$增长的销售额所需追加资金 = (\frac{A}{S_0} - \frac{B}{S_0})(S_1 - S_0)$$

式中:S_0——基期的销售总额;

S_1——计划期的销售总额;

$\frac{A}{S_0}$——基期随着销售额增加而增加的资产项目金额占销售额的百分比;

$\frac{B}{S_0}$——基期随着销售额增加而增加的负债类项目金额占销售额的百分比。

(2) 计划期提取的折旧未使用的余额(Dep_1)。它是应提取的折旧基金减去计划期用于更新改造后剩余的金额。

(3) 计划期的留存收益。其计算公式为

$$计划期留存收益 = S_1 R_0 (1 - d_1)$$

式中:R_0——基期的税后销售利润率;

d_1——计划期的股利发放率。

(4) 计划期的零星资金需要量(M_1)。

综合上述四部分,计划期间预计追加的资金数量:

$$计划期间预计资金需要量 = (\frac{A}{S_0} - \frac{B}{S_0})(S_1 - S_0) - Dep_1 - S_1 R_0 (1 - d_1) + M_1$$

【例题解析 4-17】明星电器公司 2009 年 12 月 31 日的简要资产负债如表 4-12 所示。假定明星电器公司 2009 年销售额为 10 000 万元。销售净利润率为 10%,利润留存率为 40%。2010 年销售额预计增长 20%,公司有足够的生产能力,无须增加固定资产投资。

根据基期期末的资产负债表各项目与销售额的依存关系,计算并填列用销售百分比形式反映的资产负债,如表 4-13 所示。

表 4-12 明星电器公司资产负债表　　　　　　　　　　　　单位：万元

资产	金额	负债与权益	金额
货币资金	500	短期借款	2 500
应收账款	1 500	应付账款	1 000
存货	3 000	预提费用	500
固定资产	3 000	应付债券	1 000
		实收资本	2 000
		留存收益	1 000
合计	8 000	合计	8 000

表 4-13 按销售百分比反映的资产负债表

资产	与销售关系	负债与权益	与销售关系
货币资金	5%	短期借款	—
应收账款	15%	应付账款	10%
存货	30%	预提费用	5%
固定资产	—	应付债券	—
		实收资本	—
		留存收益	—
合计	50%	合计	15%

根据上述资料可求得明星电器公司的 2010 年资金需求量为

$$(\frac{A}{S_0}-\frac{B}{S_0})(S_1-S_0)-\mathrm{Dep}_1-S_1R_0(1-d_1)+M_1$$
$$=(50\%-15\%)\times 2\,000-0-10\,000(1+20\%)\times 10\%\times 40\%+0=220(万元)$$

【例题解析 4-18】 仍沿用上述资料，若明星电器公司计划 2010 年折旧提取数为 20 000 元，其中 60% 用于更新改现有的厂房设备；又假定零星资金需要量为 12 000 元，则 2010 年需追加的资金数量为多少。

$$计划期间预计需追加的资金额=(\frac{A}{S_0}-\frac{B}{S_0})(S_1-S_0)-\mathrm{Dep}_0-S_1R_0(1-d_1)+M_1$$
$$=220-2\times(1-60\%)+1.2=220.4(万元)$$

3. 资金习性预测法

1) 回归分析法

资金需要预测所采用的回归分析法，是指应用最小平方法的原理对过去若干期间的销售收入和资金总量的历史资料进行分析，按照 $y=a+bx$ 的公式来确定反映销售收入总额(x)和资金总量(y)之间的回归直线，并据以预测计划期间资金需要量的一种方法。

【例题解析4-19】 明星电器公司近五年的销售收入总额和资金总量的历史资料如表4-14所示。

表4-14 历史资料表

年 度	2003	2004	2005	2006	2007	2008
产销量(x)/万件	120	110	100	120	130	140
资金总量(y)/万元	1 000	950	900	1 000	1 050	1 100

要求：若该公司2009年度的预计销售收入总额为300万元，采用回归分析法预测该公司2009年度的资金需要量。

根据表4-14给定的资料编制表4-15。

表4-15 资料整理表　　　　　　　　　　　　　单位：万元

年 度	x	Y	xy	x^2
2003	120	1 000	120 000	14 400
2004	110	950	104 500	12 100
2005	100	900	90 000	10 000
2006	120	1 000	120 000	14 400
2007	130	1 050	136 500	16 900
2008	140	1 100	154 000	19 600
合计	$\sum x = 720$	$\sum y - 6\,000$	$\sum xy = 725\,000$	$\sum x^2 = 87\,400$

$$b = \frac{n\sum xy - \sum x \sum y}{n\sum x^2 - (\sum x)^2} = \frac{6 \times 725\,000 - 720 \times 6\,000}{6 \times 87\,400 - 720^2} = \frac{4\,350\,000 - 4\,320\,000}{524\,400 - 518\,400} = 5$$

$$a = \frac{\sum y - b\sum x}{n} = \frac{6\,000 - 5 \times 720}{6} = 400(万元)$$

则2001年度的资金需要总量为

$$y = a + bx = 400 + 5 \times 300 = 1\,780(万元)$$

2) 逐项分析法

逐项分析法是根据各资金占用项目(如现金、存货、应收账款、固定资产)同产销量之间的关系，把各项目的资金分成变动和不变两部分，然后汇总在一起，求出企业变动资金总额和不变资金总额，进而来预测资金需求量。

一、判断题

1. 预测就是对已经发生的事件作出的叙述和描述。　　　　　　　　　　　　　(　　)

2. 定量分析法是根据人们的主观分析判断确定未来的估计值。（　　）
3. 高低点法属于定性分析的方法。（　　）
4. 趋势分析法对历史上各期资料同等对待，权数相同。（　　）
5. 销售预测中的算术平均法适用于销售略有波动的产品的预测。（　　）
6. 进行成本预测，必须依次经过确定目标利润，预测成本发展趋势和修订目标成本三个步骤。（　　）
7. 资金需要量预测常采用销售百分比法。（　　）
8. 在保本点不变的情况下，如果销售量未超过保本点，则销售量越大亏损越大。（　　）
9. 在同一产销量水平上，经营杠杆系数越大，利润变动幅度就越大，从而风险也就越大。（　　）
10. 成本预测是其他各项预测的前提。（　　）
11. 成本预测的方法有目标成本预测法、历史成本预测法和因素变动预测法。（　　）
12. 只要固定成本不等于零，经营杠杆系数恒大于1。（　　）
13. 产销量的变动和经营杠杆系数的变动方向相同。（　　）
14. 目标利润基数可以按不同的利润率标准计算。（　　）
15. 可用于预测追加资金需要量的方法有指数平滑法。（　　）

二、单项选择题

1. 预测方法分为两大类：定量预测分析法和（　　）。
   A. 平均法　　B. 定性分析法　　C. 回归分析法　　D. 平滑指数法
2. 下列中属于因果预测分析法的是（　　）。
   A. 趋势平均法　　B. 移动平均法　　C. 本量利分析法　　D. 指数平滑法
3. 下列中不属于定量分析法的是（　　）。
   A. 判断分析法　　B. 算术平均法　　C. 回归分析法　　D. 指数平滑法
4. 经营杠杆系数可以揭示利润受下列指标之一变动影响的敏感程度，该指标是（　　）。
   A. 单价　　B. 单位变动成本　　C. 固定成本　　D. 销售量
5. 已知上年利润为 100 000 元，下一年的经营杠杆系数为 1.4，销售量变动率为 15％，则下一年的利润预测额为（　　）元。
   A. 140 000　　B. 150 000　　C. 121 000　　D. 125 000
6. 经营杠杆系数等于1，说明（　　）。
   A. 固定成本等于0　　　　　　B. 固定成本大于0
   C. 固定成本小于0　　　　　　D. 与固定成本无关
7. 假设平滑指数为 0.6，9 月的实际销售量为 600 千克，9 月的预计销售量为 630 千克，则预测 10 月的销售量为（　　）千克。
   A. 618　　B. 600　　C. 612　　D. 630
8. 已知上一年利润为 200 000 元，下一年的经营杠杆系数为 1.8，预计销售量变动率为 20％，则下一年的利润预测额为（　　）元。
   A. 200 000　　B. 240 000　　C. 272 000　　D. 360 000
9. 预测分析的内容不包括（　　）。

A. 销售预测　　　B. 利润预测　　　C. 资金需要量预测　D. 所得税预测

10. 下列适用于销售量略有波动的产品的销售预测方法是（　　）。
A. 加权平均法　　B. 移动平均法　　C. 趋势平均法　　D. 指数平滑法

11. 某企业只生产一种产品，该产品的单位变动成本为6元，固定成本总额为5 000元，企业确定的目标利润为4 000元，产品售价为15元。则要实现目标利润，该产品的销售量至少应达到（　　）件。
A. 556　　　　　B. 444　　　　　C. 600　　　　　D. 1 000

12. 如果其他因素不变，只有单价发生变动，则会使安全边际（　　）。
A. 不变　　　　　B. 不一定变动　　C. 同方向变动　　D. 反方向变动

13. 销售收入为20万元，边际贡献率为60%，其变动成本总额为（　　）万元。
A. 8　　　　　　B. 12　　　　　　C. 4　　　　　　D. 16

14. 某企业每月固定成本2 000元，单价20元，计划销售产品500件，欲实现目标利润1 000元，其单位变动成本应为（　　）元/件。
A. 13　　　　　　B. 14　　　　　　C. 15　　　　　　D. 16

15. 按照目标利润预测目标成本应当等于（　　）。
A. 预计总产值－目标利润
B. 预计销售收入－目标利润
C. 预计销售收入－预计总成本
D. 变动成本总额＋固定成本总额

三、多项选择题

1. 定量分析法包括（　　）。
A. 判断分析法　　B. 集合意见法　　C. 非数量分析法
D. 趋势外推分析法　　　　　　　E. 因果预测分析法

2. 可用于销售预测的定量分析方法有（　　）。
A. 产品寿命周期推断法　　　　　B. 趋势外推分析法
C. 本量利分析法　　　　　　　　D. 因果预测分析法
E. 判断分析法

3. 当预测销售量较为平稳的产品的销量时，较好的预测方法为（　　）。
A. 算术平均法　　B. 移动平均法　　C. 修正的时间序列回归法
D. 因果预测分析法　　　　　　　E. 判断分析法

4. 经营杠杆系数的计算公式有（　　）。
A. 利润变动率/业务量变动率　　　B. 业务量变动率/利润变动率
C. 基期边际贡献/基期利润　　　　D. 基期利润/基期边际贡献
E. 销售量的利润灵敏度×100

5. 较大的平滑指数可用于（　　）情况的销售预测。
A. 近期　　　　　B. 远期　　　　　C. 波动较大
D. 波动较小　　　E. 长期

6. 属于趋势预测分析法的是（　　）。
A. 算术平均法　　B. 平滑指数法　　C. 回归分析法
D. 调查分析法　　E. 移动平均法

7. 指数平滑法实质上属于( )。
   A. 平均法　　　　B. 算术平均法　　　C. 因果预测分析法
   D. 趋势外推分析法　　　　　　　　　E. 特殊的加权平均法
8. 在产销量上升时，经营杠杆系数( )。
   A. 上升　　　　　B. 下降　　　　　　C. 不变
   D. 成正比例变化　　　　　　　　　　E. 成反比例变化
9. 下列可作为目标利润率标准的有( )。
   A. 销售利润率　　B. 投资报酬率　　　C. 产值利润率
   D. 现金回收率　　　　　　　　　　　E. 资金利润率

四、实务题

1. 某企业生产一种产品，2009 年 1～12 月销售量资料如表 4-16 所示。

表 4-16　某产品 2009 年 1～12 月销售量资料

月　份	1	2	3	4	5	6	7	8	9	10	11	12
销售量/千克	10	12	13	11	14	16	17	15	12	16	18	19

要求：分别按以下方法预测 2010 年 1 月销售量。
(1) 算术平均法。
(2) 修正的移动平均法(假定观测期为 5)。
(3) 趋势平均法(假定销售量移动期为 5，趋势平均值移动期为 3)。
(4) 移动加权平均法(利用最后 3 期销售资料)。
(5) 平滑指数法(假设 2009 年 12 月销售量预测数为 16 千克，平滑指数为 0.3)。
(6) 修正的时间序列回归法。

2. 某企业基期销售收入为 100 000 元，边际贡献率为 30%，实现利润 20 000 元。
要求：计算该企业的经营杠杆系数。

3. 已知某企业只生产一种产品，最近半年的成本资料如表 4-17 所示。

表 4-17　某产品成本资料

月　份	固定成本/元	单位变动成本/(元/件)
1	12 000	14
2	12 500	13
3	13 000	12
4	14 000	12
5	14 500	10
6	15 000	9

要求：如果 7 月产量预计为 500 件，采用加权平均法预测 7 月的总成本和单位成本。

4. 某企业只生产一种产品，单价为 200 元，单位变动成本 160 元，固定成本 400 000 元，2009 年销售量为 10 000 件。已知同行业先进的资金利润率为 20%，预计 2010 年企业资金占用额为 600 000 元。

要求：

(1) 以同行业先进的资金利润率为基础测算企业 2010 年的目标利润基数。

(2) 企业为实现目标利润应该采取哪些单项措施。

5. 某企业只生产一种产品，已知本年销售量为 20 000 件，固定成本为 25 000 元，利润为 10 000 元，预计下一年的销售量为 25 000 件。

要求：预计下期利润额。

6. 企业某年度 6 月实际销售量为 800 千克，该月的预测销售量为 840 千克，平滑指数 $a=0.4$。请用平滑指数法预测 7 月的销售量。

五、案例分析题

同兴塑胶公司成立于 1998 年，主要业务为产销各种工业用塑胶制品。公司创办人之一陈为发明了一种新型硬化胶材料并获得专利，他和其友张永利用这种新胶材料做原料，共同开发出几种工业用新型胶制品并设计了生产制品的制模。在为某大型汽车公司设计制造出几批零件后，他们接到了该公司的大批订单。

自从拥有新型胶材的专利权、一个小厂房及汽车公司的订单后，陈为和张永决定创办同兴塑胶公司，并拟订了公司营运计划，投资商李克看过营运计划后不久，就决定参与投资，但他只提供创业资金，并不参与经营。同兴公司成立后，李克是最大股东，持有 40% 的股份；陈为和张永分别持有 26% 股份；剩下 8% 股份则在林立手上，他以前是会计，加入同兴公司后担任财务经理。

同兴塑胶公司成立后，事业蒸蒸日上，事实上公司在 1997 年 6 月就已开工生产，同年 9 月出了第一批货。1997 年销售额虽然只有 152 万元，但 1998 年的年销售额为 1 120 万元。此后同兴公司年销售额都能保持很高的增长，到 2008 年时该公司销售额高达 12 800 万元。此时，为了满足日益增长的需求，同兴公司进行了一项大规模的扩厂计划，资金来自某银行提供的 15 年期长期贷款。由于当时贷款利率偏高，加之贷款中附加保护性条款也相当苛刻，如条款中规定：同兴塑胶公司必须将流动比率维持在 3.0 的水平，并且不得再借其他长期贷款。条款中的另一条规定是，禁止提前还款，否则重罚，换句话说，若同兴公司想在贷款到期前，以低利率的新贷款来取代高利率旧贷款，公司必须支付一大笔提前解约的罚金给银行。一般保护条款中所规定的罚金数额相当于一年的利息。但同兴公司却被迫同意，在提前还款时，要支付三年利息作为罚金。

随着同兴公司业务的不断上升，股东之间的矛盾却日益突出。陈为与张永分担公司的董事长与总经理，李克与林立则作为股东。陈、张两人在公司里坐享高薪，故不愿分派股利，而李、林两人则希望将部分盈余以股利方式分派给他们。更重要的是前者不想让公司股票公开上市，因为他们不愿将公司财务资料因此而公开，而后者则希望公司股票能上市，使他们能抽出部分资金，投资到其他产业以分散风险。另外，李、林两人对于当初公司使用长期贷款的方式来筹措扩厂资金颇有微词，他们认为贷款中禁止额外举债、流动比率的固定维持水平的规定，严重妨碍公司未来成长。若同兴公司要充分发挥增长潜力，必须再度扩充资金。

在 2009 年的股东大会上，李克与林立指出，就生产和营销上公司现行政策无可非议，但从财务管理角度看，则尚欠理想。他们认为公司在财务管理方面所面临的问题是，没有制订财务计划以适应未来成长；另外在资金的融通和调度方面也不够灵活。他们认为，①公司必须公开发行新股来筹措扩充所需资金，并且增资额要超过现有的留存收益；②公司须拟出一套股票上市计划，且要考虑资金结构的合理搭配比例，但银行的保护性条款却已严重限制了公司未来的举债能力。

在拟订公司未来几年财务计划时，李、林认为，在2009年的销售额应该增长到14 800万，税后净利为销售额的5%。陈、张认为这个预测非常合理。最后，四个股东认为，将2010年的营业目标定在18 000万元，税后净利定在销售额的5%左右，应该合理。虽然，陈、张两人都承认，同兴塑胶公司的确需要制订出一套正式的财务计划，但他们认为公司有足够的留存收益来完成扩厂所需的资金。但李、林则认为，只有将股票公开上市，公司才能持续成长。最后，公司四个股东同意公司的首要目标是维持高销售额成长率。因此，他们决定，公司目前要做两件事：①预测出未来数年的资金需求。②如确有必要增资，才能满足公司未来成长所需资金，则去筹措新资金以前，应先拟订可行的筹资计划。

同兴塑胶公司1998年，2003年和2008年的资产负债表和利润表数据，见表4-18和表4-19。

表4-18 同兴塑胶公司资产负债表　　　　　　　　　　　单位：千元

年份　项目	1998	2003	2008
现金	400	1 840	4 200
应收账款	3 560	14 680	32 800
存货	4 000	17 080	35 000
流动资产合计	8 000	33 600	72 000
固定资产净值	4 200	18 400	43 400
资产合计	12 200	52 000	115 400
流动负债	2 200	9 000	22 000
长期负债	800	15 800	42 000
普通股	4 200	4 200	42 000
资本公积	4 000	4 000	4 000
留存收益	1 000	19 000	43 200
权益合计	12 200	52 000	115 400

表4-19 同兴塑胶公司损益表　　　　　　　　　　　单位：千元

年份　项目	1998	2003	2008
销售收入	11 200	52 000	128 000
销售成本	8 400	43 480	104 000
销售毛利	2 800	8 520	24 000
营业费用	2 200	4 880	17 360
税后净利	600	3 640	6 640

要求：

（1）运用销售百分比法，以 2008 年为基础，预测出 2009 年与 2010 年同兴公司的资金需要量。

（2）在应用销售百分比法预测同兴公司未来资金需求时所做的假设是否合理？

（3）若经由银行贷款与留存收益等方式仍无法筹措到足够资金以融通未来的资金需求时，同兴公司还有哪些其他的筹资方案可供选择？

第 5 章

短期经营决策

DUANQI JINGYING JUECE

【核心概念】

差量成本　边际成本　机会成本　付现成本　沉没成本　相关成本
无关成本　单位资源贡献边际分析法　差别成本分析法　成本无差别点法

【学习目标】

知 识 目 标	技 能 目 标
1. 掌握生产决策和存货决策的基本方法	1. 能初步解决企业短期生产经营问题
2. 掌握价格决策应考虑的因素和定价策略	2. 能够有效应用经济批量法、产品定价基本方法

【导入案例】

永乐公司是一家家用电器生产企业，下一年度生产电饭煲需用一种零件，该零件目前市价为10元/只，永乐公司也可自己生产，若自制该零件，需购置一台设备，成本为15万元，该设备年产量10万只，使用期一年，期满无残值，配套流动资金为30 000元。生产支出为：人工费为2元/只，材料费5元/只，其他开支100 000元/年。为方便分析，假定一切开支均为年底付款，该企业零件年需要量为10万只，所得税税率为20%。问永乐公司该零件是自制还是外购呢？

这个案例只是引出来了企业短期经营决策的一个方面，通过本章的学习，大家还将掌握企业短期经营决策关于生产什么、生产多少、如何生产的其他内容。

5.1 决策分析概述

5.1.1 决策的概念

所谓决策，就是为了实现特定经营目标，在拥有必要信息和经验的基础上，借助于科学的理论与方法，从若干个备选方案中，做出恰当选择的过程。简而言之，决策就是科学地做出决定。

管理会计中的决策分析，是针对企业未来经营活动所面临的问题，由各级管理者做出的有关未来经营战略、方针、目标、措施与方法的决策过程。它是企业经营管理的核心内容，决策的正确与否关系到企业的兴衰存亡。现代管理理论认为"管理的重心在经营，经营的重心在决策"。在市场经济条件下，企业的经营环境日趋复杂，企业管理者面临的不是是否应该进行决策的问题，而是如何进行科学决策的问题，决策在企业经营管理中处于十分重要的地位。

5.1.2 决策的分类

1. 按决策规划时期的长短分类

1) 短期决策

短期决策通常是对涉及一个经营年度或经营周期内的生产经营活动所要解决的问题做出决策，主要包括生产决策、存货决策和定价决策等内容。它的主要特点是充分利用现有资源，一般不涉及大量资金投入，且见效快，其决策实施所需资金由内部筹集。这是本章所要研究的内容。

2) 长期决策

长期决策通常是指规划重大发展方向，有关企业全局的、需要若干年实施才能完成的决策活动。主要包括固定资产扩建、改建、更新和改造决策等内容。它的主要特点是对若干期的盈亏产生影响，一般需投入大量资金，且见效慢，风险大，资金一般从外部筹集。长期投资决策所研究的内容在第6章介绍。

2. 按决策的确定性程度分类

1) 确定型决策

确定型决策所涉及的各种备选方案的各项条件都是已知的,且方案实施后的结果也是确定的。这种决策,只要比较不同方案的优劣,根据价值标准,就可做出决策。虽然这类决策问题比较容易,但它是管理会计中重点研究的内容。

2) 风险型决策

风险型决策所涉及的各种备选方案的各项条件也是已知的,但每一方案的执行都会出现两种或两种以上的不同结果,而每种结果出现的概率是可预测的。这类决策由于结果是在一定的客观概率下做出的,要承担一定的风险。

3) 不确定型决策

不确定型决策所涉及的各种备选方案的各项条件是未知的,只能以决策者的经验判断确定的主观概率作为决策依据。与风险型决策相比,它没有客观概率作为决策条件,其决策难度更大,需要决策者具有较高的理论知识和丰富的实践经验。

3. 决策的其他分类

决策除按上述标志分类外,还可按其他标志进行分类。例如,按决策的重要程度不同,可分为战略决策和战术决策两类;按决策者所处的地位不同,可分为高层决策、中层决策和基层决策三类;按决策的内容不同,可分为生产决策、存货决策、设备更新改造决策等。上述决策分类的方法,是从不同侧面对决策作初步认识。不同决策常常相互联系,彼此之间并不完全排斥,在一定程度上是相互交叉重复的。例如,短期决策一般是战术决策、确定型决策,而长期决策一般是战略决策、风险型决策。再如,短期决策一般包括生产决策和存货决策,它往往是由中层或基层管理者决定,而长期决策一般指设备更新改造决策,它往往是由高层管理者决定。

5.1.3 决策分析的一般程序

1. 确定决策目标

确定决策目标就是确定决策所要解决的问题。任何决策都是为了达到一定目的而进行的,因此,确定决策目标是进行决策的前提。在确定决策目标时,应力求做到可以计算其成果,可以规定其时间范围,可以确定其责任。只有这样,才能便于责任者考虑采用哪种措施力求实现这一目标。

2. 拟订备选方案

决策在于选择,没有选择就没有决策。因此,确定了决策目标后,就应该根据环境和要求拟订实现决策目标的各种备选方案。备选方案的拟订要尽可能多些、齐全些。方案多,选择的余地才大;方案齐全,才能避免将最优方案漏掉。方案之间还应具有互斥性,即不同方案应相互排斥,不能存在包含关系。

3. 评价备选方案

各种备选方案提出了实现目标的各种方式和途径,而究竟哪一种方式和途径最优,需要对各种备选方案进行分析比较。评价是对各个被选方案的资料和条件进行排列对比，运用定量和定性相结合的方法，对各种可行方案进行科学的鉴别和全面的评比，计算不同方案的产量、预期收入和成本，而且要充分考虑政治经济形势、消费心理及民情习俗等非计量因素。

4. 确定最优方案

在综合比较各方案优缺点的基础上，全面权衡利弊得失，按照一定原则要求确定最终择优的标准及有关方法，直到确定出较为理性的相对最优的方案，以供实施。

5.1.4 决策中的成本概念

决策分析离不开收入、利润、成本等会计要素的研究。从收入和利润的研究来看，它必须联系成本问题，在缺乏必要的成本资料下，要想单独研究利润、收入几乎是不可能的，拟订的决策方案也难以奏效。同时研究成本自身问题也离不开成本的构成分析。可见，在整个决策分析过程中，成本问题是贯穿于各个方面、各个环节的核心问题。

管理会计中的成本，首先按其性态可划分为固定成本和变动成本，它是研究其他相关决策成本的基础，成本性态分析的基本内容详见第 2 章，这里不再赘述。下面就决策中的其他成本分析进行说明。

1. 差量成本

差量成本也称差异（别）成本，它有广义和狭义之分。广义的差量成本，是指某一方案的预期成本与另一方案的预期成本之差。不同方案的优劣，一般可通过差量成本的计算直接进行比较。狭义的差量成本，是指单一决策方案由于生产能力利用程度的不同表现在成本方面的差额。在短期决策中，因方案的选择一般不涉及固定成本变动，因此，某一决策方案的差量成本就是该方案的相关变动成本，即等于该方案的单位变动成本与相关业务量的乘积。但当方案选择涉及固定成本变动时，则差异成本既包括变动成本，也包括固定成本。

2. 边际成本

用经济学的观点分析，边际成本就是产品成本对产品产量的无限小变化的变动部分。但在实际工作中，产品产量无限小的变化只能小到一个单位，如一件产品、一批产品或一份订单等，因为低于一个单位就没有什么实际意义。因此，可以把边际成本理解为差量成本的一种特殊表现形式，它强调在生产能量相关范围内，每增加或减少一个单位的产量所引起的成本变动。边际成本用来判断增加或减少某一种产品的生产（销售）数量在经济上是否合算。通常情况下，当现有生产能力未被充分利用之前，任何新增产量的售价，均不得低于边际成本，否则将会发生亏损。

3. 机会成本

机会成本是指在若干个备选方案中，从中选的最优方案负担的、按所放弃的次优方案的潜在收益计算的那部分资源损失，又叫机会损失。在一般情况下，决策者选择某一方案必然意味着放弃或丧失其他方案可能获利的机会，因此，被放弃的方案的预期收益，就应当成为被中选方案全部成本的一部分，即将已淘汰方案的预期收益，视为中选方案的"机会"成本。机会成本虽然不是实际支出，也不计入会计账册，但在决策中是必须认真考虑的。在分析评价备选方案的可行性时,只有把失去的"机会"成本也考虑进去,才能真正对选定的方案的预期效益做出全面而正确的评价。

4. 付现成本

付现成本就是动用现金支付的成本。一般情况下,某一方案的付现成本高,则总成本低,付现成本低,则总成本高。因此,在决策中必须综合考虑企业的付现能力、设备利用水平及货币时间价值等因素,以便做出正确抉择。例如,在企业现金短缺、筹资又非常困难的情况下,对于那些预期收益高而又急需运营的方案的选择,必须以付现成本而不是总成本作为方案的取舍标准。因为在付现能力不足时,虽然总成本高,但因付现成本低,可使企业尽快把握机会,提前获益,抵偿日后多支出的成本,甚至可以提前占领市场,获得货币时间价值的好处。

5. 沉没成本

沉没成本又称沉入成本或旁置成本。它是由过去的决策引起,已经支付过款项而存在的成本,也是现时决策不能改变的成本。企业大多数固定成本均属于沉没成本,但并不是说所有固定成本都属于沉没成本,如与决策方案有关的新增固定资产的折旧费就属于相关成本。另外,某些变动成本也属于沉没成本,如在半成品的深加工决策中,半成品本身的成本包括固定成本和其变动成本均为沉没成本。

6. 重置成本

重置成本是指目前从市场上购买同一项已有资产所需要支付的成本,也称为"现时成本"。重置成本是相对于财务会计中的历史成本而言的,历史成本与当前决策无关,而重置成本则是决策分析中要重点考虑的成本。例如,在长期投资决策中以新设备替换旧设备时,就需要考虑以重置成本作为相关成本。

7. 专属成本与共同成本

专属成本是指那些能够明确归属于特定方案的固定成本或混合成本,它往往是为了弥补生产能力不足,增加有关装置、设备、工具等长期资产而发生的。专属成本的表现方式也是多样的,如采用设备租入方式,则专属成本就是与此相关联的租金成本;如采用设备购买方式,且是采用某一方案而专用的,则专属成本就是这一设备取得的全部成本。

共同成本是与专属成本相对立的成本,是指应当由多个方案共同负担的注定要发生的固定成本或混合成本。由于共同成本的发生与特定方案的选择无关,因此,在决策中可以不予考虑。

8. 相关成本与无关成本

相关成本是指与特定方案相联系的,能对决策产生重大影响,在决策中必须予以充分考虑的成本。如果某项成本只属于某个决策方案,即若有这个方案存在,就会发生这项成本,若该方案不存在,就不会发生这项成本,那么,这项成本就是相关成本。前述的差量成本、边际成本、机会成本、付现成本、重置成本和专属成本等都属于相关成本。

无关成本是与相关成本相对立的概念。凡不受决策结果影响,与决策无关或关系不大,已经发生或注定要发生的成本就是无关成本。如果无论其是否存在,某决策方案均会发生某项成本，那么就可以断定该项成本是上述方案的无关成本。在决策中不考虑无关成本，否则，可能会导致决策失误。因此，了解和区分哪些是无关成本是十分必要的。前述的沉没成本和共同成本等均属于无关成本。

5.2 生产决策

生产决策是企业短期经营决策的一项重要内容，它所涉及的问题主要有三个方面：企业应该生产什么？生产多少？如何生产？本节将通过以下几个方面对企业生产决策的有关问题做出分析。

5.2.1 新产品的投产决策

不断开发新产品，促使产品更新换代，才能使企业长盛不衰。大量投资和追加固定资产，以开发新产品，属于长期投资决策范畴，本节暂不涉及。这里介绍的新产品的投产决策，是指利用企业现有生产能力或只需要追加少量的专属成本即可开发某种适销对路的新产品的决策。

按照新产品投产决策方案的实施是否需要压缩老产品产销量，可分为在不压缩老产品产销量前提下开发新产品和在压缩老产品产销量前提下开发新产品两种情况，下面分别加以说明。

1. 在不压缩老产品产销量前提下开发新产品

这种情况又可分为不需要追加专属成本和需要追加专属成本两种情况。

1）不需要追加专属成本

新产品的投产既不需要压缩老产品产量，又不需要追加专属成本，就是说仅利用企业剩余生产能力就可实施开发新产品方案，这时，可采用单位资源贡献边际分析法或贡献边际总额分析法进行决策。

（1）单位资源贡献边际分析法。此方法比较简便易行，它是以有关方案的单位资源贡献边际指标作为决策评价指标的一种方法。当企业进行新产品开发只受到某一项资源，即剩余生产能力(如某种原材料、人工工时或机器台时等)的约束，并已知备选方案中各种拟开发的新产品的单位资源贡献边际和单位产品资源消耗定额(如材料消耗定额、工时定额、台时定额)时，可采用此法进行决策。单位资源贡献边际的计算公式如下：

$$单位资源贡献边际 = \frac{单位贡献边际}{单位产品资源消耗定额}$$

单位资源贡献边际是个正指标，哪个方案的该项指标大，哪个方案为优。

【例题解析5-1】永乐公司计划利用剩余生产能力开发一种新产品，其相关设备的经营能力成本为20 000元，经营能力台时为4 000小时。现有A、B两种新产品可供选择，两种新产品的相关资料分别是：A产品单位售价100元/台，单位变动成本80元/台，单位产品定额台时为5小时；B产品单位售价60元/台，单位变动成本46元/台，单位产品定额台时为2小时。该方案选择既不涉及压缩老产品产销量，也不涉及追加专属成本。

要求：采用单位资源贡献边际分析法做出开发何种新产品决策。

根据已知条件，编制单位资源贡献边际分析表，如表5-1所示。

表5-1 单位资源贡献边际分析表

项　　目	投产A产品	投产B产品
单位贡献边际/元	100－80＝20	60－46＝14
单位产品定额台时/小时	5	2
单位资源贡献边际	4	7

应当开发B产品，因为B产品的单位资源贡献边际指标大于A产品。

(2) 贡献边际总额分析法。此方法也比较简单，它是以有关方案的贡献边际总额作为决策评价指标的一种方法。实际上其道理与单位资源贡献边际分析法是完全一样的，只是计算的指标是贡献边际总额而已。

贡献边际总额也是个正指标，哪个方案的该项指标大，哪个方案为优。

【例题解析5-2】仍依据例5-1资料。用贡献边际总额分析法做出开发何种新产品的决策，并求证例1决策结论是否正确。同时，解释在决策中为什么不考虑20 000元固定成本。

首先计算A、B两种新产品的相关产销量：

A产品相关产销量＝4 000/5＝800(台)

B产品相关产销量＝4 000/2＝2 000(台)

其次计算A、B两种新产品的贡献边际总额：

A产品贡献边际总额＝20×800＝16 000(元)

B产品贡献边际总额＝14×2 000＝28 000(元)

应当开发B产品，因为B产品的贡献边际总额指标大于A产品。可见，其决策结论与单位资源贡献边际分析法是一致的。由于20 000元固定成本是沉没成本，属于无关成本，所以在决策中不予考虑。

值得注意的是，在新产品的投产决策中，不能单以新产品的单位售价或单位贡献边际的大小作为取舍标准，因为它受到现有生产能力的制约，即现有生产能力制约开发新产品的产销量。

2) 需要追加专属成本

当新产品的投产不需要压缩老产品产销量，但需要追加少量专属成本时，就无法采用单位资源贡献边际分析法和贡献边际总额分析法，而应采用差别损益分析法进行决策。

差别损益分析法是指在进行两个相互排斥方案(即互斥方案)的决策时，以差别损益指标作为评价方案取舍标准的一种决策方法。这是生产经营决策中最常用的一种方法，通常由决策人员对不同预选方案而产生的预期收入对比，计算差量收入；对不同预选方案而产生的预期成本对比，计算差量成本；差量收入再与差量成本进行对比，从而计算出差别损益。若差别损益大于零，则前一方案为优；若差别损益小于零，则后一方案为优；若差别损益等于零，则两方案效益相同。

差别损益分析法比较科学、简单、实用，但一旦有关方案的相关收入、相关成本的内容确定不准确，便会影响决策质量，甚至会得出错误结论。因此，必须重视相关方案的相关收入和相关成本分析。另外，如果出现两个以上方案时，应两两对比，进行方案淘汰，比较一次，淘汰一个方案，直至最终确定出最优方案。

【例题解析5-3】 仍依据例5-1资料，假设开发A、B两种新产品均不需要压缩老产品产量，其A、B两种新产品的相关单价、单位变动成本、单位产品定额台时及永乐公司的剩余生产能力均不变。但是，要开发A、B两种新产品均需装备不同的专用工具，若生产A产品需要追加专属成本1 000元，若生产B产品需要追加专属成本15 000元。采用差别损益分析法做出开发何种新产品的决策。

根据已知条件，编制差别损益分析表，如表5-2所示。

表5-2　差别损益分析表　　　　　　　　　　　　　　　　　　　　单位：元

项　　目	投产A产品	投产B产品	差　　量
相关收入	100×800=800 00	60×2 000=120 000	−40 000
相关成本合计	65 000	107 000	−42 000
其中：增量成本	80×800=64 000	46×2 000=92 000	
专属成本	1 000	15 000	
差别损益			2 000

应当开发A产品，因为差别损益为2 000元，大于零，故选择前一方案。这样，可使企业多获利润2 000元。

2. 在压缩老产品产销量前提下开发新产品

在需要压缩老产品产销量的情况下开发新产品，应把因压缩老产品产销量而减少的收益作为开发新产品的机会成本来考虑。这时，应遵循利益最大化原则，选择预期利润最大的方案，即采用预期利润总额分析法进行决策。

预期利润总额分析法就是通过相关收入和相关成本计算出每个备选方案的预期利润总额，并以预期利润总额大小作为方案取舍标准的一种决策方法。值得注意的是，这里的相关成本一定要包括因压缩老产品产销量而减少的收益，即机会成本。

【例题解析5-4】 永乐公司现产销X产品，年正常产销量为10 000件，单位售价为35元/件，单位变动成本为30元/件。最新市场信息表明，X产品的销路已呈下降趋势。同时，企业的现有生产能力还没有得到充分利用。因此，企业拟开发A产品或B产品，以充分利用剩余生产能力和扩大销售。若开发A产品，预计年产销量可达5 000件，A产品的单位售价为30元/件，单位变动成本为20元/件，同时需追加专属成本40 000元，压缩X产品产销量10%。若开发B产品，预计年产销量可达4 000件，B产品的单位售价为20元/件，单位变动成本为15元/件，同时需要追加专属成本3 000元，压缩X产品产销量5%。采用预期利润总额分析法做出开发何种新产品的决策。

根据已知条件，编制预期利润总额分析表，如表5-3所示。

表 5-3 预期利润总额分析表

项目 \ 方案	开发 A 产品	开发 B 产品
产销量/件	5 000	4 000
单位售价/元	30	20
单位变动成本/元	20	15
单位贡献边际/元	10	5
贡献边际总额/元	50 000	20 000
减：专属成本/元	40 000	3 000
机会成本/元	5×10 000×10%=5 000	5×10 000×5%=2 500
税前利润/元	5 000	14 500

应当开发 B 产品，因为开发 B 产品的预期利润总额大于开发 A 产品的预期利润总额，可使企业多获利润 9 500 元(14 500－5 000)。

5.2.2 亏损产品决策

这里所说的亏损产品，是指按照传统的财务会计方法（即完全成本法或制造成本法）所确定的成本大于收入的产品。按照传统观念分析，及时地停止亏损产品生产，无疑对企业是有利的。但是从管理会计角度出发，问题就不是如此简单。因为在这些亏损产品的成本中包含一部分固定成本。这部分固定成本不会因停止亏损产品的生产而减少，只会因亏损产品的停产而转嫁到其他产品身上，从而加重其他产品的负担。所以，有时盲目停止亏损产品的生产，反而可能给企业带来更大损失。下面，分别就亏损产品生产能力无法转移和可以转移两种情况进行说明。

1. 亏损产品生产能力无法转移

所谓亏损产品生产能力无法转移，是指当亏损产品停产以后，闲置下来的生产能力无法被用于其他方面，即既不能转产，也不能出租，也不能用于承揽零星加工业务等。这时，应分别以下情况就其是否停产做出决策分析。

（1）只要亏损产品的销售单价大于单位变动成本，即单位贡献边际大于零，就应继续生产，否则应该停产。

【例题解析 5-5】 永乐公司产销 A、B、C 三种产品，其中固定成本总额为 30 000 元，三种产品 2010 年税前利润计算表，如表 5-4 所示。要求对亏损产品 B 产品是否停产做出决策。

B 产品尽管亏损，但能够提供贡献边际 10 000 元，从全公司角度来看，B 产品按销售比重为公司分担了 15 000 元固定成本，尽管只补偿了 10 000 元，尚有 5 000 元得不到补偿，但如果停止产销 B 产品，则会把这 15 000 元固定成本全部转嫁给 A、C 两种产品负担，公司因此会减少相当于 B 产品能够补偿的固定成本 10 000 元的利润。停产 B 产品后的税前利润计算表，如表 5-5 所示。

表 5-4 税前利润计算表

项目	A产品	B产品	C产品	合计
销售收入总额/元	40 000	60 000	20 000	120 000
销售单价/(元/件)	40	120	50	—
单位变动成本/(元/件)	20	100	30	—
销售量/件	1 000	500	400	—
贡献边际总额/元	20 000	10 000	8 000	38 000
按销售比例分担固定成本/元	10 000	15 000	5 000	30 000
税前利润/元	10 000	−5 000	3 000	8 000

表 5-5 税前利润计算表

项目	A产品	C产品	合计
销售收入总额/元	40 000	20 000	60 000
销售单价/(元/件)	40	50	—
单位变动成本/(元/件)	20	30	—
销售量/件	1 000	400	—
贡献边际总额/元	20 000	8 000	28 000
按销售比例分担固定成本/元	20 000	10 000	30 000
税前利润/元	0	−2 000	−2 000

如果停止产销B产品，会使企业由原来盈利8 000元变为亏损2 000元，所以企业不应该停止B产品的产销。

（2）只要亏损产品的销售单价大于单位变动成本，即单位贡献边际大于零，企业还具备增产亏损产品的剩余生产能力，且无法转移时，就应当增产该亏损产品。

【例题解析5-6】仍依据例5-5资料。假设该公司现已具备增产30%B产品的剩余生产能力，且无法转移。要求做出是否增产B产品的决策。

依据以上条件可知，增产B产品不会增加固定成本，也不会发生机会成本，但由于B产品能够提供正的贡献边际，尽管它是亏损产品，但只要增产就可使公司多获得相当于增产B产品所创造的贡献边际的利润。增产30%B产品后的税前利润计算表，如表5-6所示。

表 5-6 税前利润计算表

项目	A产品	B产品	C产品	合计
销售收入总额/元	40 000	78 000	20 000	138 000
销售单价/(元/件)	40	120	50	—
单位变动成本/(元/件)	20	100	30	—

续表

项目	A产品	B产品	C产品	合计
销售量/件	1 000	650	400	—
贡献边际总额/元	20 000	13 000	8 000	41 000
按销售比例分担固定成本/元	8 695.65	16 956.52	4 347.83	30 000
税前利润/元	11 304.35	-3 956.52	3 652.17	11 000

应当增产B产品，这样可使企业的盈利由原来的8 000元增加到11 000元。即可使企业多获得相当于增产亏损B产品创造的贡献边际3 000元的利润。

(3) 只要亏损产品的销售单价大于单位变动成本，即单位贡献边际大于零，企业还具备增产亏损产品的剩余生产能力，且也无法转移。但要增产亏损产品需增加一定的专属成本。这时，只要增产该亏损产品创造的贡献边际大于专属成本，就应当增产该亏损产品。

【例题解析5-7】 仍依据例5-5和例5-6资料。假定该公司增产30%B产品的生产，需增加专属成本1 000元。要求做出是否增产B产品的决策。

根据以上条件，可编制增产B产品后的税前利润计算表，如表5-7所示。

表5-7 税前利润计算表

项目	A产品	B产品	C产品	合计
销售收入总额/元	40 000	78 000	20 000	138 000
销售单价/(元/件)	40	120	50	
单位变动成本/(元/件)	20	100	30	
销售量/件	1 000	650	400	—
贡献边际总额/元	20 000	13 000	8 000	41 000
按销售比例分担固定成本/元	8 695.65	16 956.52	4 347.83	30 000
增产B产品专属成本/元		1 000		1 000
税前净利/元	11 304.35	-4 956.52	3 652.17	10 000

应当增产B产品，这样可使企业的盈利由原来的8 000元增加到10 000元。也就是说，可使企业多获得相当于增产该亏损产品创造的贡献边际3 000元大于其专属成本1 000元的利润，即2 000元利润。

2. 亏损产品生产能力可以转移

如果亏损产品停产以后，其闲置下来的生产能力可以转移，就必须把相关机会成本考虑进去进行决策分析。确认生产能力转移有关的机会成本，应当具体问题具体分析。如果将闲置下来的生产能力用于转产或用于承揽零星加工业务，则与继续生产亏损产品方案有关的机会成本就是转产或承揽零星加工业务可望获得的贡献边际；如果将闲置下来的生产设备用于对外出租，则与继续生产亏损产品方案有关的机会成本就是可望获得的租金收入。这时，应分别根据以下情况进行决策分析。

(1) 当亏损产品创造的贡献边际大于其原生产能力转移有关的机会成本,且企业再没有其他剩余生产能力时,就不应当停产。否则,就应该停产,并将其原生产能力转移。

【例题解析 5-8】永乐公司组织多品种生产。2010 年 A 产品发生亏损 6 000 元,又知该年度 A 产品的完全成本为 16 000 元,其变动成本率为 80%。假设 2011 年生产条件不变,但若停止 A 产品生产,其闲置下来的生产设备可以对外出租,一年可望获得租金收入 2 200 元。另外,企业再无增产 A 产品的剩余生产能力。要求做出 2011 年是否继续生产 A 产品的决策。

依题意计算以下指标:

A 产品的销售收入＝16 000＋(－6 000)＝10 000(元)
A 产品的变动成本＝10 000×80%＝8 000(元)
A 产品的贡献边际＝10 000－8 000＝2 000(元)

继续生产 A 产品的机会成本,即其停产后可望获得的租金收入为 2 200 元。

2011 年永乐公司应当停止 A 产品的生产,并将其闲置下来的生产设备对外出租,这样可使企业多获得 200 元(2 200－2 000)的利润。

(2) 当亏损产品创造的贡献边际大于或小于其生产能力转移有关的机会成本,但企业还有剩余生产能力用来增产亏损产品,或者仅需追加一定的专属成本即可用来增产亏损产品。这时,应当运用差别损益分析法,通过判断增产亏损产品方案与停产亏损产品方案的差别损益进行决策。

【例题解析 5-9】仍依据例 5-8 资料。假设永乐公司 2011 年尚有增产 A 产品 50% 的剩余生产能力,但需增加 500 元的专属成本。其他资料不变。要求采用差别损益分析法对增产 A 产品方案和停产 A 产品方案(即采用设备对外出租方案)做出决策。

根据已知条件,编制差别损益分析表,如表 5-8 所示。

表 5-8　差别损益分析表　　　　　　　　单位:元

项　　目	继续生产并增产 A 产品	停产 A 产品并将设备对外出租	差　　量
相关收入	10 000(1＋50%)＝15 000	2 200	12 800
相关成本合计	12 500	0	12 500
其中:变动成本	8 000(1＋50%)＝12 000		
专属成本	500		
差别损益			300

2011 年永乐公司应当增产 A 产品,不应停产 A 产品而将设备对外出租。这样可使企业多获得利润 300 元。

5.2.3 半成品是否深加工的决策

在多步骤生产的企业里,往往有一些完成某一阶段加工的半成品,既可以继续加工为产成品后出售,也可以不再加工而直接对外出售。例如,纺织厂生产的细纱既可以加工成布以后出售,也可以直接出售;自行车配件厂生产的自行车大梁既可以进一步加工镀光后出售,也可以直接出售。

在半成品是否深加工决策中,深加工前的半成品成本,无论是变动成本还是固定成本,均属于沉没成本,是与决策无关的非相关成本。这类决策的相关成本只包括与深加工有关的成本。而相关收入则包括直接出售和加工后出售的有关收入。半成品是否深加工一般用差别损益分析法进行决策分析。

【例题解析 5-10】 永乐公司生产 B 产品 2 000 件,在完成第一道工序后即可销售,单价 30 元,单位变动成本 22 元/件,固定成本总额 40 000 元。该产品也可继续深加工后再出售,单价为 38 元,单位变动成本为 29 元/件(即需追加单位变动成本 7 元/件)。要求就以下各不相关情况做出 B 产品直接出售或深加工后再出售的决策。

(1) 企业现已具备深加工 2 000 件 B 产品的生产能力,不需追加专属成本,且深加工生产能力无法转移。

(2) 企业深加工 2 000 件 B 产品需追加专属成本 8 000 元。

(3) 企业只具备深加工 1 000 件 B 产品的生产能力,但该生产能力可用于对外承揽加工业务,预计一年可获得贡献边际 5 000 元。

根据题意及已知条件,可采用差别损益法就三种情况进行决策分析如下:

(1) 若企业现已具备深加工 2 000 件 B 产品的生产能力,不需追加专属成本,且深加工能力无法转移,可编制差别损益分析表,如表 5-9 所示。

表 5-9　差别损益分析表　　　　　　　　　　　　单位:元

项　目	进一步深加工	直接出售	差　量
相关收入	38×2 000=76 000	30×2 000=60 000	16 000
相关成本	14 000	0	14 000
其中:加工成本	7×2 000=14 000	0	
差别损益			2 000

在这种情况下应该进一步深加工后再出售,这样可使企业多获利润 2 000 元。

(2) 若企业深加工 2 000 件 B 产品需追加专属成本 8 000 元,可编制差别损益分析表,如表 5-10 所示。

表 5-10　差别损益分析表　　　　　　　　　　　　单位:元

项　目	进一步深加工	直接出售	差　量
相关收入	76 000	60 000	16 000
相关成本	22 000	0	22 000
其中:加工成本	14 000	0	
专属成本	8 000	0	
差别损益			−6 000

在这种情况下不应该进一步深加工,而应采取直接出售方案,这样可使企业多获利润 6 000 元。

(3) 若企业具备深加工 1 000 件 B 产品的生产能力,但该生产能力可以转移,即用于对外承揽加工业务,一年可获贡献边际 5 000 元,可编制差别损益分析表,如表 5-11 所示。

表 5-11 差别损益分析表　　　　　　　　　　　单位:元

项　　目	进一步深加工	直接出售	差　　量
相关收入	38×1 000=38 000	30×1 000=30 000	8 000
相关成本	12 000	0	12 000
其中:加工成本	7×1 000=7 000	0	
机会成本	5 000	0	
差别损益			−4 000

在这种情况下也不应该进一步深加工,而应采取直接出售方案,这样可使企业多获利润 4 000 元。

5.2.4　零部件自制还是外购的决策

零部件自制还是外购的决策,是指企业生产产品所需的零部件,既可以从市场上直接购买,也可以利用企业现有生产能力自制,在满足生产需要和不影响使用效果的前提下,企业采取何种方式取得零部件。这类决策可根据不同情况分别采用差别成本分析法和成本无差别点法进行决策分析。下面分别就零部件需求总量是否确定两种情况进行说明。

1. 零部件需求总量确定时自制或外购的决策

在这种情况下,一般采用差别成本分析法进行决策。所谓差别成本分析法是指在短期经营决策中,当备选方案的相关收入均为零时,通过比较各方案的相关成本指标,遵照成本最小化原则,做出方案选择的一种方法。该方法实质上是差别损益分析法的一种特殊形式。值得注意的是,差别成本是个反指标,哪个方案的相关成本最低,哪个方案为优。

零部件的外购总成本应考虑全年需求总量和单位采购成本等因素确定。零部件自制总成本应考虑全年需求总量、单位自制变动成本、新追加专属成本和机会成本等因素确定。

【例题解析 5-11】永乐公司生产 A 产品,每年需要 Q 部件 3 000 个,如从市场上购买每个采购成本为 25 元。要求就以下各不相关情况,做出 Q 部件是自制还是外购的决策。

(1) 企业现已具备生产 3 000 个 Q 部件的生产能力,年固定成本总额为 33 000 元,并且无法转移。又知生产 Q 部件的单位变动成本为 17 元。

(2) 企业若自制 3 000 个 Q 部件,每年尚需增加专属成本 25 000 元。生产 Q 部件的单位变动成本仍为 17 元。

(3) 企业已具备生产 3 000 个 Q 部件的生产能力,但可以不用于自制 Q 部件,而出租给外单位使用,每年可收取租金 10 000 元。自制 Q 部件的单位变动成本仍为 17 元。

根据题意及已知条件,可采用差别成本分析法就三种情况进行决策分析如下:

(1) 若企业已具备生产 3 000 个 Q 部件的生产能力,且无法转移时,可编制差别成本分析表,如表 5-12 所示。

表 5-12 差别成本分析表　　　　　　　　　　　　　　　　单位:元

项　目	自　制	外　购	差　量
相关成本	51 000	75 000	−24 000
其中:变动成本	17×3 000=51 000	25×3 000=75 000	
差别成本			−24 000

在这种情况下,自制 Q 部件的相关成本低于外购 Q 部件的相关成本,故企业应采取自制方案,这样可使企业节约成本 24 000 元。值得注意的是固定成本 33 000 元为沉没成本,与决策无关。

(2) 若企业自制 3 000 个 Q 部件,每年增加专属成本 25 000 元时,可编制差别成本分析表,如表 5-13 所示。

表 5-13 差别成本分析表　　　　　　　　　　　　　　　　单位:元

项　目	自　制	外　购	差　量
相关成本	76 000	75 000	1 000
其中:变动成本	51 000	75 000	
专属成本	25 000	0	
差别成本			1 000

在这种情况下,自制 Q 部件的相关成本高于外购 Q 部件的相关成本,故企业应采取外购方案,这样可使企业节约成本 1 000 元。

(3) 企业已具备生产 3 000 个 Q 部件的生产能力,但可以转移时,可编制差别成本分析表,如表 5-14 所示。

表 5-14 差别成本分析表　　　　　　　　　　　　　　　　单位:元

项　目	自　制	外　购	差　量
相关成本	61 000	75 000	−14 000
其中:变动成本	51 000	75 000	
机会成本	10 000	0	
差别成本			−14 000

在这种情况下,自制 Q 部件的相关成本低于外购 Q 部件的相关成本,故企业应采取自制方案,这样可使企业节约成本 14 000 元。

2. 零部件需求总量不确定时自制或外购的决策

在这种情况下，可采用成本无差别点法进行决策。所谓成本无差别点法是指各备选方案的相关收入为零，相关业务量为不确定因素时，通过判断处于不同水平上的业务量与成本无差别点业务量之间的关系，做出互斥方案决策的一种方法。

这种方法要求各方案的业务量单位必须相同，方案之间的相关固定成本水平与单位变动成本水平恰好相互矛盾，即 A 方案的相关固定成本若大于 B 方案的相关固定成本，则 A 方案的单位变动成本必须小于 B 方案的单位变动成本，或者 A 方案的相关固定成本若小于 B 方案的相关固定成本，则 A 方案的单位变动成本必须大于 B 方案的单位变动成本。否则，无法使用该方法进行决策。

成本无差别点业务量是指能使两方案总成本相等时的业务量，又称成本分界点业务量，其基本计算公式如下：

$$\text{成本无差别点业务量} = \frac{\text{A 方案固定成本} - \text{B 方案固定成本}}{\text{B 方案单位变动成本} - \text{A 方案单位变动成本}}$$

这种方法下的评价标准是，当业务量小于成本无差别点业务量时，则固定成本较低的方案为优；当业务量大于成本无差别点业务量时，则固定成本较高的方案为优。

值得注意的是，一般情况下，自制零部件的单位变动成本较低，但固定成本较高；外购同一零部件的单位变动成本较高，但固定成本较低，甚至没有固定成本。所以，当所需零部件业务量小于成本无差别点业务量时，应选择外购方案，当所需零部件业务量大于成本无差别点业务量时，应选择自制方案。

这类决策分析，根据企业在外购零部件时是否可以取得价格批量折扣，具体又可分为以下两种情况：

（1）外购价格不具有弹性时的决策。外购价格不具有弹性，就是企业外购零部件时，供货方没有规定批量价格优惠条件，企业零部件需求总量的大小对于购价不产生任何影响，这种情况下决策方案的取舍相对简单些。

【例题解析 5-12】 永乐公司生产 B 产品，需要 W 部件，可以外购也可以自制。若自制，每件单位变动成本为 13 元，另需新购专用工具增加专属成本 2 000 元。若外购，每件外购价 18 元，但若外购时其闲置生产能力可用于出租，预计每年可获租金 3 000 元。要求采用成本无差别点法做出零部件在年需求总量不确定时是自制还是外购的决策。

因为自制需要发生固定成本 5 000 元（包括专属成本 2 000 元和机会成本 3 000 元）大于外购固定成本（外购固定成本为零），而自制单位变动成本为 13 元/件小于外购单位变动成本 18 元/件（外购单价），所以符合成本无差别点法运用的前提条件。其计算如下：

$$\text{成本无差别点业务量} = \frac{5\,000 - 0}{18 - 13} = 1\,000 （件）$$

当 W 部件全年需求量小于 1 000 件时，应采用外购方案；当 W 部件全年需求量大于 1 000 件时，应采用自制方案，这样可以使企业相对节约成本。

上述决策分析，也可以通过直角坐标系予以反映，如图 5-1 所示。

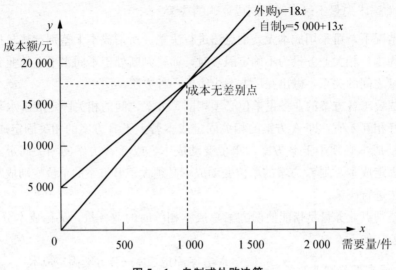

图 5-1 自制或外购决策

（2）外购价格具有弹性时的决策。外购价格具有弹性，是指企业外购零部件时，供货方规定有批量价格优惠条件。在实际工作中，有些零部件销售企业，为了薄利多销，鼓励客户多订货，在销货时，规定有批量价格折扣。这时，企业零部件购买总量对购货单价会产生一定影响，在决策分析时必须予以考虑。

【例题解析 5-13】永乐公司生产 B 产品，需要 Y 部件，可以外购也可以自制。如果自制，其单位变动成本为 2 元，另需增加专属成本 900 元。若外购，可享受批量价格折扣，当购买量小于 2 000 件时，单价为 2.60 元/件，当购买量大于 2 000 件时，单价为 2.36 元/件。外购时，企业的剩余生产能力无法转移。要求采用成本无差别点法做出零部件全年需求总量不确定时是自制还是外购的决策。

这时可分为全年需求量大于 2 000 件和小于 2 000 件两种情况，采用成本无差别点法，计算成本无差别点业务量，进行决策分析。很显然，在这两种情况下，均符合成本无差别点法运用的前提条件，只是不同情况下外购单价不同而已。

当全年购买量小于 2 000 件时：

$$成本无差别点业务量 = \frac{900 - 0}{2.60 - 2} = 1\,500（件）$$

当全年购买量大于 2 000 件时：

$$成本无差别点业务量 = \frac{900 - 0}{2.36 - 2} = 2\,500（件）$$

当 Y 部件全年需求量小于 1 500 件时，应采用外购方案；当 Y 部件全年需求量大于 1 500 件但小于 2 000 件时，应采用自制方案；当 Y 部件全年需求量大于 2 000 件但小于 2 500 件时，应采用外购方案；当 Y 部件全年需求量大于 2 500 件时，应采用自制方案。这样可以使企业相对节约成本。

5.2.5 特殊订货的决策

特殊订货是指购买单位要求以低于正常价格甚至低于计划产量的平均单位成本的特殊价

格追加订货量。在这种情况下,企业应具体情况具体分析,充分考虑追加订货是否冲击正常订货、企业有无剩余生产能力,以及剩余生产能力是否可以转移等因素,来决定是否接受这种较低价格的追加订货。下面,分别就简单条件下的特殊订货决策和复杂条件下的特殊订货决策两种情况进行说明。

1. 简单条件下的特殊订货决策

简单条件是指追加订货时,本企业同时具备以下三个条件:

(1) 追加订货不冲击本期计划任务。是指企业可利用其剩余生产能力完成追加订货的生产。也就是说,完成本期追加订货所需生产能力小于或等于企业现已具备的剩余生产能力。

(2) 追加订货的生产不需要追加专属成本。

(3) 企业剩余生产能力无法转移。

在简单条件下,只要特殊订货的销售单价大于该产品的单位变动成本,即该特殊订货的单位贡献边际大于零,企业就可以接受该批追加订货。

【例题解析 5-14】永乐公司 2010 年计划生产 A 产品 1 000 件,正常销售价格每件 100 元。2010 年年初编制的成本计划表,如表 5-15 所示。

表 5-15 A 产品成本计划表　　　　　　　　　　　　　　单位:元

成本项目	总成本	单位成本
直接材料	25 000	25
直接人工	15 000	15
变动性制造费用	10 000	10
固定性制造费用	20 000	20
合计	70 000	70

又知本企业 2010 年最大生产能力为 1 200 件,生产能力无法转移。2010 年 1 月东风工厂要求年追加 A 产品订货 200 件,特殊价格为每件售价 60 元/件,追加订货的生产不需要追加专属成本。要求做出永乐公司 2010 年是否接受特殊订货的决策。

根据题意和已知条件,A 产品的单位变动成本计算如下:

$$A 产品单位变动成本 = 25 + 15 + 10 = 50(元/件)$$

A 产品的特殊订货的销售单价为 60 元/件,大于 A 产品的单位变动成本为 50 元/件,单位贡献边际为 10 元/件(60-50),大于零。应该接受追加订货,这样可以使企业多获利润 2 000 元(10×200)。

2. 复杂条件下的特殊订货决策

复杂条件是指追加订货时,本企业没有同时具备简单条件下的三个前提条件。具体可分为以下几种情况:

(1) 企业剩余生产能力可以转移,但追加订货不冲击本期计划任务,也不需要追加专属成本。

当企业追加订货，有关剩余生产能力可以转移时，应将与此转移有关的预期收益作为追加订货方案的机会成本予以考虑。由于此条件下，追加订货不冲击本期计划任务，且不需要追加专属成本，所以只要追加订货方案的贡献边际大于剩余生产能力转移的机会成本，即可接受追加订货。否则，不接受追加订货。

（2）企业剩余生产能力无法转移，但追加订货会冲击本期计划任务，不需追加专属成本。

当追加订货会冲击本期计划任务完成时，应将由此而减少的正常收入作为追加订货方案的机会成本予以考虑。由于此条件下，剩余生产能力无法转移，且不需要追加专属成本，所以只要追加订货方案的贡献边际大于冲击本期计划任务的机会成本，即可接受追加订货。否则，不接受追加订货。

（3）企业剩余生产能力无法转移，追加订货也不冲击本期计划任务，但需追加专属成本。

由于此条件下，追加订货不冲击本期计划任务，企业剩余生产能力又无法转移，所以，只要追加订货方案的贡献边际大于专属成本，即可接受追加订货。否则，不接受追加订货。

（4）以上三种情况的其他组合。

以上三种情况的其他组合，是指剩余生产能力可以转移，追加订货会冲击本期计划任务和追加专属成本；剩余生产能力可以转移，追加订货会冲击本期计划任务，但不需要追加专属成本；剩余生产能力可以转移，追加订货不会冲击本期计划任务，但需要追加专属成本；剩余生产能力无法转移，但追加订货会冲击本期计划任务和追加专属成本等。在这些不同情况下，应综合考虑追加订货方案的相关收益与其相关机会成本和专属成本等因素，采用差别损益分析法进行决策分析。

【例题解析5-15】永乐公司每月计划生产B产品1 000件，正常销售单价为80元/件。2010年1月初编制的成本计划表，如表5-16所示。

表5-16 B产品成本计划表　　　　　　　　　　　　　　　　单位：元

成本项目	总成本	单位成本
直接材料	16 000	16
直接人工	10 000	10
变动成本	14 000	14
固定成本	20 000	20
合计	60 000	60

永乐公司1月要求追加B产品订货200件，特殊定价为每件50元/件。要求就以下各不相关方案做出是否接受此项特殊追加订货的决策。

（1）企业月最大生产能力为1 200件，若不接受追加订货，其剩余设备可用于对外出租，月租金收入1 300元。接受追加订货不需追加专属成本。

（2）企业月最大生产能力为1 100件，剩余生产能力无法转移，若接受追加订货不需追加专属成本，但会冲击本月计划任务。

（3）企业月最大生产能力为1 200件，剩余生产能力无法转移。追加订货不冲击本月计划任务，但需追加专属成本1 500元。

(4) 企业月最大生产能力为 1 150 件，若不接受追加订货，其剩余设备可用于对外出租，月租金收入为 100 元，若接受追加订货不仅会冲击本月计划任务，而且需追加专属成本 500 元。

根据题意和已知条件，可采用差别损益分析法就四种情况做出以下决策分析，如表 5-17～表 5-20 所示。

表 5-17　差别损益分析表　　　　　　　　　　　　　　　　　单位：元

项　目	接受追加订货	拒绝追加订货	差　量
相关收入	50×200＝10 000	1 300	8 700
相关成本	40×200＝8 000	0	8 000
差别损益			700

在这种情况下，应采用接受追加订货方案，这样可使企业多获利润 700 元。

表 5-18　差别损益分析表　　　　　　　　　　　　　　　　　单位：元

项　目	接受追加订货	拒绝追加订货	差　量
相关收入	50×200＝10 000	0	10 000
相关成本	12 000	0	12 000
其中：增量成本	40×100＝4 000		
机会成本	80×100＝8 000		
差别损益			－2 000

值得注意的是，表 5-18 中按 100 件计算接受订货的增量成本，原因是企业最大生产能力为 1 100 件，原计划生产 1 000 件，故追加订货 200 件中只有 100 件可利用剩余生产能力生产，属于相关产量。其余 100 件要冲击原计划产量，但这 100 件不论是否接受追加订货均要安排生产，对于增量成本而言属于无关产量。机会成本 8 000 元反映的是由于追加订货影响正常计划完成（只完成了 900 件）而减少的正常收入。在这种情况下，应采用拒绝追加订货方案，这样可使企业多获利润 2 000 元。

表 5-19　差别损益分析表　　　　　　　　　　　　　　　　　单位：元

项　目	接受追加订货	拒绝追加订货	差　量
相关收入	50×200＝10 000	0	10 000
相关成本	9 500	0	9 500
其中：增量成本	40×200＝8 000	0	
专属成本	1 500	0	
差别损益			500

在这种情况下,应采用接受追加订货方案,这样可使企业多获利润 500 元。

表 5-20 差别损益分析表   单位:元

项目	接受追加订货	拒绝追加订货	差量
相关收入	50×200=10 000	100	9 900
相关成本	10 500	0	10 500
其中:增量成本	40×150=6 000	0	
机会成本	80×50=4 000		
专属成本	500	0	
差别损益			-600

在这种情况下,应采用拒绝追加订货方案,这样可使企业多获利润 600 元。

5.2.6 选择不同工艺加工的决策

企业生产同一种产品,往往可以采用不同的生产工艺或生产设备进行。例如,同一种产品既可使用手工操作方式生产,也可以采用机械化方式生产,既可使用普通设备生产,也可以采用先进设备生产。一般情况下,选用先进设备或工艺组织生产,固定成本较高,但由于提高了生产效率和加工精度,从而降低了材料消耗,节约了人工费用,产品的单位变动成本则相对较低。若采用普通设备或工艺组织生产,固定成本较低,但单位变动成本较高。因此,生产一种产品对企业来说就存在一个选择何种设备和工艺组织生产较为合算的决策问题。

在这类决策中,企业既要防止盲目追求技术上的先进性,而不考虑经济上的合算性,也要避免故步自封,怕担风险,不注重技术创新和技术进步的落后思想,应根据生产批量大小和经济技术的最佳结合进行科学决策。这种决策一般可采用成本无差别点法。

【例题解析 5-16】永乐公司生产 X 部件,可以采用普通车床和数控车床两种不同设备进行加工。普通车床加工时,单位变动成本为 6 元/件,年固定成本为 500 元;数控车床加工时,单位变动成本为 3 元/件,年固定成本为 5 000 元。要求根据以下各不相关情况采用成本无差别点法做出采用何种设备组织生产的决策:

(1) 该 X 部件年产销量为 1 000 件时。
(2) 该 X 部件年产销量为 2 000 件时。
(3) 该 X 部件年产销量为 1 500 件时,但 X 部件正处于销售成长期。

根据题意和已知条件,计算成本无差别点业务量:

$$\text{成本无差别点业务量} = \frac{5\,000 - 500}{6 - 3} = \frac{4\,500}{3} = 1\,500(\text{件})$$

计算结果表明,若 X 部件全年产销量小于 1 500 件时,应采用单位变动成本较高而固定成本较低的方案加工;若 X 部件全年产销量大于 1 500 件时,应采用单位成本变动较低而固定成本较高的方案加工;若 X 部件全年产销量等于 1 500 件时,则两种方案任选其一均可。

分别就以上三种情况评价如下：

（1）当 X 部件年产销量为 1 000 件时，应采用普通车床加工方案，这样可使企业节约成本：

$$(3×1\,000+5\,000)-(6×1\,000+500)=8\,000-6\,500=1\,500(元)$$

（2）当 X 部件年产销量为 2 000 件时，应采用数控车床加工方案，这样可使企业节约成本：

$$(6×2\,000+500)-(3×2\,000+5\,000)=12\,500-11\,000=1\,500(元)$$

（3）当 X 部件年产销量为 1 500 件时，采用普通车床加工方案与采用数控车床加工方案的总成本相同：

$$3×1\,500+5\,000=9\,500(元)$$
$$6×1\,500+500=9\,500(元)$$

从计算结果看，任选一个方案均可，但考虑到该产品正处在销售成长期，所以应采用数控车床加工方案，以便随时扩大规模，满足市场需要，并且相对节约成本。

以上评价可采用直角坐标系直观反映，如图 5-2 所示。

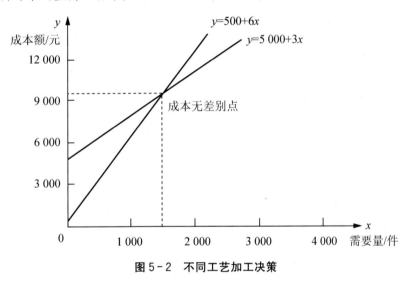

图 5-2　不同工艺加工决策

5.2.7　产品最优组合的决策

当企业同时生产两种以上产品时，由于各产品的单位贡献边际不同，市场需求量大小不同及生产单位产品所需生产能力不同，要使企业总体经济效益最佳化，就必然存在一个最优品种产量组合问题，即每种产品各生产多少才能使企业的资源利用最大化和经济效益最佳化。在产品最优组合决策中，必须考虑三个因素：一是市场对产品的需求，二是每种产品的单位贡献边际大小，三是企业现有生产能力是否得以充分利用。这类决策比较复杂，一般可采用逐次测试法进行优选决策。

【例题解析 5-17】永乐公司产销 A、B 两种产品，每种产品均要通过甲部门和乙部门分别进行加工才能完成。甲部门现有生产能力为 5 000 机器小时，乙部门现有生产能力为 7 000 机器小时。A、B 两种产品基本资料，如表 5-21 所示。

表 5-21　A、B 产品基本资料

项目	A 产品	B 产品
最高销售量/件	1 000	2 000
单位售价/(元/件)	50	26
单位变动成本/(元/件)	42	20
单位贡献边际/(元/件)	8	6
甲部门单位产品资源耗费/小时	4	1
乙部门单位产品资源耗费/小时	2	3

要求：采用逐次测试法进行产品最优组合决策。

逐次测试法可分以下步骤进行。

(1) 计算各部门单位资源(小时)贡献边际。

甲部门单位资源(小时)贡献边际：

$$A 产品 = \frac{8}{4} = 2.00(元/件)$$

$$B 产品 = \frac{6}{1} = 6.00(元/件)$$

乙部门单位资源(小时)贡献边际：

$$A 产品 = \frac{8}{2} = 4.00(元/件)$$

$$B 产品 = \frac{6}{3} = 2.00(元/件)$$

从以上计算结果可知，甲部门生产 B 产品单位资源贡献边际大，而乙部门生产 A 产品单位资源贡献边际大。

(2) 第一次测试。

假定优先安排 A 产品生产，若生产能力有剩余再安排 B 产品生产，进行首次测试。编制贡献边际计算表，如表 5-22 所示。

表 5-22　A、B 产品贡献边际计算表(1)

产品名称	产销量/件	所用生产能力/小时		贡献边际/元
		甲部门	乙部门	
A 产品	1 000	4 000	2 000	8×1 000=8 000
B 产品	1 000	1 000	3 000	6×1 000=6 000
合计		5 000	5 000	14 000
可用生产能力		5 000	7 000	
剩余生产能力		0	2 000	

从第一次测试结果看，乙部门尚有 2 000 机器小时的生产能力未被利用。同时，乙产品仍有 1 000 件的销售市场需求未满足。所以，该方案不一定为最优生产组合。

(3) 第二次测试。

假定优先安排B产品生产，若生产能力有剩余再安排A产品生产，进行第二次测试。编制贡献边际计算表，如表5-23所示。

表5-23　A、B产品贡献边际计算表(2)

产品名称	产销量/件	所用生产能力/小时		贡献边际/元
		甲部门	乙部门	
A产品	500	2 000	1 000	8×500=4 000
B产品	2 000	2 000	6 000	6×2 000=12 000
合计		4 000	7 000	16 000
可用生产能力		5 000	7 000	
剩余生产能力		1000	0	

从第二次测试结果看，优先安排B产品生产比优先安排A产品生产，可使企业的贡献边际总量增加2 000元(16 000－14 000)，所以此生产组合比第一种生产组合要好。但是，此生产组合也可能不是企业的最优生产组合，因为在此生产组合下，甲部门仍有1 000机器小时的生产能力未被利用，且A产品仍有500件的销售市场需求未满足。所以，该生产组合也不一定为最优生产组合。

(4) 第三次测试。

因为第二次测试的生产组合，即生产A产品500件、B产品2 000件的生产数量组合优于第一次测试的生产组合，即生产A产品1 000件、B产品1 000件的生产数量组合，所以第三次测试应该是在第二次测试所拟订方案的基础上再进行可行性调整。

通过表5-23可以看出，甲部门尚有剩余生产能力1 000小时未被利用。通过表5-21又可以看出，生产单位A产品所用甲部门的机器小时要比生产单位B产品多3小时(4－1)，所以，可以适当减少B产品生产数量并增加A产品生产数量，就可以把甲部门的剩余生产能力得以利用。但是这样做还要权衡一下是否对企业有利，即生产数量调整后的贡献边际是否也会得到增加，若增加，则调整。否则，就不能调整。

通过表5-21可知，少生产B产品1件，乙部门可以腾出3机器小时的生产能力用以生产A产品，而乙部门生产1件A产品的生产能力仅为2小时，所以，对于乙部门来说减少生产1件B产品，就可以多生产1.5件A产品，贡献边际的增减变动情况如下：

增加1.5件A产品的贡献边际＝1.5×8

＝12(元)

减少1件B产品的贡献边际＝1×6

＝6(元)

由此可知，从乙部门的生产能力利用情况分析，减少B产品的生产并增加A产品的生产是合算的，每减少1件B产品生产同时增加1.5件A产品生产可使企业贡献边际增加6元(12－6)。

另外，为使甲部门1 000机器小时的剩余生产能力得到充分利用，还应进一步分析减少B产品生产并增加A产品生产，对甲部门所用生产能力产生的影响。从表5-21可以看出，减少1件B产品生产甲部门可以腾出1小时,而增加1.5件A产品生产甲部门则要用6小时(1.5×4)。这就说明每减少1件B产品生产并同时增加1.5件A产品生产可使甲部门耗费的机器小时净增加5小时(6-1)。也就是说,虽然甲部门生产1.5件A产品需用6小时,但由于减少了1件B产品生产腾出了1小时,所以耗用数只净多5小时。又因甲部门只多余1 000小时,所以少生产B产品200件(1 000/5),多生产A产品300件(1.5×200),就可把甲部门剩余的1 000机器小时全部用完,并会取得最多的贡献边际。

根据以上分析,可编制贡献边际计算表,如表5-24所示。

表5-24　A、B产品贡献边际计算表

产品名称	产销量/件	所用生产能力/小时		贡献边际/元
		甲部门	乙部门	
A产品	800	3 200	1 600	8×800=6 400
B产品	1 800	1 800	5 400	6×1 800=10 800
合计		5 000	7 000	17 200
可用生产能力		5 000	7 000	
剩余生产能力		0	0	

该企业应采用生产A产品800件,同时生产B产品1 800件的生产数量组合,它是企业的最优产品数量结构组合。在这种生产数量组合方式下,使企业的现有生产能力得到了最充分利用,使企业的贡献边际总额最大,并且产品销路没有问题。

5.3 存货决策

存货是企业非常重要的流动资产,它是企业从事生产经营必备的经济资源。做好存货管理,使存货水平保持合理,有利于保证生产经营,节约资金占用,加速资金周转,提高企业经济效益。

5.3.1 与存货有关的成本

就一个企业来说,存货的范围又是很广的,如库存材料存货、在产品存货和产成品存货等。本节所讲的存货决策,仅研究库存材料存货的采购问题,其宗旨是寻求一种途径,在保证生产需要的前提下,如何采购原材料才能使企业的存货总成本最低,也就是确定最优经济采购批量。

要确定最优经济采购批量,必须从存货成本构成内容的分析入手。与存货有关的成本包括从订货、购进、储存到出库整个过程所发生的各项支出,以及因缺货所蒙受的经济损失。具体来说,与存货有关的成本主要有以下方面。

1. 订货成本

订货成本是指在一定期间内(一般为一年)企业为订购有关材料而发生的各项支出。包括采购人员的工资、差旅费、邮电费、验收入库费等。这些支出按其与订货次数之间的依存关系可分为固定成本和变动成本两部分。固定成本是维持采购部门正常活动所发生的费用,它不受订货次数多少的影响,如采购人员的固定工资等。变动成本是随订货次数的增减而成正比例变化的成本,每订货一次就发生一定的支出,但它同每次订货量的大小没有直接关系,如差旅费、邮电费、验收入库费等。

若设全年需用某种材料总量为 A,每次订货的变动性订货成本为 $P_{订货}$,每次外购材料数量为 Q,全年订货次数为 n,则全年相关的订货成本(即变动性订货成本总额)$C_{订货}$ 的计算公式为

$$C_{订货} = P_{订货} \times n$$

又因为

$$n = \frac{A}{Q}$$

所以

$$C_{订货} = P_{订货} \times \frac{A}{Q}$$

从上述公式可以看出,全年变动性订货成本 $C_{订货}$ 的大小与订货次数 n 是正比例变化关系。在全年需用材料总量 A 既定的前提下,订货次数 n 的多少则取决于每次订货数量 Q 的大小,每次订货数量 Q 越大,订货次数 n 越小,变动性订货成本越少。但是每次订货数量 Q 越大,则变动性储存成本就越大,因此变动性订货成本与变动性储存成本是一对矛盾关系。

2. 采购成本

采购成本是指在一定时期内(一般为一年)企业采购材料物资而支付的买价和运杂费等。一般情况下,如企业采购材料不存在商业折扣行为,采购单价和运输单价一般不随采购数量的变动而变动,即在全年采购材料总量和采购单价、运输单价不变的情况下,全年采购成本与订货次数和每次订货量大小均无关,可将其视为与经济批量决策无关的成本。

若设全年需用某种材料总量为 A,每单位材料的采购价格(含买价和运输费)为 $P_{采购}$,则全年相关的采购成本 $C_{采购}$ 的计算公式为

$$C_{采购} = P_{采购} \times A$$

值得注意的是,上述公式仅运用于一般情况下的全年采购成本的计算,它与全年订货次数及每次订货量大小无关。但当采购成本与采购次数及采购批量大小成非线性变动关系时,则不适用。如企业采购材料业务存在商业折扣行为,经济批量决策时,必须把采购成本作为相关成本予以考虑。

3. 储存成本

储存成本是指在一定期间内(一般为一年)企业为储存有关材料而发生的各项费用。主要包括材料占用资金所支付的利息、存货损耗、保险费、仓储费等。按照储存成本与储存数量之间的依存关系,可将储存成本划分为固定成本和变动成本两部分,固定成本不受材料物资储存数量多少的影响而保持相对不变,变动成本则随材料物资储存大小成正比例变化。

若设每次外购材料数量为 Q，材料年平均储存量为 Q^*，单位材料年平均变动性储存成本为 $P_{储存}$，则全年储存成本（即变动储存成本总额）$C_{储存}$ 的计算公式为

$$C_{储存} = P_{储存} \times Q^*$$

又因为

$$Q^* \approx \frac{Q}{2}$$

所以

$$C_{储存} = P_{储存} \times \frac{Q}{2}$$

从上述公式可以看出，全年变动性储存成本 $C_{储存}$ 的大小与每次外购材料数量 Q 是正比例变化关系。在全年需用材料总量 A 既定的前提下，每次外购材料数量 Q 的大小则取决于全年的订货次数的多少，全年订货次数越多，每次外购数量就越小，变动性储存成本也就越少。若全年订货次数越少，每次外购数量就越大，变动性储存成本也就越大。

4. 缺货成本

缺货成本是指由于存货耗尽或供货中断等原因而不能满足生产经营正常需要所造成的经济损失。主要包括停工待料损失、补充短缺材料加班加点的加班费、因紧急采购造成的存货成本增加、因交货延误而支付的罚金及企业市场信誉损失等。

若设年平均缺货量为 $Q_{缺货}$，年单位缺货损失费为 $P_{缺货}$，则全年相关的缺货成本 $C_{缺货}$ 的计算公式为

$$C_{缺货} = Q_{缺货} \times P_{缺货}$$

值得注意的是：在一般情况下，经济采购批量决策中并不考虑缺货成本，即以企业不发生缺货成本为前提。但是严格地讲，缺货成本应该是与经济批量决策相关的成本，因为缺货成本的大小与企业的存货储存量相关，如果每次订购数量较大，则保险储备量也较大，缺货的次数与缺货的数量就会越少，缺货成本就较低；反之，当每次订购数量越小，保险储备量也就较小，缺货的次数与缺货的数量就会增加，缺货成本就较高。

5.3.2 经济批量法的基本模式

通过前面对存货有关的成本分析可知，存货成本的高低，与每次采购数量或全年采购次数的多少有着密切关系。所谓经济批量就是指在保证全年生产经营需要的前提下能使全年材料相关总成本最低的采购批量。所谓经济批量法就是采用一定的定量计算或测算方法，来确定最优经济批量的一种存货决策方法。其包含三项基本内容：一是经济批量的前提条件是全年存货需求总量是确定的；二是经济批量所期望实现的决策目标是达到存货总成本最低，不考虑相关收入；三是经济批量决策结果是要计算出每次采购数量和与之相适应的全年采购次数。经济批量法既有基本模式，又有其各种变化形式，在实际工作中可依据不同前提条件具体运用。

经济批量法的基本模式是指简单条件下的经济批量决策模式。所谓简单条件是指假定在决策过程中，所涉及的材料品种单一、采购条件中不规定商业折扣条款（即不管一次采购数量大小，采购单价不变）、不允许出现缺货现象、每批订货均能一次到货。在这种条件下建立的经济批量模式为基本模式，此时决策必须考虑的存货相关总成本只包括相关订货成本和

相关储存成本而暂不考虑采购成本和缺货成本。此基本模式又可具体分为逐步测试法、图解法和数学模型法三种主要方法。

1. 逐步测试法

逐步测试法就是利用存货相关成本资料和存货相关成本计算公式，结合以往管理经验，列表选择多种订货量水平并对不同水平下的存货成本进行逐步计算，得出各种存货量水平下的全年订货成本与储存成本，通过比较以其成本总和为最小状态的订货量水平为经济批量的一种决策方法。

【例题解析 5-18】 永乐公司全年耗用 E 材料 40 000 千克，按管理经验数据每次订货的变动性订货成本为 25 元/千克，单位 E 材料年平均变动性储存成本为 8 元/千克。并假设不存在商业折扣，不允许出现缺货现象，每次订货均能一次到货。要求采用逐步测试法做出经济批量决策。

根据资料要求，结合以往管理经验，现初步假设每次订货量水平分别为 200 千克、300 千克、400 千克、500 千克、600 千克、700 千克和 800 千克，进行列表测试，如表 5-25 所示。

表 5-25 经济批量逐步测试表

测试次数	每次订货量/千克(Q)	订货次数/次 ($\frac{A}{Q}$)	平均存货量/千克($\frac{Q}{2}$)	订货成本/元 ($P_{订货} \times \frac{A}{Q}$)	平均储存成本/元($P_{储存} \times \frac{Q}{2}$)	全年总成本/元(T)
1	200	200	100	5 000	800	5 800
2	300	134	150	3 350	1 200	4 550
3	400	100	200	2 500	1 600	4 100
4	500	80	250	2 000	2 000	4 000
5	600	67	300	1 675	2 400	4 075
6	700	58	350	1 450	2 800	4 250
7	800	50	400	1 250	3 200	4 450

通过以上测试可以看出，每次订货量为 500 千克，一年订货 80 次，存货的总成本 4 000 元为最低。因此，该企业的最优经济批量为 500 千克。

2. 图解法

图解法是指根据提供的有关数据在直角坐标系中描绘出储存成本曲线、订货成本曲线及全年总成本曲线，并以全年总成本曲线最低处所对应的每次订货量水平作为经济批量的一种决策方法。

【例题解析 5-19】 仍采用例 5-18 资料及前提条件。要求采用图解法做出经济批量决策。

以 x 轴为每次订货量，以 y 轴为成本，建立直角坐标系，分别描出年订货成本曲线、年储存成本曲线和全年总成本曲线，如图 5-3 所示。

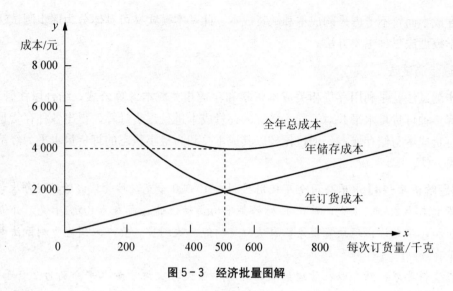

图5-3 经济批量图解

通过图5-3可以看出,年储存成本曲线随着每次订货量的增加而上升,年订货成本曲线随着每次订货量的增加(即订货次数的减少)而下降。当年订货成本曲线和储存成本曲线相交时,全年总成本曲线处于最低点,这点所对应的每次订货量水平为500千克,全年总成本为4 000元。所以该企业的最优经济批量为500千克。

3. 数学模型法

从逐步测试法和图解法可知,经济批量的位置即是年订货成本曲线与年储存成本曲线相交叉点所对应的每次订货量水平,也就是使全年总成本曲线对订货量的微分函数为零的那一点。所谓数学模型法就是用数学上的微分极值原理,建立一个能使全年订货总成本和全年储存总成本的总水平达到最小的数学关系式,并求出最优经济批量的一种决策方法。

假设全年总成本为 T,因为当储存成本等于订货成本时,全年总成本最低,所以就有以下计算公式:

$$T = \frac{Q P_{\text{储存}}}{2} + \frac{A P_{\text{订货}}}{Q}$$

则

$$\frac{dT}{dQ} = \frac{P_{\text{储存}}}{2} - \frac{A P_{\text{订货}}}{Q^2}$$

令 $\frac{dT}{dQ}=0$,则有

$$\frac{P_{\text{储存}}}{2} = \frac{A P_{\text{订货}}}{Q^2}$$

$$Q^2 = \frac{2 A P_{\text{订货}}}{P_{\text{储存}}}$$

$$Q^* = \sqrt{\frac{2 A P_{\text{订货}}}{P_{\text{储存}}}}$$

$$T = \sqrt{2 A P_{\text{订货}} P_{\text{储存}}}$$

这时,所求出的 Q^* 即为最优经济批量,T 为最低相关总成本。

【例题解析5-20】 仍采用例5-18资料及前提条件。要求采用数学模型法做出经济批量决策。

将已知资料直接代入公式：

$$Q^* = \sqrt{\frac{2 \times 40\,000 \times 25}{8}} = 500(千克)$$

最低相关总成本 $T = \dfrac{QP_{储存}}{2} + \dfrac{AP_{订货}}{Q}$

$$= \frac{500 \times 8}{2} + \frac{40\,000 \times 25}{500}$$
$$= 2\,000 + 2\,000$$
$$= 4\,000(元)$$

或

最低相关总成本 $T = \sqrt{2 \times 40\,000 \times 25 \times 8} = 4\,000(元)$

以上计算结果与逐步测试法和图解法计算结果完全相同，企业的最优经济批量为500千克，这时，最低相关总成本4 000元为最低。

需要说明的是，上述三种方法殊途同归，只是表现形式不同而已。因此，经济批量法的基本形式一般只表述为数学模型法的基本计算公式，后面所讲的经济批量法的各种变化形式仅从数学模型法的基础上进行演变。

5.3.3 经济批量法的变换形式

经济批量法的各种变化形式，是指特殊条件下的经济批量决策模式。所谓特殊条件是假定在决策过程中存在商业折扣、允许缺货和每批订货陆续到货等三种不同情况，下面分别加以说明。

1. 存在商业折扣时的经济批量决策

商业折扣是指购货达到一定数量水平时可以享受的购货价格折扣。在经济批量法的基本模式中，未将采购成本列作相关成本是以假定不存在商业折扣为前提，即假定材料采购单价与每次采购批量无关。在规定了商业折扣条款的材料采购决策中，购货企业必须将采购成本纳入相关成本，因为这时采购批量的大小直接决定采购价格的高低，进而影响到采购成本水平。但购货企业为了获取商业折扣，减少采购成本，就要增加每次订货量，这样势必以增加储存成本为代价。因此，购货企业应全面衡量享受商业折扣下的得失，做出正确决策，确定总成本水平达到最低状态下的每次订货量，即最佳经济批量。

存在商业折扣时的相关总成本计算公式如下：

$$T = C_{采购} + C_{订货} + C_{储存}$$
$$= P_{采购} \times A + P_{订货} \times \frac{A}{Q} + P_{储存} \times \frac{Q}{2}$$

若 $P_{采购} = f(Q)$ 连续可导，且 $f(Q)$ 为常数（假定商业折扣率连续随采购量变动），则经济批量的计算公式为：

$$Q^* = \sqrt{\frac{2AP_{订货}}{f'(Q) + P_{储存}}}$$

但在现实生活中多数商品的商业折扣率是按购销量分段确定的，所以 $P_{采购} = f(Q)$ 不可导，上式很难成立。因此，存在商业折扣时的最优经济批量按下列程序和方法进行计算：

（1）按基本模式下的经济批量计算公式计算出没有考虑商业折扣时的经济批量，并按此经济批量查出存在商业折扣条款时所对应的采购价格，一并代入存在商业折扣时的相关总成本计算公式，求出此时的相关成本总额。

（2）按照商业折扣中其余各档次采购量与相应价格分别代入存在商业折扣时的相关总成本计算公式，求出每一档次下的相关总成本。

（3）比较所有情况的相关总成本大小。此时，相关总成本最低时所对应的采购批量即为存在商业折扣时的最优经济批量。

【例题解析5-21】 永乐公司全年耗用E材料4 000千克，按以往经验数据每次订货的变动性订货成本为25元，单位E材料年平均变动性储存成本为8元/千克。不允许出现缺货现象，每次订货均能一次到货，但供货方规定有商业折扣条款：当一次采购量小于或等于400千克时，单价为11元/千克；采购批量大于400千克小于10 000千克时，单价为10元/千克；采购批量等于或大于10 000千克时，单价为9.5元/千克。要求做出存在商业折扣时的经济批量决策。

根据已知资料和前提条件，按以下步骤计算。

（1）不考虑商业折扣条款，计算基本模式下的经济批量公式为

$$Q^* = \sqrt{\frac{2AP_{订货}}{P_{储存}}} = \sqrt{\frac{2 \times 40\,000 \times 25}{8}} = 500(千克)$$

按经济批量查出存在商业折扣条款时所对应的采购单价为10元，代入存在商业折扣条款时的相关总成本计算公式：

$$T = P_{采购} \times A + P_{订货} \times \frac{A}{Q} + P_{储存} \times \frac{Q}{2}$$

$$= 10 \times 40\,000 + 25 \times \frac{40\,000}{500} + 8 \times \frac{500}{2}$$

$$= 404\,000(元)$$

值得注意的是，此情况下的相关总成本为404 000元，比基本模式下计算的相关总成本4 000元（$T = \sqrt{2AP_{订货}P_{储存}} = \sqrt{2 \times 40\,000 \times 25 \times 8}$）多400 000元。这400 000元即为采购成本（10×40 000）。这是因为基本模式下采购成本属无关成本，而存在商业折扣时的相关成本则包括这部分采购成本而已。

（2）存在商业折扣时还存在有一次采购量小于或等于400千克和一次采购量等于或大于10 000千克两个档次。分别按其所对应采购单价计算出其相关总成本。

当$Q=400$千克时，$P_{采购}=11$元/千克，则有

$$T = 11 \times 40\,000 + 25 \times \frac{40\,000}{400} + 8 \times \frac{400}{2}$$

$$= 444\,100(元)$$

当$Q=10\,000$千克时，$P_{采购}=9.5$元/千克，则有

$$T = 9.5 \times 40\,000 + 25 \times \frac{40\,000}{10\,000} + 8 \times \frac{10\,000}{2}$$

$$= 420\,100(元)$$

(3) 比较当一次采购量分别为 500 千克、400 千克和 10 000 千克三种情况下的相关总成本大小。可知当一次采购量为 500 千克时，其相关总成本 404 000 元最低。

因为一次采购量为 500 千克时，其相关总成本 404 000 元最低，所以永乐公司存在商业折扣时的最优经济批量为 500 千克。

2. 允许缺货条件下的经济批量决策

经济批量法的基本模式是以不允许出现缺货现象为前提条件之一。但在实际工作中，因供货方或运输部门等原因导致所采购的材料无法及时到达企业，造成缺货损失的情况时有发生。这时，经济批量法下的存货决策必须将缺货成本作为相关成本来考虑。由于缺货成本一般很难精确计算，所以应按经验估算。

若设缺货量为 $Q_{缺货}$，则在缺货条件下，材料年平均储存量 Q 的计算公式可变为

$$Q = \frac{(Q - Q_{缺货})^2}{2Q}$$

又设 $Q_{缺货}$ 为平均缺货量，$P_{缺货}$ 为单位缺货年均损失（成本），$C_{缺货}$ 为年缺货成本，则公式为

$$Q_{缺货} = \frac{Q_{缺货}^2}{2Q}$$

$$C_{缺货} = P_{缺货} \times Q_{缺货}$$

$$= P_{缺货} \times \frac{Q_{缺货}^2}{2Q}$$

于是，在允许缺货条件下，其相关总成本 T 的计算公式为

$$T = C_{订货} + C_{储存} + C_{缺货}$$

$$= P_{订货} \times \frac{A}{Q} + P_{储存} \times \frac{(Q - Q_{缺货})^2}{2Q} + P_{缺货} \times \frac{Q_{缺货}^2}{2Q}$$

根据上式分别对 Q 和 $Q_{缺货}$ 求偏导数并令之为零，则有缺货条件下的经济批量相关计算公式如下。

经济批量 Q^* 的计算公式为

$$Q^* = \sqrt{\frac{2AP_{订货}}{P_{储存}}} \times \sqrt{\frac{P_{储存} + P_{缺货}}{P_{缺货}}}$$

允许最大缺货量 $Q_{缺货}^*$ 的计算公式为

$$Q_{缺货}^* = \sqrt{\frac{2AP_{订货}}{P_{缺货}}} \times \sqrt{\frac{P_{储存}}{P_{储存} + P_{缺货}}}$$

最低相关总成本 T 的计算公式为

$$T = \sqrt{2AP_{订货}P_{储存}} \times \sqrt{\frac{P_{缺货}}{P_{储存} + P_{缺货}}}$$

【例题解析 5-22】永乐公司全年耗用 E 材料 40 000 千克，按以往经验数据，每次订货的变动性订货成本为 25 元，单位 E 材料年变动性储存成本为 8 元/千克。不存在商业折扣，每批订货均能一次到货，但企业允许出现缺货，因采取补救措施而发生的单位缺货年均成本的经验数据为 24.8 元/千克。要求做出企业允许出现缺货情况下的经济批量决策。

根据已知资料和前提条件,将有关数据直接代入允许缺货条件下的各计算公式:

$$Q^* = \sqrt{\frac{2AP_{订货}}{P_{储存}}} \times \sqrt{\frac{P_{储存}+P_{缺货}}{P_{缺货}}}$$

$$= \sqrt{\frac{2 \times 40\,000 \times 25}{8}} \times \sqrt{\frac{8+24.8}{24.8}}$$

$$= 500 \times 1.15$$

$$= 575(千克)$$

$$Q'_{缺货} = \sqrt{\frac{2AP_{订货}}{P_{缺货}}} \times \sqrt{\frac{P_{储存}}{P_{储存}+P_{缺货}}}$$

$$= \sqrt{\frac{2 \times 40\,000 \times 25}{24.8}} \times \sqrt{\frac{8}{8+24.8}}$$

$$\approx 140(千克)$$

$$T = \sqrt{2AP_{订货}P_{储存}} \times \sqrt{\frac{P_{缺货}}{P_{储存}+P_{缺货}}}$$

$$= \sqrt{2 \times 40\,000 \times 25 \times 8} \times \sqrt{\frac{24.8}{8+24.7}}$$

$$= 4\,000 \times 0.869\,5$$

$$\approx 3\,478(元)$$

在允许缺货条件下,企业的最优经济批量为 575 千克,允许的最大缺货量为 140 千克,相关总成本为 3 478 元。

3. 每批订货陆续到货时的经济批量决策

如果每次订货的货款是一次支付,而货物又不能一次到,则属于陆续到货情况。当一次订货在生产期间依生产需要陆续入库时,对降低企业订货期间平均储存量水平和储存成本总额有重要的意义。也就是说,分次到货会使材料平均储存量发生变动,进而使储存成本发生变化。因此,当每批订货陆续到货时必须对储存成本数学模型进行调整。

若设材料每日到货量为 e,每日耗用量为 f,则材料年均储存量 Q 和相关储存成本 $C_{储存}$ 的计算公式演变如下:

$$Q = \frac{Q\left(1+\frac{f}{e}\right)}{2}$$

$$C_{储存} = P_{储存} \times \frac{Q\left(1-\frac{f}{e}\right)}{2}$$

于是,每批订货陆续到货时的相关总成本 T 的计算公式为

$$T = C_{订货} + C_{储存}$$

$$= P_{订货} \times \frac{A}{Q} + P_{储存} \times \frac{Q\left(1-\frac{f}{e}\right)}{2}$$

按微分极值原理对上式进行处理,可得出每批订货陆续到货时经济批量和相关总成本的计算公式如下:

$$Q^* = \frac{2AP_{订货}}{P_{储存}} \times \sqrt{\frac{e}{e-f}}$$

$$T = \sqrt{2AP_{订货}P_{储存}} \times \sqrt{\frac{e-f}{e}}$$

【例题解析5-23】 永乐公司全年耗用E材料40 000千克，按以往经验数据每次订货的变动性订货成本为25元/千克，单位E材料年均变动性储存成本为8元/千克。不存在商业折扣，不允许出现缺货现象，但每次订货系陆续到货，每日到货量为198千克，每日耗用量为110千克$\left(\frac{40\ 000}{365}\right)$。要求做出每批订货陆续到货时的经济批量决策。

根据已知资料和前提条件，将有关数据直接代入每批订货陆续到货条件下的各计算公式：

$$Q^* = \sqrt{\frac{2AP_{订货}}{P_{储存}}} \times \sqrt{\frac{e}{e-f}}$$

$$= \sqrt{\frac{2 \times 40\ 000 \times 25}{8}} \times \sqrt{\frac{198}{198-110}}$$

$$= 500 \times 1.5$$

$$= 750(千克)$$

$$T = \sqrt{2AP_{订货}P_{储存}} \times \sqrt{\frac{e-f}{e}}$$

$$= \sqrt{2 \times 40\ 000 \times 25 \times 8} \times \sqrt{\frac{198-110}{198}}$$

$$= 4\ 000 \times 0.666\ 7$$

$$\approx 2\ 667(元)$$

在每批订货陆续到货条件下，企业的最优经济批量为750千克，相关总成本为2 667元。

5.4 定价决策

企业为其产品或劳务制定合理的售价，是企业的一项重要经营决策。产品销售价格与利润之间存在着错综复杂的关系，在销售量、销售成本一定的情况下，产品单位售价越高，销售收入也越高，实现的利润也越多。但是，销售价格提高，市场需求就减少，从而使销售量减少，最终依然会导致利润减少，而且由于销售的减少，生产规模会缩小，从而达不到规模经济的要求，产品的单位成本也会相应提高。所以说，销售决策的核心就是定价决策，即企业应为其销售的产品选择最合适的售价，以保证企业能够取得尽可能多的利润。

5.4.1 影响价格的因素

1. 市场需求

市场需求与价格的关系可以简单地用市场需求潜力与需求价格弹性来反映。市场需求潜力是指在一定的价格水平下，市场需求可能达到的最高水平。需求价格弹性是指在其他条件不变的情况下，某种商品的需求量随其价格的升降而变动的程度，它是用需求变化率与价格变化率之比来表示的。需求价格弹性大的商品，其价格的制定和调整对市场需求的影响大；需求价格弹性小的商品，其价格的制定和调整对市场需求的影响小。例如，对消费品中的日常生活必需品，如粮食、食用油、日用小商品等，由于日常需求量大，而价格弹性较小，可采用较低的定价和薄利多销的策略；对消费品中的奢侈品和耐用消费品，如高档化妆品、名贵首饰等，由于需求量小，价格弹性也较小，则可采用优质高价的策略，因为对购买者来说，看中的是商品的品牌，价格则是次要问题。

2. 竞争对手情况

竞争是推动市场不断发展和促进企业不断创新的动力。每一家企业，要在市场中生存和发展，都必须时刻关注自己竞争对手的状况。这种竞争对手，既可能是地区性的、全国性的，也可能是全球性的。企业竞争对手的情况各不相同，有以质量取胜的，也有成本领先的；有实力比自己强的，也有比自己弱的；有以善于开发高新技术产品取胜的，也有以善于经营之道取胜的；有敢于"拾遗补缺"占领了尚未开发的新市场的，也有以优化售后服务，赢得顾客信任的。总之，竞争对手的竞争优势各不相同，企业应该冷静而全面地分析不同竞争对手和自己的情况，然后根据具体情况，采取不同的定价策略，或者是"先高后低"，或者是"先低后高"，或者是"紧紧跟进"，或者是"主动出击"，等等，不一而定。但是，只要是要制定恰当的策略，其前提条件就是要了解对手、熟悉对手，为此，企业要对竞争对手的产品质量、技术参数、价格水平、成本水平、销售水平、营销策略乃至信用政策等有关信息资料，尽可能详尽地收集，建立必要的档案，真正做到知己知彼。

3. 产品成本

成本是影响定价的最基本因素。从长期来看，产品价格应等于总成本加上合理的利润，否则企业无利可图，将会停止生产；从短期来看，企业应根据成本结构确定产品价格，即产品价格必须高于平均变动成本，以便掌握盈亏情况，减少经营风险。

4. 国家价格政策

每个国家对市场物价的高低和变动都有限制和法律规定。同时，国家还利用生产市场、货币金融、海关等手段间接调节价格。在进行国际贸易时，各国政府对价格制定的限制措施往往更多、更严。因此，企业应很好地了解本国及所在国关于物价方面的政策和法规，并以其作为自己制定价格的依据。

除以上这些因素之外，影响产品价格的尚有产品生命周期、售后服务、企业形象与产品品牌等其他因素。

5.4.2 企业产品定价策略

1. 需求导向的定价策略

需求导向的定价策略就是根据顾客的不同需求，区别对待，采用不同的定价方式。
（1）根据顾客的需求弹性定价。
（2）根据顾客需求的不同心理状态定价。例如，奢侈品的价格往往被视为购买者地位和身份的象征,对这类产品定价过低,反而可能没有或很少有人问津。所以,对此类产品定价较高,对某些顾客可能更具有吸引力。

2. 竞争导向的定价策略

竞争导向的定价策略就是针对竞争对手的情况,区别对待,适当定价。

(1) 根据竞争对手的实力定价。如果竞争对手的实力较弱,可先降价销售,让竞争对手让出市场,然后再提高价格;如果竞争对手的实力较强,则宜紧紧跟进,亦步亦趋,竞争对手提价本企业亦提,竞争对手降价本企业亦降;如果竞争对手的实力旗鼓相当、势均力敌,就应在价格之外的售后服务等方面与其开展竞争,用提高服务的满意度来赢得更多的顾客。

(2) 根据竞争对手与本企业的产品质量的差异定价。如果自己的产品质量优越,为同行所望尘莫及,则应利用这一独特的优势,制定较高的价格,即所谓以质取胜。如果自己的产品质量一般,竞争对手又多,为了保持和扩大市场占有率,则适宜制定较低的价格,做到薄利多销。

3. 利益导向的定价策略

利益导向的定价策略就是根据企业追求利润最大化这一目标,采用各种不同的定价策略。此种策略主要应用于跨国公司。跨国公司为了实现整体利益最大化,可以根据不同国家和地区在税率、汇率、外汇管制等方面的差异而采取不同的转移定价政策。

4. 成本导向的定价策略

成本导向的定价策略就是以成本为基础,结合不同的市场情况进行定价。例如,成本加成定价法实质上就是一种成本导向的定价策略。

总之,企业在考虑运用何种定价策略时,必须着重考虑顾客、竞争对手和成本这三个关键性的因素,只有充分了解和掌握了这三个方面的信息,才能确定恰当的定价策略,也才能做到"知己知彼,百战不殆"。

5.4.3 以成本为基础的定价决策方法

1. 成本加成定价法

成本加成定价法就是以产品成本为基础,在此基础上加上一定的加成,从而计算出产品销售价格的一种方法。这里定价可依据的成本,可以是按变动成本法计算的变动成本,也可以是按制造成本法计算的制造成本。其计算公式为

$$产品单价 = 单位制造(变动)成本 \times (1 + 加成率)$$

【例题解析 5-24】永乐公司生产 A 产品,预计其全年产量 500 件,其成本组成为,直接材料 25 000 元,直接人工 20 000 元,变动性制造费用 15 000 元,固定性制造费用 18 000 元。可计算出制造成本总额为 78 000 元,单位成本为 156 元/件。若按加成率 40% 计算,则 A 产品的单位售价为

$$单价 = 156 \times (1 + 40\%) = 218.40 (元/件)$$

成本加成定价法由于加成率可以沿用标准产品的有关资料,故在长期定价决策中应用较广,而且运用十分方便。

2. 总成本定价法

总成本定价法是指当企业只生产一种产品时,在已知的总成本资料的基础上做出定价决策的方法。其计算公式为

$$价格 = \frac{预计总成本 + 目标利润}{预计产销量}$$

不论在哪种成本法下,此公式的总成本都可以按相应的产品成本加上期间成本来确定,目标利润也可以事前确定,只要准确地预测出销量就可以预定出价格。因此,此法比较简单。

在多品种生产的条件下,若仍沿用此法,则应将有关固定成本合理地分配给各种产品,以确定各产品的总成本,当然,也要将目标利润在各种产品之间进行分配。这种方法在完全成本法下应用较为方便。

3. 收益比率定价法

收益比率定价法是指在单位产品成本及相关收益比率的基础上,进行定价决策的方法。

在完全成本法下,定价的计算公式为

$$价格 = \frac{单位产品成本}{1 - 销售毛利率}$$

在完全成本法下,由于单位产品成本受到产销量的制约,按此法确定的价格其精度要差一些。

在变动成本法下,可按下式定价:

$$价格 = \frac{单位变动成本}{1 - 贡献毛利率}$$

由于单位产品成本和有关收益率可借鉴历史资料或利用有关规划目标等现成资料,因而此法比较简单,尤其适用于临时定价。

课后训练

一、判断题

1. 差量分析法主要是通过对比差量收入来择优,即一个方案的预期收入比另一个大,就是最优方案。( )
2. 凡是亏损产品都应该停产。( )
3. 当企业用现有的剩余生产能力来接受追加订货时,固定成本属于无关成本。( )
4. 由于零件外购而将剩余生产能力出租获取的租金收入,应作为自制方案的机会成本。( )
5. 一般而言,生产工艺越先进,其单位变动成本就越高,固定成本也越低。( )
6. 追求最大利润意味着追求最高价格。( )
7. 成本是构成产品价格的基本因素,也是价格的最低经济界限。( )
8. 存货的最优水平是既能满足生产(销售)需要,又能使存货所耗费的总成本达到最低的存货水平。( )
9. 缺货成本大多属于机会成本,由于单位缺货成本计算困难,所以在进行决策时,不用估算单位缺货成本。( )

10. 在有商业折扣的决策中,订货成本、储存成本是订购批量决策中的相关成本,而采购成本则与决策无关。( )

11. 特殊订货的价格可以低于正常价格,但不能低于变动性制造成本。( )

12. 只要企业是用现有的剩余生产能力来接受追加订货的,固定成本就属于无关成本。( )

13. 当企业用现有的剩余生产能力来接受追加订货时,只要对方出价略高于单位变动成本,并能补偿专属的固定成本,便可考虑接受。( )

14. 若零部件自制需追加固定成本,则这种决策的关键是确定决策临界点产量。( )

15. 订货成本与订货次数成正比,储存成本与订货批量成正比。( )

二、单项选择题

1. 亏损产品是否需要停产或是继续生产取决于( )。
   A. 亏损产品是否能提供贡献毛益 B. 亏损产品是否能提供销售利润
   C. 亏损产品是否为企业主要产品 D. 该企业是否有剩余生产能力

2. 判断产品应停产的情况有( )。
   A. 利润小于零   B. 利润大于零
   C. 贡献毛益大于零 D. 贡献毛益小于零

3. 零部件自制或外购决策常用的方法是( )。
   A. 差量分析法   B. 贡献毛益法
   C. 贴现的现金流量法 D. 以上均可

4. 当企业利用剩余生产能力选择生产一种新产品,而且每种新产品都没有专属成本时,应以( )作为选择标准。
   A. 销量价格   B. 成本   C. 贡献毛益   D. 产销量

5. 在零部件外购与自制决策时,如有剩余生产能力,并且如果零件外购,该剩余生产能力无其他用途。此时,固定成本属于( )。
   A. 相关成本   B. 无关成本   C. 机会成本   D. 以上均错

6. 如某企业需用甲零件,外购单价20元/件,自制单位产品变动成本10元/件,若自制,需每年追加固定成本20 000元,当需要量为2 500件时,应( )。
   A. 自制   B. 外购   C. 均可   D. 以上均错

7. 假设某厂有剩余生产能力1 000机器工时,有四种产品甲、乙、丙、丁,它们的单位贡献毛益分别为4元/件、6元/件、8元/件和10元/件,生产一件产品所需的机器工时分别为4小时、5小时、6小时和7小时,则该厂应增产的产品是( )。
   A. 甲产品   B. 乙产品   C. 丙产品   D. 丁产品

8. 下列各项中,与经济订货量无关的是( )。
   A. 每日消耗量   B. 每日供应量
   C. 储存变动成本   D. 订货提前期

9. 下列各项中,不属于订货成本的是( )。
   A. 采购部门的折旧费   B. 检验费
   C. 按存货价值计算的保险费 D. 差旅费

10. 某公司生产产品需用 A 材料，一次订购成本为 2 000 元，每单位成本为 50 元/件，经济订购批量为 2 000 个，资本成本率为 10%，全年用量 8 000 个单位。该材料储存成本是（   ）元。

   A. 8   B. 3   C. 4   D. 2

11. 有一企业同时生产三种产品甲、乙、丙，它们的贡献毛益分别是 200 元、120 元和 130 元，现在这三种产品利润分别是 5 000 元、5 200 元和－800 元，这时企业有多种方案可供选择，其中最好的是（   ）。

   A. 将亏损 800 元的丙产品停产
   B. 丙产品停产，用其腾出的生产能力生产总贡献毛益较大且超过丙产品的产品
   C. 亏损丙产品继续生产
   D. 丙产品停产，利用其腾出的生产能力转而生产利润最高的乙产品

12. 设某厂需要零件甲，其外购单价为 10 元/件，若自行生产，单位变动成本为 6 元/件，且需要为此每年追加 10 000 元的固定成本；当该零件的年需要量为（   ）件时，两种方案等效。

   A. 2 500   B. 3 000   C. 2 000   D. 1 800

13. 缺货损失不包括（   ）。

   A. 缺货引起的停工损失   B. 延期交货而付出的罚金
   C. 信誉损失   D. 物资陈旧所发生的损失

14. 生产能力无法转移时，亏损产品应当停产的条件有（   ）。

   A. 该亏损产品的单价大于其单位变动成本
   B. 该亏损产品的单位贡献毛益大于零
   C. 该亏损产品的贡献毛益总额大于零
   D. 该亏损产品的变动成本大于其单价

三、多项选择题

1. 某企业年需要 A 材料 2 000 千克，单价 1 000 元/千克，一次订货成本 400 元，年储存成本为买价的 1%，则其经济订货量和经济订货次数分别为（   ）。

   A. 经济订货量 400 千克   B. 经济订货量 40 000 千克
   C. 经济订货次数 5 次   D. 经济订货次数 6 次
   E. 经济订货量 4 000 千克，经济订货次数 5 次

2. 存货过多，会导致（   ）。

   A. 占用大量的流动资金   B. 增加仓库设施，扩大仓库容量
   C. 增加管理费用，提高产品成本   D. 易形成自然损耗
   E. 增加储存成本

3. 在对亏损产品进行变动成本分析之后，可以做出的选择是（   ）。

   A. 停产   B. 继续生产   C. 出让
   D. 出租   E. 转产

4. 下列各项中属于缺货成本的是（   ）。

   A. 停工期间的固定成本   B. 因停工待料发生的损失

C. 无法按期交货而支付的罚款　　　D. 停工期间的人员工资

E. 因采取应急措施补足存货而发生的超额费用

5. 产品生产决策包括(　　)。

A. 生产何种产品的决策分析　　　B. 亏损产品停产、转产的决策分析

C. 接受追加订货的决策分析　　　D. 零部件自制与外购的决策分析

E. 经济订货量决策

6. 存货成本包括(　　)。

A. 采购成本　　　B. 订货成本　　　C. 储存成本

D. 缺货成本　　　E. 安全存量

7. 储存成本包括(　　)。

A. 仓库折旧费　　　　　　　　　B. 到货验收费

C. 仓库管理费　　　　　　　　　D. 存货占用资金的利息

E. 物资陈旧变质、损失、折耗所发生的费用

8. 缺货损失包括(　　)。

A. 缺货引起的停工损失　　　　　B. 延期交货支付的罚金

C. 信誉损失　　　　　　　　　　D. 失去销售机会的损失

E. 货款支付手续费

9. 影响经济订货点的因素有(　　)。

A. 经济订货量　　　B. 正常消耗量　　　C. 提前期

D. 安全储备量　　　E. 以上均错

10. 影响成本加成定价结果的主要因素包括(　　)。

A. 成本基础　　　　　　　　　　B. 目标利润水平

C. 业务量水平　　　　　　　　　D. 加成率

四、实务题

1. 某企业生产 A、B、C 三种产品，根据年度会计决算的结果，A 产品盈利 75 000 元，B 产品盈利 19 000 元，C 产品亏损 60 000 元，其他有关资料如表 5 - 26 所示(其中固定成本 400 000 元按变动成本总额分配)。

表 5 - 26　产品有关资料(1)

项　　目	产品 A	产品 B	产品 C	合　　计
销售量/件	1 000	1 200	1 800	4 000
单位售价/(元/件)	900	700	500	—
单位变动成本/(元/件)	700	580	450	—
单位贡献毛益/(元/件)	200	120	50	—
贡献毛益总额/元	200 000	144 000	90 000	434 000
固定成本/元	125 000	125 000	150 000	400 000
利润/元	75 000	19 000	−60 000	34 000

要求：分析C产品是否要停产。

2. 某化工企业在生产过程中同时生产A、B、C、D四种新产品，其中B产品可以在分离后立即出售，也可继续加工后出售。B产品的产量为8吨，分离后立即出售的单价为6 000元/吨，加工后出售的单价为10 000元/吨，联合成本为2 000万元，可分成本为单位变动成本5 000元/吨，固定成本20 000元。

要求：对B产品是否进一步加工做出决策。

3. 某企业的全部生产能力为20 000机器小时，企业目前生产B、C两种产品，实际生产能力利用率只有80%。根据市场调查，企业利用剩余生产能力既可增产B产品，也可增产C产品。两种产品的有关资料如表5-27所示。

表5-27 产品有关资料(2)

项 目	B产品	C产品
单位产品定额工时	20	25
单位售价/(元/件)	90	100
单位变动成本/元	72	80
单位贡献毛益/元	18	20

要求：根据上述资料，确定企业应增产何种产品。

4. 某企业全年需要A零件，其外购单价15元/件，自制单位变动成本为10元/件，如果自制，每年需增加专属固定成本2 400元。

要求：对A零件是自制还是外购做出决策。

5. 某厂生产上需用某种零件，如自行制造，每单位的变动成本为1元/件，但需为此购置一台专用设备，购价3 500元。如外购，采购量在10 000件以内，每单位的外购单价为1.55元/件；10 000件以上，每单位的采购单价为1.30元。

要求：对该零件是自制还是外购做出决策。

6. 某企业生产的A半产品售价为20元，单位成本为15元/件，产量为6 000件。A半产品也可继续加工成B产品，B产品的单位售价为25元/件，但需追加固定成本2 000元，每件需追加变动成本4元/件。

要求：对A半产品是否进一步加工做出决策。

7. 某厂每年使用材料A为8 000个单位，该材料储存成本中的付现成本每单位为4元/件，单位成本为60元/件，该单位的资本成本率为20%，每批订货成本为1 000元。

要求：计算其经济订货量、经济订货批数和年最低成本合计。

8. 某企业生产甲产品，全年需要A材料20 000千克，每日送货量为100千克，每日消耗量为90千克，每次订购费用为200元，每千克A材料的年存储成本为5元/件。

要求：计算经济订货批量和年成本合计。

9. 某供应商销售甲材料时，由于运输原因，只能接受300件整数批量的订单(如300件、600件、900件等)，不接受有零数的订单(如500件)。某公司甲材料的全年需用量为2 000件，每次订货成本为120元，每件材料的年储存成本为3元/件。

要求：
(1) 计算不考虑订单限制时的经济订货批量。
(2) 计算考虑订单限制时的最佳订购量。

10. 某企业预计年生产 A 产品 20 000 件，工厂总成本 900 000 元，其中直接材料 560 000 元，直接人工 160 000 元，其他变动费用 80 000 元，固定费用 100 000 元，目标成本利润率为 40%。

要求：按成本加成法确定 A 产品的价格，并确定生产 18 000 件、22 000 件时的价格。

五、案例分析题

辐美特电器有限公司是一个专业生产电动螺丝刀的企业，其生产的美特牌系列电动螺丝刀在国内市场上有一定的知名度，目前生产低中高三个档次共七个型号的产品，其现有的生产能力结构分别为 60%（低档）、30%（中档）和 10%（高档）。由于低档电动螺丝刀的市场需求量极大，尽管售价低、成本高，且长期亏损，但出于品牌维持的需要，辐美特公司仍继续生产。

2010 年该企业在市场调研的基础上，根据企业的生产能力，提出了 2011 年生产计划并据此编制了目标成本和目标利润预测表，如表 5-28 所示。

表 5-28　2011 年成本、利润预测表　　　　　　　　　　　单位：万元

电动螺丝刀	低　档	中　档	高　档	合　计
销售收入	700	500	150	1 350
销售成本	720	440	120	1 280
其中：变动成本	510	290	75	875
固定成本	210	150	45	405
销售利润	−20	60	30	70

总经理阅读了该表以后，提出了这样几个问题：
(1) 2011 年本企业目标利润能否达到 100 万元？
(2) 低档螺丝刀亏损 20 万元，影响企业利润，可否考虑停产？
(3) 若能增添设备，扩大生产能力，能否增产增利？

针对这些问题，结合该企业的现状，财会部门与其他部门一起，共同商量，寻找对策。他们提出了以下 4 个方案。希望经过分析比较，确定其中的最优方案。

方案(1)：停止生产低档螺丝刀，按原计划生产中档螺丝刀和高档螺丝刀。

方案(2)：停止生产低档螺丝刀后根据生产能力的平衡条件，生产中档螺丝刀最多增产 30%，生产高档螺丝刀最多增产 20%。

方案(3)：在 2001 年产品生产计划不变的情况下，根据更新改造资金情况可投资 20 万元，增加 2 台设备，使中档螺丝刀增产 10%。估计新设备使用期限为 20 年。假定资金的时间价值为 10%。

方案(4)：在方案(3)基础上进一步挖掘潜力，充分利用现有生产能力，调整产品生产计划。由于高档螺丝刀是该企业近几年开发的新产品，采用新型材料，各种质量指标均大幅提高，颇受用户欢迎，目前已是市场供不应求的产品。故根据市场预测，拟调整市场产品结

构，压缩低档螺丝刀生产计划的40%，高档螺丝刀在原方案基础上可增产30%。

另外，财会人员运用回归分析法，在计算出单位产品变动成本的基础上，计算出了变动成本占销售收入的比重。根据2010年的成本资料，考虑到原材料涨价因素，低档螺丝刀、中档螺丝刀、高档螺丝刀三种产品变动成本占销售收入的比重分别为70%、50%、40%。

要求：根据上述资料进行分析，做出生产决策。

第6章

长期投资决策

CHANGQI TOUZI JUECE

【核心概念】

货币时间价值　资金成本　现金流量　投资回收期　投资收益率
净现值　现值指数　内部收益率

【学习目标】

知 识 目 标	技 能 目 标
1. 掌握货币时间价值的基本计算方法及其基本原理	1. 能进行投资决策评价指标的计算
2. 掌握项目投资决策评价指标及投资决策分析方法	2. 能进行投资决策分析

【导入案例】

新星公司是一家生产环保设备的大型企业,准备投资购置一套生产线,现有两个方案可供选择:一是向德国一家公司购入,需支付 3 000 000 元人民币,但可分六次付款,每年年初支付 500 000 元;二是向美国一家公司购入,购入时一次性付现,需 2 200 000 元人民币。假定该公司的资金成本率为 12%。

如果你是新星公司的财务经理,如何向公司的决策者提出购置这套生产线的决策建议呢?要进行付款方式的选择,就是要计算哪种方式对你公司来说成本更低,就要用到货币资金的时间价值和等值原理,还需分别计算出两种投资方式的相关长期决策指标是多少才能进行决策。

6.1 长期投资决策概述

长期投资是指企业为了适应今后生产经营商的长远需要而进行的投资,企业管理当局在充分考虑了货币时间价值和投资的风险价值的基础上,需要运用一定的技术方法,对备选方案是否采纳或者采纳哪种备选方案做出的决策。

6.1.1 长期投资决策的概念、分类及特点

1. 长期投资决策的概念

长期投资决策是指为了改变或扩大企业的经营能力,对将资金投放于涉及企业未来较长时期(一般为一年以上)的经营活动,如固定资产的新建、扩建、改建,以及对原有固定资产的更新改造等进行的决策。

长期投资的项目,一般以固定资产为主,包括固定资产的购置、建造、运输及安装等全部支出。因此,长期投资决策考虑的内容是各备选方案的投资额大小,包括固定资产投资和由此引起的流动资产的投资,要从货币时间价值的角度,考虑投资方案的经济效益,比较各备选方案的投资回收期的长短,以及各备选方案的投资报酬率的高低等。

2. 长期投资决策的分类

(1)按决策所起的作用分为影响企业经营方向的投资决策和在原有业务基础上扩大规模的投资决策。

影响企业经营方向的投资决策主要是对整个企业的经营发生重大影响的投资决策,如企业进行多角化经营的决策、企业并购的决策等。这类决策一般会影响到整个企业的经营方向,甚至使企业的经营转向。

在原有业务基础上扩大规模的投资决策一般不会改变企业的经营方向,只是在原有业务规模基础上扩大再生产,如企业为增加产品产量、提高产品质量、降低产品成本所进行的投资决策等。

(2)按投资对象的不同分为固定资产投资决策和有价证券投资决策。

固定资产投资决策,指为了增加固定资产数量或提高固定资产效率,扩大生产能力的决策。例如,新建、改建和扩建固定资产,购置和融资租赁固定资产等不同情况的投资决策。

有价证券投资决策,指企业以有价证券代替大量非盈利现金,并在一定时期获得变现收

益的投资决策。例如，购买股票、债券、期权等证券的投资决策。

（3）按投资次数不同分为一次投资决策和多次投资决策。

一次投资决策，指项目投资一次即可完成的投资项目。多次投资项目，指项目投资要通过几次或几期才能完成的投资决策。

3. 长期投资决策的特点

不论哪类长期投资，其共同的特点是投入资金的数额多、对企业影响的持续时间长、资金回收的速度慢、蒙受风险的可能性大。

6.1.2 项目投资的相关概念

1. 投资项目

管理会计长期投资决策的研究对象是项目投资决策，而这类决策的具体对象则称为投资项目，具体为新建项目或更新改造项目。

新建项目是以新增生产能力为目的的外延式扩大再生产。新建项目又可细分为单纯固定资产投资项目和完整工业投资项目。单纯固定资产投资仅包括为取得固定资产而发生的垫支资本投入而不涉及周转资本的投入。完整工业投资项目不仅包括固定资产投资，而且涉及流动资产投资，甚至包括无形资产、递延资产等其他长期资产项目。

更新改造项目是以恢复或改善生产能力为目的的简单再生产或内涵式扩大再生产。

2. 项目投资主体

项目投资主体是各种投资人的统称，是具体投资行为的主体。从企业项目投资的角度，其直接投资主体就是企业本身。企业在进行项目投资决策时，首先关心的是全部投资资金的投放和回收情况，而不论这些资金究竟来源于何处。因此，本章主要从企业这一投资主体的角度去研究投资决策问题。

3. 项目计算期的构成

项目计算期是指投资项目从投资建设开始到最终清理结束整个过程的全部时间，即该项目的有效持续时间，通常以年为单位。

完整的项目计算期包括建设期和生产经营期。其中建设期记作 $s(s \geqslant 0)$，建设期的第 1 年年初（记作第 0 年）称为建设起点，建设期的最后一年（第 s 年）年末称为投产日，若建设期不足半年，可假定建设期为零。项目计算期的最后一年年末（记作第 n 年）称为终结点，假定项目最终报废或清理均发生在终结点（但更新改造除外）。从投产日到终结点的时间间隔称为生产经营期（记作 p），又包括试产期和达产期，这里的生产经营期应当是项目预计的经济使用寿命期。

项目计算期、建设期和生产经营期之间有以下关系成立：

$$项目计算期(n) = 建设期(s) + 生产经营期(p)$$

4. 原始总投资和投资总额的构成

原始总投资是一个反映项目所需现实资金水平的价值指标。从项目投资的角度看，原始总投资等于企业为使项目完全达到设计生产能力、开展正常经营而垫支的全部现实资金，包括建设投资和流动资金投资。

建设投资是指在建设期内按一定生产经营规模和建设内容进行的固定资产、无形资产和开办费等项投资的总和。其中固定资产投资可能与计算折旧的固定资产原值之间存在差异，原因在于固定资产原值可能包括应构成固定资产成本的建设期内资本化了的借款利息，其中建设期资本化利息是指建设期发生的与构建项目所需的固定资产、无形资产等长期资产有关的借款利息。两者的关系为

$$固定资产原值＝固定资产投资＋建设期资本化借款利息$$

流动资金投资是指项目投产前后分次或一次投放于流动资产项目的投资增加额，又称垫支流动资金或营运资金投资。其计算公式为

$$某年流动资金投资额＝本年流动资金需用额－截止上年的流动资金投资额$$
$$本年流动资金需用额＝该年流动资产需用额－该年流动负债需用额$$

投资总额是一个反映项目投资总体规模的价值指标，它等于原始总投资与建设期资本化利息之和。

【例题解析 6-1】 新星公司拟新建一条生产线，需要在建设起点一次投入固定资产投资 100 万元，无形资产投资 10 万元。建设期为 1 年，预计使用寿命 10 年。建设期资本化利息为 6 万元，全部计入固定资产原值。投产后第 1 年流动资产需用额为 30 万元，流动负债需用额为 15 万元；投产后第 2 年预计流动资产需用额为 40 万元，流动负债需用额为 20 万元。

要求计算该项目的下列指标：项目计算期、固定资产原值、流动资金投资额、建设投资、原始总投资、投资总额。

（1）项目计算期＝1＋10
　　　　　　＝11（年）

（2）固定资产原值＝100＋6
　　　　　　＝106（万元）

（3）投产后第 1 年流动资产需用额＝30－15
　　　　　　＝15（万元）

首次流动资金投资＝15－0
　　　　　　＝15（万元）

投产后第 2 年流动资产需用额＝40－20
　　　　　　＝20（万元）

投产后第 2 年流动资产投资额＝20－15
　　　　　　＝5（万元）

流动资金投资合计＝15＋5
　　　　　　＝20（万元）

（4）建设投资＝100＋10
　　　　　　＝110（万元）

（5）原始总投资＝110＋20
　　　　　　＝130（万元）

（6）投资总额＝130＋6
　　　　　　＝136（万元）

6.2　长期投资决策要素

长期投资通常需投入大量的资金，而且大多要经过较长的时期才能收回，要比短期经营决策承担更大的风险。因而，一项长期投资决策的失误，必然会影响整个企业的财务状况和资金周转，给企业带来很大损失，甚至导致企业的破产清算。目前，我国的项目建设都要进行技术上、财务上、经济上的可行性分析。财务上、经济上的可行性分析，实际上就是长期投资决策。长期投资决策必须考虑投资的风险价值、资金成本（即贴现率）、货币的时间价值、现金流量等指标。本节重点讲授货币时间价值、现金流量和资金成本三个指标。

6.2.1　货币时间价值

1. 货币时间价值的意义

货币时间价值是指货币随着时间的推移而形成的增值，即货币经历一定时间的投资和再投资所增加的价值。例如，今天的 100 元，1 年后可能值 110 元，即用一年后的 100 元去交换今天的 100 元钱就要有 10 元的附加，这 10 元附加就是货币随着时间的推移而形成的增值。因此，货币的时间价值使等量的货币在不同的时点上具有不同的价值。货币时间价值产生的原因从表面上看似乎是时间这一因素，实际上，货币只有在作为资本或者再生产手段的前提下，通过劳动者的劳动创造的价值才是货币增值的真正原因。

2. 货币时间价值的表现形式

货币的时间价值可以用绝对数表示，也可以用相对数表示，即以利息额和利息率表示。在实际工作中对这两种表示方法并不作严格区分，通常以利息率进行计量。利息率的实际内容是社会平均资金利润率。但是，一般的利息率除了包括货币的时间价值因素以外，还包括风险价值和通货膨胀等因素。因此，作为货币时间价值表现形态的利息率，应以社会平均资金利润率为基础，而又不应高于这种资金利润率。

3. 货币时间价值的计算

货币时间价值揭示了不同时点上货币之间的数量关系，因而它是进行筹资决策和投资决策必不可少的计量手段。计算货币时间价值要涉及现值和终值两个概念。所谓现值，是指一定量货币的现在价值，也就是指本金；而终值是指一定量货币在若干期限以后的总价值，也就是指本利和。

1) 单利的计算

单利是指在规定期限内仅就本金计算利息的一种计息方法。设 P 为现值；i 为利率，通常指年利率；I 为利息；n 为年数；F 为终值。

(1) 单利利息的计算。计算公式为

$$I = P \times i \times n$$

(2) 单利终值的计算。计算公式为

$$F = P + I = P + P \times i \times n = P \times (1 + i \times n)$$

(3) 单利现值的计算。

单利现值是单利终值的逆运算。其计算公式为

$$P = \frac{F}{1 + i \times n}$$

【例题解析 6-2】 新星公司将 100 000 元存入银行，年利率为 5%，两年期满后可获得的利息为

$$I = 100\,000 \times 5\% \times 2 = 10\,000 \text{(元)}$$

两年后得到的本利和为：

$$F = 100\,000 \times (1 + 5\% \times 2) = 110\,000 \text{(元)}$$

若此人两年后想得到 11 000 元，现在应存入的金额为：

$$P = \frac{110\,000}{(1 + 5\% \times 2)} = 100\,000 \text{(元)}$$

2) 复利的计算

复利是指在规定期限内，每经过一个计息期，都要将所生利息计入本金再计利息，逐期滚算，俗称"利滚利"。资金时间价值通常按复利计算。

(1) 复利终值。复利的终值是一定量的本金按复利计算若干期后的本利和。

【例题解析 6-3】 若新星公司将 100 000 元存入银行，年利率为 5%，经过一年以后，按复利计算银行应付其金额为

$$\begin{aligned} F &= P + P \times i \\ &= P(1 + i) \\ &= 100\,000 \times (1 + 5\%) \\ &= 105\,000 \text{(元)} \end{aligned}$$

两年后应付其金额为

$$\begin{aligned} F &= [P(1+i)] \times (1+i) \\ &= P(1+i)^2 \\ &= 100\,000 \times (1+5\%)^2 \\ &= 110\,250 \text{(元)} \end{aligned}$$

三年后应付其金额为

$$\begin{aligned} F &= P(1+i)^3 \\ &= 100\,000 \times (1+5\%)^3 \\ &= 115\,762.5 \text{(元)} \end{aligned}$$

第 n 年后应付其金额为

$$F = P(1+i)^n$$

上式是计算复利终值的一般公式，式中的 $(1+i)^n$ 被称为复利终值系数或 1 元的复利终值，用符号 $(F/P, i, n)$ 表示。在实际计算时，其数值可查复利终值系数表（见附表 1）。

【例题解析 6-4】 新星公司会计小王 2012 年年初存入银行 10 000 元，年利率为 6%，4 年期满后他应得的本利和为：

$$F = P(1+i)^n$$
$$= 10\,000 \times (1+6\%)^4$$
$$= 10\,000 \times (F/P, 6\%, 4)$$
$$= 10\,000 \times 1.262\,5$$
$$= 12\,625(元)$$

（2）复利现值。复利现值是复利终值的逆运算，它是指未来一定量的货币，按一定利率折算的现在价值。计算公式如下：

$$P = \frac{F}{(1+i)^n} = F \times (1+i)^{-n}$$

式中$(1+i)^{-n}$被称为复利现值系数，或1元的复利现值，用符号$(P/F, i, n)$表示，在实际计算时，其数值可查复利现值系数表（见附表2）。

【例题解析6-5】若小王在4年后获得本利和12 625元，年利率为6%，则现在应存本金为：

$$P = F \times (P/F, i, n)$$
$$= 12\,625 \times (P/F, 6\%, 4)$$
$$= 12\,625 \times 0.792\,1$$
$$= 10\,000(元)$$

3）年金的计算

年金是指一定时期内每期相等金额的收付款项，如折旧、租金、利息、保险金、养老金等通常都采取年金的形式。按照收付的次数和支付的时间划分，年金有以下几类：

（1）普通年金。普通年金又称后付年金，是指每期期末收付的年金。由于在经济活动中后付年金最为常见，故又称普通年金。

① 普通年金的终值。年金终值犹如零存整取的本利和，它是一定时期内每期期末收付款项的复利终值之和。

设每年支付金额为A，利率为i，期数为n，则按复利计算的年金终值F_A为

$$F_A = A + A(1+i) + A(1+i)^2 + \cdots + A(1+i)^{n-1}$$

等式两边同乘$(1+i)$：

$$(1+i)F_A = A(1+i) + A(1+i)^2 + A(1+i)^3 + \cdots + A(1+i)^n$$

上述两式相减：

$$(1+i)F_A - F_A = A(1+i)^n - A$$
$$F_A = \frac{A(1+i)^n - A}{(1+i) - 1}$$
$$F_A = A \cdot \frac{(1+i)^n - 1}{i}$$

式中$\frac{(1+i)^n - 1}{i}$称为年金终值复利系数，用符号$(F_A/A, i, n)$表示。实际计算时，其数值可查年金终值系数表（见附表3）。

【例题解析6-6】若小王每年年末存入银行10 000元，连续存5年，年利率为10%，则

5年后可得本利和为

$$F_A = 10\,000 \times (F_A/A, 10\%, 5)$$
$$= 10\,000 \times 6.105\,1$$
$$= 61\,051(元)$$

② 偿债基金的计算。偿债基金是指为了在约定的未来某一点清偿某笔债务或积累一定数额的资金而必须分次等额提取的存款准备金。由于每次提取的等额准备金类似年金存款，因而同样可以获得按复利计算的利息，所以，债务实际上等于年金终值，每年提取的偿债基金等于年金A，也就是说，偿债基金的计算实际上是年金终值的逆运算。其计算公式为

$$A = F_A \cdot \frac{i}{(1+i)^n - 1}$$

式中$\frac{i}{(1+i)^n - 1}$为年金终值系数的倒数，称为偿债基金系数，用符号$(A/F_A, i, n)$表示。它可以把年金终值折算为每年需要支付的金额。偿债基金系数可以根据年金终值系数求倒数确定。

【例题解析6-7】新星公司拟在3年后偿还200 000元的债务，从现在起每年年末等额存入银行一笔款项，如果银行存款年利率为10%，则该公司每年应该存入多少资金？

$$A = F_A \cdot (A/F_A, i, n)$$
$$A = 200\,000 \times (A/F_A, 10\%, 3)$$
$$= 200\,000 \times \frac{1}{3 \times 31}$$
$$\approx 60\,423(元)$$

③ 普通年金的现值。普通年金现值，是指一定时期内每期期末收付款项的复利现值之和。

普通年金现值的一般计算公式如下：

$$P_A = A(1+i)^{-1} + A(1+i)^{-2} + A(1+i)^{-3} + \cdots + A(1+i)^{-n}$$

等式两边同乘$(1+i)$，得

$$P_A(1+i) = A + A(1+i)^{-1} + A(1+i)^{-2} + \cdots + A(1+i)^{-(n-1)}$$

两式相减，得

$$P_A(1+i) - P_A = A - A(1+i)^{-n}$$
$$P_A = A \cdot \frac{1-(1+i)^{-n}}{i}$$

式中$\frac{1-(1+i)^{-n}}{i}$称为普通年金现值系数，用符号$(P_A/A, i, n)$表示。在实际计算时，其数值可查年金现值系数表(见附表4)。

【例题解析6-8】小王每年年末支付房屋租金10 000元，为期5年，按年利率10%计算，他所付租金的现值为

$$P_A = 10\,000 \times (P_A/A, 10\%, 5)$$
$$= 10\,000 \times 3.790\,8$$
$$= 37\,908(元)$$

(2) 预付年金。预付年金是指在每期期初支付的年金，又称先付年金。

① 预付年金的终值。预付年金终值的公式为

$$F_A = A(1+i) + A(1+i)^2 + A(1+i)^3 + \cdots + A(1+i)^n$$

根据等比数列的求和公式可知：

$$F_A = \frac{A(1+i) \times [1-(1+i)^n]}{1-(1+i)}$$

$$= A \times \frac{1+i-(1+i)^{n+1}}{-i}$$

$$= A \times \left[\frac{(1+i)^{n+1}-1}{i} - 1\right]$$

式中 $\left[\frac{(1+i)^{n+1}-1}{i} - 1\right]$ 被称为预付年金终值系数，它和普通年金终值系数 $\frac{(1+i)^n-1}{i}$ 相比，期数加1，而系数减1，用符号 $[(F_A/A, i, n+1)-1]$ 表示，可利用"普通年金终值系数表"查得 $(n+1)$ 期的值，然后减1得出1元预付年金终值。

【例题解析6-9】 新星公司有一项投资项目，每年初投入资金50万元，共投资5年，假定年利率为8%，则5年后预付年金的终值是多少？

$$F_A = A \times [(F_A/A, i, n+1)-1]$$
$$= 50 \times [(F_A/A, 8\%, 5+1)-1]$$
$$= 50 \times (7.3359-1)$$
$$= 316.8(万元)$$

② 预付年金的现值。预付年金现值的计算公式为

$$P_A = A + A(1+i)^{-1} + A(1+i)^{-2} + \cdots + A(1+i)^{-(n-1)}$$

根据等比数列求和公式可知：

$$P_A = \frac{A \cdot [1-(1+i)^{-n}]}{1-(1+i)^{-1}}$$

$$= A \cdot \frac{[1-(1+i)^{-n}](1+i)}{i}$$

$$= A \cdot \left[\frac{1-(1+i)^{-(n-1)}}{i} + 1\right]$$

式中 $\left[\frac{1-(1+i)^{-(n-1)}}{i} + 1\right]$ 被称为预付年金现值系数，它和普通年金现值系数 $\left[\frac{1-(1+i)^{-n}}{i}\right]$ 相比，期数减1，而系数加1，用符号 $[(P_A/A, i, n-1)+1]$ 表示。可利用"普通年金现值系数表"查得 $(n-1)$ 期的值，然后加1，得出1元预付年金现值。

【例题解析6-10】 新星公司分期付款购进设备一套，分5年，每年年初支付100万元，假定年利率为10%，则如果该设备购进时一次性付款是多少？

$$P_A = A \times [(P_A/A, i, n-1)+1]$$
$$= 100 \times [(P_A/A, 10\%, 5-1)+1]$$
$$= 100 \times (3.1699+1)$$
$$= 416.99(万元)$$

(3) 递延年金。递延年金是指第一次支付发生在第二期或第二期以后的年金。

递延期 m 期后的 n 期年金与 n 期年金相比，两者付款期相同，但这项递延年金现值是 m 期后的 n 期年金现值，还需要再贴现 m 期。因此，递延年金的现值计算公式如下：

$$P = [A \cdot (P_A/A, i, n)] \times (P/F, i, m)$$

递延年金的终值大小，与递延期无关，故计算方法与普通年金终值相同：

$$F = A \cdot (F_A/A, i, n)$$

【例题解析6-11】新星公司一个项目于年初动工，5年后竣工，收益期为10年。每年收益40 000元。按年利率6%计算，如图6-1所示。

```
              m     m+1   m+2   m+3   …    m+10
0    1   …    5     6     7     8     …    14    15
```

图6-1 递延年金线段

该项目10年收益的终值为

$$\begin{aligned}
F &= A \cdot (F_A/A, i, n) \\
&= 40\,000 \times (F_A/A, 6\%, 10) \\
&= 40\,000 \times 13.180\,8 \\
&= 527\,232(元)
\end{aligned}$$

该项目10年收益的现值为：

$$\begin{aligned}
P &= [A \cdot (P_A/A, i, n)] \times (P/F, i, m) \\
&= 40\,000 \cdot (P_A/A, 6\%, 10) \cdot (P/F, 6\%, 5) \\
&= 40\,000 \times 7.3601 \times 0.747\,3 \\
&= 220\,008(元)
\end{aligned}$$

(4) 永续年金。无限期定额支付的年金，称为永续年金。现实生活中的存本取息可视为永续年金的一个例子。

永续年金没有终止的时间，也就没有终值。永续年金的现值可以通过普通年金现值的计算公式导出：

$$P = A \cdot \frac{1-(1+i)^{-n}}{i}$$

当 $n \to \infty$ 时，$(1+i)^{-n}$ 的极限为零，故上式可写成：

$$P = A \cdot \frac{1}{i}$$

【例题解析6-12】新星公司准备设立一项助学基金以资助家庭困难的职工子女上学，准备存入银行一笔基金，预期以后每年年末取出利息16 000元，用以支付年度奖学金。若存款利息率为8%，则现在应存入资金为

$$P = A \cdot \frac{1}{i} = 16\,000 \times \frac{1}{8\%} = 200\,000(元)$$

4) 贴现率的计算

在上述货币时间价值的计算中，都假定贴现率是给定的。在实际经济工作中，有时仅知

道计息期、终值和现值,要根据已知条件去求得贴现率。

【例题解析6-13】会计小王现在存入银行2 000元,要想5年后能得到本利和3 200元,存款利率的计算如下:

$$F = P \cdot (F/P, i, n)$$
$$3\,200 = 2\,000 \cdot (F/P, i, 5)$$
$$(F/P, i, 5) = \frac{3\,200}{2\,000}$$
$$= 1.6$$

在复利终值系数表中,凡属5年期的各系数中,年利率10%的值为1.610 5,与1.6十分接近。可见,年利率大约为10%时才能保证5年后得到3 200元。

如果要使贴现率计算得更加准确,可用插值法进行计算。

【例题解析6-14】若小王现在向银行存入5 000元,若在以后10年中每年得到750元利息,则年利率的计算如下:

$$P = A \cdot (P_A/A, i, n)$$
$$5\,000 = 750 \times (P_A/A, i, 10)$$
$$(P_A/A, i, 10) = \frac{5\,000}{750} = 6.666\,7$$

从年金现值系数表中可以看到,在$n=10$的各系数中,i为8%时,系数是6.710 1;i为9%时,系数是6.417 7。可见利率应在8%与9%之间。则可用插值法计算如下:

$$i = 8\% + \frac{6.710\,1 - 6.666\,7}{6.710\,1 - 6.417\,7}(9\% - 8\%) = 8.148\,4\%$$

以上说明了有关货币时间价值主要指标的计算方法,这些方法是运用货币时间价值的基础。掌握了这些基本的计算方法,在企业财务管理中就可以根据实际情况加以具体应用。

6.2.2 现金流量

商品经济中,任何建设项目的效益和费用都可以抽象为**现金流量**系统。从项目财务评价角度看,在某一时点上流出项目的资金称为现金流出,记为CO;流入项目的资金称为现金流入,记为CI。现金流入与现金流出统称为现金流量,现金流入为正现金流量,现金流出为负现金流量。同一时点上的现金流入量与现金流出量的代数和(CI-CO)称为净现金流量。

1. 现金流量的构成

1) 初始现金流量

初始现金流量是指开始投资时发生的现金流量,一般包括:第一,固定资产上的投资。包括固定资产的购入或建造成本、运输成本和安装成本等。第二,流动资产上的投资。包括材料、在产品、产成品和现金等流动资产的投资。第三,其他投资费用。指与长期投资有关的职工培训费、谈判费、注册费用等。第四,原有固定资产的变价收入。主要是指固定资产更新时原有固定资产的变卖所得的现金收入。

2) 营业现金流量

营业现金流量是指投资项目投入使用后,在其寿命周期内由于生产经营所带来的现金流入和流出的数量。营业现金流量一般以年为单位进行计算。这里的现金流入一般是指营业现金收入,现金流出量是指营业现金支出和交纳的税金,一般年营业净现金流量(NCF)可以用下列公式计算:

$$每年净现金流量 = 每年营业收入 - 付现成本 - 所得税$$

或

$$每年净现金流量 = 净利 + 折旧$$

3) 终结现金流量

终结现金流量是指投资项目完结时所发生的现金流量,主要包括:固定资产的残值收入或变价收入;原来垫支在各种流动资产上的资金的收回;停止使用的土地的变价收入等。

2. 现金流量的计算

【例题解析 6-15】新星公司准备购入一项设备以扩充生产能力,现有甲、乙两种方案可供选择。甲方案:需投资 100 万元,使用寿命为 5 年,采用直线法折旧。5 年后设备无残值。5 年中每年的销售收入为 60 万元,每年的付现成本为 20 万元。乙方案:需投资 120 万元,另外在第一年垫支运营资金 20 万元(报废时回收),采用直线折旧法计提折旧,使用寿命也为 5 年,5 年后残值为 20 万元。5 年中每年的销售收入为 80 万元,付现成本第一年为 30 万元,以后随着设备陈旧,逐年增加修理费 5 万元(假定所得税税率为 30%)。下面分别用表 6-1 和表 6-2 计算各年营业现金流量和现金流量合计。

表 6-1 营业现金流量预测表　　　　　　　　　　　　　　　　　单位:万元

项　　目	第 1 年	第 2 年	第 3 年	第 4 年	第 5 年
甲方案:					
销售收入	60	60	60	60	60
付现成本	20	20	20	20	20
折旧	20	20	20	20	20
税前利润	20	20	20	20	20
所得税	6	6	6	6	6
税后净利	14	14	14	14	14
营业现金流量	34	34	34	34	34
乙方案:					
销售收入	80	80	80	80	80
付现成本	30	35	40	45	50
折旧	20	20	20	20	20
税前利润	30	25	20	15	10
所得税	9	7.5	6	4.5	3
税后净利	21	17.5	14	10.5	7
营业现金流量	41	37.5	34	30.5	27

表 6-2 现金流量计算表   单位：万元

项目	第0年	第1年	第2年	第3年	第4年	第5年
甲方案：						
固定资产投资	−100					
营业现金流量		34	34	34	34	34
现金流量合计	−100	34	34	34	34	34
乙方案：						
固定资产投资	−120					
营业资金垫支	−20					
营业现金流量		41	37.5	34	30.5	27
固定资产残值						20
营运资金回收						20
现金流量合计	−140	41	37.5	34	30.5	67

3. 投资决策中使用现金流量的原因

（1）现金流量所揭示的未来期间现实货币资金收支运动，可以及时动态地反映项目投资的流向与回收之间的投入产出关系，使决策者处于投资主体的立场上，便于完整、准确、全面地评价具体项目的经济效益。

（2）利用现金流量指标代替利润指标作为反映项目效益的信息，可以摆脱在贯彻财务会计的权责发生制时的困境，即由于不同的投资项目可能采取不同的固定资产折旧方法、存货估价方法或费用摊配方法，从而导致不同方案的利润信息相关性差、透明度不高和可比性差。

（3）利用现金流量信息，排除了非现金收付内部周转的资本运动形式，从而简化了有关投资决策评价指标的计算过程。

（4）由于现金流量信息与项目计算期的各个时点密切结合，有助于在计算投资评价指标时，应用资金时间价值的形式进行动态投资效果的综合评价。

6.2.3 资金成本

长期投资一般需投入大量资金，而资金是不能无偿使用的，使用资金必须付出代价，也就是说要负担成本。资金成本是衡量企业投资是否可行的重要因素之一。由于企业取得或使用资金的期限不同、数额不同、渠道不同，因此资金成本常用百分比表示。

资金成本在长期投资决策中非常重要，因为它是一个投资项目能否接受的最低报酬率，又称为"取舍率"。也就是说，如项目所获得的预期收益大于资金成本，说明取得或使用该项资本可行；反之，则不可行。

资金成本是一种机会成本，企业从不同来源取得的资金成本一般是不同的，而企业长期投资的资金来源又是多种多样的，为了使决策者能根据资金成本来评价投资项目是否可行，可计算其"综合的资金成本"，即所谓"加权平均资金成本"。它主要是利用各种来源的资金

占总资金的比重为权数,对各项资金的成本分别进行加权,然后加以总计而求得。计算公式如下:

$$\text{加权平均资金成本} = \sum(\text{某项资金来源比重} \times \text{某项资金来源的资金成本})$$

【例题解析 6-16】 假定新星公司有一个长期投资项目,预计其资金支出总额为 1 800 万元,资金来源共有五个方面,每个来源的金额及其资金成本的数据,如表 6-3 所示。

表 6-3 资金数额及资金成本资料

资金来源	金额/万元	资金成本
长期借款	220	9%
债券	280	8%
优先股	300	10%
普通股	1 000	12%
留存收益	200	12%
合计	2 000	—

则各种资金来源的比重为

$$\text{长期借款占总资本比重} = \frac{220}{2\,000} \times 100\% = 11\%$$

$$\text{债券占总资本比重} = \frac{280}{2\,000} \times 100\% = 14\%$$

$$\text{优先股占总资本比重} = \frac{300}{2\,000} \times 100\% = 15\%$$

$$\text{普通股占总资本比重} = \frac{1\,000}{2\,000} \times 100\% = 50\%$$

$$\text{留存收益占总资本比重} = \frac{200}{2\,000} \times 100\% = 10\%$$

$$\begin{aligned}\text{加权平均资金成本} &= 11\% \times 9\% + 14\% \times 8\% + 15\% \times 10\% \\ &\quad + 50\% \times 12\% + 10\% \times 12\% = 10.81\%\end{aligned}$$

6.3 长期投资决策方法

在对投资项目进行经济评价前,首先需要建立一套评价指标,并确定一套科学的评判可行与否的标准。

评价指标是投资项目经济效益或投资效果的定量化及其直观的表现形式,它通常是通过对投资项目所涉及的费用和效益的量化和比较来确定的。只有正确地理解和适当地应用各个评价指标的含义及其评价准则,才能对投资项目进行有效的经济分析,才能做出正确的投资决策。

6.3.1 评价指标的分类

评价指标按照其所考虑的因素及使用方法的不同，可进行不同的分类。

（1）根据是否考虑时间价值可分为静态评价指标（也称为非贴现现金流量评价指标）和动态评价指标（也称为贴现现金流量评价指标），如图6-2所示。

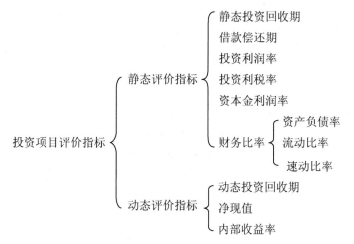

图6-2 投资方案经济效益评价指标体系之一

（2）根据指标的性质可分为时间性指标、价值性指标、比率性指标，如图6-3所示。

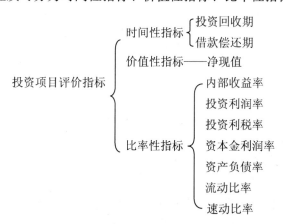

图6-3 投资方案经济效益评价指标体系之二

6.3.2 评价指标的计算

1. 非贴现现金流量评价方法

在投资方案经济效益评价分析中，把不考虑资金时间价值的经济效益评价指标称为静态评价指标（或非贴现现金流量评价指标）。此类指标的特点是简单易算。主要包括静态投资回收期和投资收益率。

采用静态评价指标对投资方案进行评价时由于没有考虑资金的时间价值，因此它主要适用于对方案的粗略评价，如应用于投资方案的机会鉴别和初步可行性研究阶段，以及用于某些时间较短，投资规模与收益规模均比较小的投资项目的经济评价等。

1）静态投资回收期（P_t）

静态投资回收期是指以项目每年的净收益回收项目全部投资所需要的时间，是考查项目财务上投资回收能力的重要指标。这里所说明的全部投资既包括固定资产投资，又包括流动资金投资。

静态投资回收期的表达式如下：

$$\sum_{t=0}^{P_t}(CI-CO)_t=0$$

式中：P_t——静态投资回收期；

　　　CI——现金流入量；

　　　CO——现金流出量；

　　　$(CI-CO)_t$——第 t 年的净现金流量。

静态投资回收期一般以"年"为单位，自项目建设开始年算起。当然也可以计算自项目建成投产年算起的静态投资回收期，但对于这种情况，需要加以说明，以防止两种情况的混淆。

上述表达式是一个一般表达式，在具体计算静态投资回收期时又分以下两种情况：

（1）项目建成投产后各年的净收益（也即净现金流量）均相同，则静态投资回收期的计算公式如下：

$$P_t=\frac{K}{R}$$

式中：K——全部投资；

　　　R——每年的净收益。

【例题解析 6-17】新星公司某一投资方案一次性投资 500 万元，估计投产后其各年的平均净收益为 80 万元，则该方案的静态投资回收期为

$$P_t=500\div80=6.25（年）$$

（2）项目建成投产后各年的净收益不相同，则静态投资回收期可根据累计净现金流量求得，其计算公式为

$$P_t=累计净现金流量开始出现正值的年份-1+\frac{上年累计净现金流量绝对值}{当年净现金流量}$$

【例题解析 6-18】新星公司某投资方案的净现金流量如图 6-4 所示，试计算其静态投资回收期。

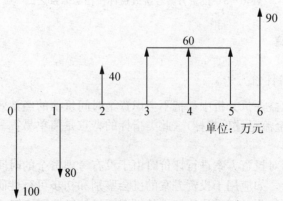

图 6-4　净现金流量

列出该投资方案的累计净现金流量情况表,如表6-4所示。

表6-4 累计净现金流量表　　　　　　　　　　单位:万元

项目 \ 年序	0	1	2	3	4	5	6
净现金流量	−100	−80	40	60	60	60	90
累计净现金流量	−100	−180	−140	−80	−20	40	130

根据公式计算得

$$P_t = 5 - 1 + \frac{|-20|}{60} = 4.33(年)$$

静态投资回收期一般从建设开始年算起。采用静态投资回收期对投资方案进行评价时,其基本做法如下:

① 确定行业的基准投资回收期(P_c)。基准投资回收期是国家根据国民经济各部门、各地区的具体经济条件,按照行业和部门的特点,结合财务会计上的有关制度及规定而颁布,同时进行不定期修订的建设项目经济评价参数,是对投资方案进行经济评价的重要标准。

② 计算项目的静态投资回收期(P_t)。

③ 比较 P_t 与 P_c:若 $P_t \leq P_c$ 则项目可以考虑接受;若 $P_t > P_c$ 则项目是不可行的。

静态投资回收期(P_t)指标的优点是:经济意义明确、直观、计算简便;在一定程度上反映了投资效果的优劣;可适用于各种投资规模。该指标的不足是:只考虑投资回收之前的效果,不能反映回收投资之后的情况,即无法准确衡量项目投资收益的大小;没有考虑资金的时间价值,因此无法正确地辨识项目的优劣。

2) 投资收益率

投资收益率又称投资效果系数,是指在项目达到设计能力后,其每年的净收益与项目全部投资的比率,是考虑项目单位投资的盈利能力的指标。其计算公式为

$$投资收益率 = \frac{年净收益}{项目全部投资} \times 100\%$$

当项目在正常生产年份内各年的收益情况变化幅度较大时也可采用下列公式进行计算:

$$投资收益率 = \frac{年平均净收益}{项目全部投资} \times 100\%$$

在采用投资收益率对项目进行经济评价时,其基本做法与采用静态投资回收期的做法相似,即主要是将计算出的项目的投资收益率与行业的平均投资收益率进行比较;若高于或等于行业平均投资收益率则项目可以考虑接受,若低于行业平均投资收益率则项目不可行。

投资收益率是一个综合性指标,在进行项目经济评价时,根据分析目的的不同,投资收益率又具体分为:投资利润率、投资利税率、资本金利润率等。其中最常用的是投资利润率。

投资利润率是指项目在正常生产年份内所获得的年利润总额或年平均利润总额与项目全部投资的比率,其计算公式为

$$投资利润率 = \frac{年利润总额（或年平均利润总额）}{项目全部投资} \times 100\%$$

【例题解析6-19】 新星公司某投资项目投资与收益情况如表6-5所示，试计算其投资利润率。

表6-5　某项目投资收益情况表　　　　　　　　　　单位：万元

年序 项目	0	1	2	3	4	5	6
投资	−100						
利润		10	12	12	12	12	14

$$投资利润率 = \frac{(10+12+12+12+12+14)/6}{100} \times 100\% = 12\%$$

投资收益率指标的优点是：计算简便，能够直观地衡量项目的经营成果；可适用于各种投资规模。该指标的不足是：没有考虑投资收益的时间因素，忽视了资金具有时间价值的重要性；指标的计算主观随意性太强，在指标的计算中，对于应该如何计算投资资金占用，如何确定利润，都带有一定的不确定性和人为因素，因此以投资收益率指标作为主要的决策依据不太可靠。

2. 贴现现金流量评价方法

一般将考虑了资金时间价值的经济效益评价指标称为动态评价指标（或贴现现金流量评价指标）。与静态评价指标相比，动态评价指标更加注重考查项目在其计算期内各年现金流量的具体情况，因而也就能够更加直观地反映项目的盈利能力，所以它的应用也就比静态评价指标更加广泛。在项目的可行性研究阶段，进行项目经济评价时一般是以动态评价指标作为主要指标，以静态评价指标作为辅助指标。

动态评价指标常用的一般有净现值（NPV）、净现值率、内部收益率（IRR）、净年值、现值指数（PI）、动态投资回收期等。下面介绍主要的几个指标。

1) 净现值

(1) 净现值的含义及计算。净现值是指把项目计算期内各年的净现金流量，按照一个给定的标准折现率（基准收益率）折算到建设期初（项目计算期第一年年初）的现值之和。

净现值是考查项目在其计算期内盈利能力的主要动态评价指标。其表达式为：

$$NPV = \sum_{t=0}^{n} (CI - CO)_t (1+i_c)^{-t}$$

式中：NPV——净现值；

$(CI-CO)_t$——第 t 年的净现金流量；

n——项目计算期；

i_c——标准折现率。

净现值的经济含义可以直观地解释如下：假设有一个小型投资项目，初始投资为10 000元，项目寿命期为1年，到期可获得收益12 000元。如果设定标准折现率为8%，根据净现值的计算公式，可以求出该项目的净现值为1 111元（12 000×0.925 9−10 000）。这就是说，只要投资者能在资本市场或从银行以 8% 的利率筹措到资金,那么该项投资即使再增加 1 111 元的投资,在经济上还是可以做到不盈不亏;换一个角度讲,如果投资者能够以 8% 的利率筹借到 10 000 元的资金,那么一年后,投资者会获得 1 200 元[12 000－10 000×(1＋8%)]的利润,这 1 200 元的利润的现值恰好是 1 111 元(1 200×0.952 9),即净现值刚好等于项目在生产经营期内所获得的净收益的现值。

(2) 净现值的判别准则。根据公式计算出净现值后,其结果不外乎有以下三种情况:即 NPV>0,NPV＝0,NPV<0,在用于投资方案的经济评价时其判别准则如下:

若 NPV>0,说明方案可行。因为这种情况说明投资方案实施后的投资收益水平不仅能够达到标准折现率的水平,而且还会有盈余,即项目的盈利能力超过其投资收益期望水平。

若 NPV＝0,说明方案可考虑接受。因为这种情况说明投资方案实施后的平均投资收益水平,恰好等于标准折现率,也即其盈利能力能达到所期望的最低财务盈利水平。

若 NPV<0,说明方案不可行。因为这种情况说明投资方案实施后的投资收益水平达不到标准折现率,也即其盈利能力水平比较低,甚至有可能会出现亏损。

【例题解析 6-20】新星公司一个项目的各年现金流量如表 6-6 所示,试用净现值指标判断项目的经济性(i_c＝15%)。

表 6-6 某项目的现金流量表   单位:万元

项目＼年序	0	1	2	3	4～19	20
投资支出	－40	－10				
付现成本及税金			17	17	17	17
收入			25	25	30	50
净现金流量	－40	－10	8	8	13	33

利用公式,将表中各年净现金流量代入,得

NPV ＝－40－10×(P/F,15%,1)＋8×(P/F,15%,2)＋8×(P/F,15%,3)
　　　＋13×(P/A,15%,16)(P/F,15%,3)＋33×(P/F,15%,20)
　　＝－40－10×0.869 6＋8×0.756 1＋8×0.657 5＋13×5.954×0.657 5＋33×0.061 1
　　＝15.52(万元)>0

由于 NPV>0,故此项目在经济效果上是可以接受的。

(3) 净现值与折现率的关系。从计算公式中可以看出,对于具有常规现金流量(即在计算期内,方案的净现金流量序列的符号只改变一次的现金流量)的投资方案,其净现值的大小与折现率的高低有直接的关系。例如,如果我们已知某投资方案各年的净现金流量,则该方案的净现值就完全取决于我们所选用的折现率,折现率越大,净现值就越小,折现率越小,净现值就越大,随着折现率的逐步增大,净现值将由大变小,由正变负,NPV 与 i 之间的关系一般如图 6-5 所示。

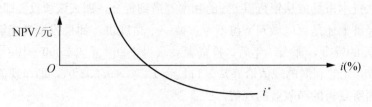

图 6-5　净现值与折线率的关系

从图中可以发现，NPV 随 i^* 的增大而减小，在 i^* 处，曲线与横轴相交，说明如果选定 i^* 为折现率，则 NPV 恰好等于零。在 i^* 的左边，即 $i<i^*$ 时，NPV>0；在 i^* 的右边，即 $i>i^*$ 时，NPV<0。由于 NPV=0 是净现值判别准则的一个分水岭，因此可以说 i^* 是折现率的一个临界值，我们将其称做内部收益率。关于内部收益率将在稍后部分详细介绍。

在 NPV 的表达式中，还有一个重要的概念，就是标准折现率 i_c。

标准折现率又称基准收益率，它代表了项目投资应获得的最低财务盈利水平，也是衡量投资方案是否可行的标准，是一个重要的经济参数，其数值确定的合理与否，对投资方案的评价结果有直接的影响，算得过高或过低都会导致投资决策的失误。因为如果标准折现率定得过高，由于存在资金的时间价值，会导致现值之和变小，从而使一些经济效益不错的方案被拒绝，而如果定得过低，又会使现值之和变大，致使经济效益不好的一些投资方案也可能会被接受，从而造成不应该有的损失。

标准折现率的确定一般以行业的平均收益率为基础，同时综合考虑资本成本、投资风险、通货膨胀及资金限制等影响因素。

（4）净现值指标的优点是：考虑了资金的时间价值并全面考虑了项目在整个寿命期内的经济状况；经济意义明确直观，能够直接以货币额表示项目的净收益；能直接说明项目投资额与资金成本之间的关系。该指标的不足是：必须首先确定一个符合经济现实的标准折现率，而标准折现率的确定往往是比较困难的；不能直接说明在项目运营期间各年的经营成果；不能真正反映项目投资中单位投资的使用效率。

2) 现值指数

（1）现值指数的概念及计算。现值指数也称获利指数，是指未来报酬总现值与投资额现值的比率。现值指数可看作是净现值的转换形式，即将绝对量表示的价值转换为相对数表示的比值指标。

其计算公式为

$$PI = \sum \frac{CI_t}{(1+i)^t} \div \sum \frac{CO_t}{(1+i)^t}$$

（2）现值指数的判别准则。根据公式计算出 PI 后，其结果不外乎有以下三种情况，即 $PI>1$，$PI=1$，$PI<1$，在用于投资方案的经济评价时，其判别准则如下：

若 $PI \geqslant 1$，方案可行；$PI<1$，则方案不可行；各方案均 $PI>1$，则最大的方案为最优方案。

【例题解析6-21】根据上例，可计算出方案的现值指数：

$$PI = [8 \times (P/F, 15\%, 2) + 8 \times (P/F, 15\%, 3) + 13 \times (P/A, 15\%, 16)$$
$$\times (P/F, 15\%, 3) + 33(P/F, 15\%, 20)] \div [40 + 10(P/F, 15\%, 1)]$$
$$= (8 \times 0.756\ 1 + 8 \times 0.657\ 5 + 13 \times 5.954 \times 0.657\ 5 + 33 \times 0.061\ 1) \div (40 + 10 \times 0.869\ 6)$$
$$= 1.3187 > 1$$

由于 $PI > 1$，故此项目在经济效果上是可以接受的。

（3）现值指数指标的优点是：考虑了资金时间价值，增强了投资经济性评价；考虑了全过程的净现金流量，体现了流动性与收益性的统一；考虑了风险，风险大则采用高折现率，风险小则采用低折现率；便于不同项目投资额方案的比较。该指标的不足是：现值指数计算较麻烦，难掌握；净现金流量难预测，折现率高低难掌握；无法从动态角度直接反映投资项目的实际收益水平。

3）内部收益率

（1）内部收益率的概念及判别准则。内部收益率是指项目在整个计算期内各年净现金流量的现值之和等于零时的折现率，也就是项目的净现值等于零时的折现率，其计算公式为

$$\sum_{t=0}^{n}(CI-CO)_t(1+\text{IRR})^{-t}=0$$

式中：IRR——内部收益率。

根据净现值与折现率的关系，以及净现值指标在方案评价时的判别准则，可以很容易地导出用内部收益率指标评价方案的判别准则，即：

若 $\text{IRR} > i_c$，则 $\text{NPV} > 0$，方案可以考虑接受；

若 $\text{IRR} = i_c$，则 $\text{NPV} = 0$，方案可以考虑接受；

若 $\text{IRR} < i_c$，则 $\text{NPV} < 0$，方案不可行。

（2）内部收益率的计算。由计算公式可以看出，内部收益率的计算是求解一个一元多次方程的过程，要想精确地求出方程的解，即内部收益率，是一件非常困难的事情，因此在实际应用中，一般是采用一种称为线性插值试算法的近似方法来求得内部收益率的近似解。它的基本步骤如下：

首先根据经验，选定一个适当的折现率 i_0。根据投资方案的现金流量情况，利用选定的折现率 i_0，求出方案的净现值 NPV。

若 NPV>0，则适当使 i_0 继续增大；

若 NPV<0，则适当使 i_0 继续减小。

重复上述步骤，直到找到两个这样的折现率 i_1 和 i_2，其所对应求出的净现值 $\text{NPV}_1 > 0$，$\text{NPV}_2 < 0$，其中 $(i_2 - i_1)$ 一般不超过 2%～5%。

然后采用线性插值公式求出内部收益率的近似解，其公式为

$$\text{IRR} = i_1 + \frac{\text{NPV}_1}{\text{NPV}_1 + |\text{NPV}_2|}(i_2 - i_1)$$

【例题解析6-22】某项目现金流量如表6-7所示。当标准折现率 $i_c = 12\%$ 时，试用内部收益率指标判断该项目的经济性。

表6-7　某项目现金流量表　　　　　　　　　　　　单位：万元

年序 项目	0	1	2	3	4	5
净现金流量	−100	20	30	20	40	40

此项目净现值的计算公式为

$$NPV = -100 + 20 \times (P/F, i, 1) + 30 \times (P/F, i, 2) + 20 \times (P/F, i, 3) + 40 \times (P/F, i, 4) + 40 \times (P/F, i, 5)$$

现分别设 $i_1 = 12\%$，$i_2 = 15\%$，计算相应的 NPV_1 和 NPV_2。

$$\begin{aligned}NPV_1(i_1) &= -100 + 20 \times (P/F, 12\%, 1) + 30 \times (P/F, 12\%, 2) + 20 \\ &\quad \times (P/F, 12\%, 3) + 40 \times (P/F, 12\%, 4) + 40 \times (P/F, 12\%, 5) \\ &= -100 + 20 \times 0.8929 + 30 \times 0.792 + 20 \times 0.7118 + 40 \times 0.635 + 40 \times 0.5674 \\ &= 4.126(万元)\end{aligned}$$

$$\begin{aligned}NPV_2(i_2) &= -100 + 20 \times (P/F, 15\%, 1) + 30 \times (P/F, 15\%, 2) + 20 \\ &\quad \times (P/F, 15\%, 3) + 40 \times (P/F, 15\%, 4) + 40 \times (P/F, 15\%, 5) \\ &= -100 + 20 \times 0.8686 + 30 \times 0.7651 + 20 \times 0.6575 \\ &\quad + 40 \times 0.571 + 40 \times 0.4972 \\ &= -4.015(万元)\end{aligned}$$

用线性插值计算公式可算出 IRR 的近似解：

$$\begin{aligned}IRR &= i_1 + \frac{NPV_1}{NPV_1 + |NPV_2|}(i_2 - i_1) \\ &= 12\% + \frac{4.126}{4.126 + |-4.015|} \times (15\% - 12\%) \\ &= 13.5\%\end{aligned}$$

因为 $IRR = 13.5\% > i_c = 12\%$，故该项目在经济效果上是可以接受的。

(3) 关于内部收益率的计算，还要补充两点：

第一点，采用线性插值计算法计算内部收益率，只适用于具有常规现金流量的投资方案，对于具有非常规现金流量的方案，由于其内部收益率的存在可能不是唯一的，因此这种方案不太适用。

第二点，在计算中所得到的内部收益率的精度与$(i_2 - i_1)$的大小有关。i_2 与 i_1 之间的差距越小，则计算结果就越精确，反之，结果误差就越大。

(4) 内部收益率指标的优点是：考虑了资金的时间价值及项目在整个寿命期内的经济状况；能够直接衡量项目的真正的投资收益率；不需要事先确定一个标准折现率，而只需要知道标准折现率的大致范围即可。该指标的不足是：需要大量的与投资项目有关的数据，计算比较麻烦；对于具有非常规现金流量的项目来讲，其内部收益率往往不是唯一的，在某些情况下甚至不存在。

6.4 长期投资决策分析方法的具体应用

计算长期投资评价指标的目的,是为了进行长期投资方案的对比和选优,使它们在方案的对比与选优中正确地发挥作用,为长期投资决策提供定量依据。但投资方案对比与选优的方法会因投资方案的不同而有区别,应区分不同的目的、用途,正确使用不同的评价指标。

6.4.1 评价指标的应用范围与原则

1. 项目评价

在只有一个投资项目可供选择的条件下,需要利用评价指标考查该项目是否具有财务上的可行性,从而做出接受或拒绝该项目的决策。常用的评价指标有净现值、净现值率、现值指数与内部收益率,即当净现值大于或等于零,或净现值率大于或等于零,或现值指数大于或等于1,或内部收益率大于或等于部门或行业标准折现率,投资项目可以接受;反之,则不应当接受。在利用净现值、净现值率、现值指数和内部收益率指标对单一项目评价时,会得出相同的结论。

2. 方案比较

如果有多个相互排斥、不能同时并存的方案(即所谓互斥方案),就要利用评价指标,比较各个方案的优劣,从而在各个备选方案中选出一个最优方案。对互斥方案的比较优选时,如同时应用净现值、净现值率、现值指数和内部收益率指标,有可能导致相反的结论。所以,对原始投资相同的多方案进行比较时,一般利用净现值或内部收益率指标进行决策;对原始投资不相同的多方案进行比较时,一般利用差额内部收益率或净现值率指标进行决策。

3. 项目排队

如果有多个不是相互排斥的投资项目(即所谓独立项目或独立方案),经过经济指标的计算,证明在经济上都是可行的,就有必要对这些项目进行排队,以确定投资项目的最优组合。项目排队又可分两种情况:

(1) 在资金总量不受限制的情况下,可按净现值指标的大小对各项目进行排序,确定优先考虑的项目顺序。

(2) 在资金总量受到限制的情况下,则应按净现值率或获利指数的大小排序。由于按项目排队确定的各项目所需资金总量和可使用资金总量往往不会完全相等,所以一般还需按净现值指标对选定项目进行调整。总之,确定最优组合的主要依据,是在充分利用资金的前提下,获得尽可能多的净现值总量。

以上投资方案的比较、选择方法是最基本的应用评价指标的方法。实际工作中还会遇到一些效益相同或基本相同因而难以选择的方案,此时,可以采用成本现值比较法,即计算各个方案的成本现值并进行对比,成本现值较低的方案是可取的方案。总之,应用评价指标对方案进行比较选择时，不仅要注意各个方案的可比性，而且还要选用恰当的评价指标，避免指标混用而产生错误的结论。除此以外，除了考虑经济效益外，还要根据实际情况综合考虑市场、技术等各种因素并进行详细论证比较，必要时还应考虑项目外部的效益和费用，如环境、社会等因素。因此，投资决策是一项难度较大的工作，其评价的质量，不仅取决于评价方法本身的科学性，还取决于市场、工程技术、投资估算、产品成本等一系列基础数据的可靠，并且要求项目评价人员具有较好的素质和较广的知识面，才能根据具体情况，灵活运用评价方法。因此，一个大的项目的决策，是一项复杂的系统工程。

6.4.2 长期投资决策具体应用

1. 旧设备是否需要更新的决策分析

企业的生产设备由于发生有形和无形损耗，在使用一定时期后必须进行更新，以确保其正常的使用效能。但更新设备投入的资本较多，对企业经济效益影响较大。因此，设备何时更新、是否更新成了投资决策需要分析解决的问题。

【例题解析 6-23】 新星公司流水线上有一设备，工程技术人员提出更新要求，有关数据如表 6-8 所示。

表 6-8 新旧设备相关数据表

摘　要	旧设备	新设备
原值/元	200 000	300 000
预计使用年限/年	10	6
已使用年限/年	4	0
期满残值/元	0	15 000
变现价值/元	60 000	300 000
每年销售收入/元	296 000	346 000
每年付现营业成本/元	224 000	214 000

如果贴现率为 12%，请问是否需要更新。

（1）本例中这两个方案的使用年限相同，因而无须为每个方案分别计算其现金流量，可采用差量分析法，即只计算使用旧设备与新设备的现金流量的差额。

$$购置新设备的每年现金净流量 = 销售收入 - 付现营业成本$$
$$= 346\ 000 - 214\ 000$$
$$= 132\ 000(元)$$

$$使用旧设备的每年现金净流量 = 销售收入 - 付现营业成本$$
$$= 296\ 000 - 224\ 000$$
$$= 72\ 000(元)$$

$$购置新设备每年增加的现金净流量 = 132\ 000 - 72\ 000$$
$$= 60\ 000(元)$$

$$购置新设备增加的未来报酬的总现值 = 60\ 000 \times (P/A, 6, 12\%)$$
$$= 60\ 000 \times 4.111 + 15\ 000 \times 0.507$$
$$= 254\ 265(元)$$

$$购置新设备需增加的投资额 = 购置新设备的价格 - 旧设备的作价$$
$$= 300\ 000 - 60\ 000$$
$$= 240\ 000(元)$$

所以,购置新设备增加的净现值 = 购置新设备增加的未来报酬的总现值 - 购置新设备需增加的投资额 = 254 265 - 240 000 = 14 265(元)

从计算结果可知,购置新设备能增加净现值14 265元,故该更新方案是可行的。

(2) 若采用内部收益率法进行评价,由于购置新设备除第6年年末有残值15 000元外,其余各年增加的现金净流量均为60 000元,可将残值平均分摊到各年的现金净流量中去,并视作各年的现金净流量相等。因此,先求年金现值系数:

$$年金现值系数 = \frac{购置新设备增加的投资额}{平均每年增加的现金净流量}$$

$$= \frac{300\ 000 - 60\ 000}{60\ 000 + \dfrac{15\ 000}{6}}$$

$$= \frac{24\ 000}{62\ 500}$$

$$= 3.84$$

查"1元年金现值表"可知:$(P/A, 6, 14\%) = 3.889$,$(P/A, 6, 15\%) = 3.784$。

因此,内部收益率为14%~15%,采用插值法:

$$内部收益率 = 14\% + \frac{3.889 - 3.84}{3.889 - 3.784} \times (15\% - 14\%)$$
$$= 14.47\%$$

从以上计算结果可以看出,购置新设备的内部收益率为14.47%,高于资金成本12%,同样也证明该更新方案是可行的。

2. 设备最优更新期的决策分析

上述案例对于生产设备是否需要更新的决策分析的基本方法做了介绍,但是,究竟怎样才能确定生产设备最优的更新年限,以便做出生产设备的更新决策呢?这就需要计算生产设备的经济寿命及其相应的最低年均成本。

固定资产的使用初期运行费比较低,以后随着设备逐渐陈旧,性能变差,维护、修理、能源消耗等会逐步增加。与此同时,固定资产的价值逐渐减少,资产占用的资金应付利息会逐步减少。随着时间的递延,运行成本和持有成本是反方向变化的,两者之和的曲线形态是马鞍形,必然存在一个最经济的使用年限,如图6-6所示。

$$固定资产平均年成本 = \frac{C - \dfrac{S_n}{(1+i)^n} + \sum \dfrac{C_n}{(1+i)^n}}{(P/A, i, n)}$$

式中:C——固定资产原值;

S_n——n 年后固定资产余值；
C_n——第 n 年运行成本；
n——预计使用年限；
i——投资最低报酬率。

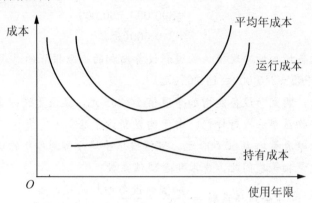

图 6-6 设备最优更新期决策

【例题解析 6-24】 新星公司某资产原值为 1 400 元，运行成本逐年增加，折余价值逐年下降，有关数据如表 6-9 所示。

表 6-9 固定资产的经济寿命

更新年限①	原值①	余值②	贴现系数③($i=8\%$)	余值现值④=②×③	运行成本⑤	运行成本现值⑥=⑤×③	更新时运行成本现值⑦=∑⑥	现值总成本⑧=①-④+⑦	年金现值系数($i=8\%$)⑨	平均年成本⑧÷⑨
1	1 400	1 000	0.926	926	200	185	185	659	0.926	712
2	1 400	760	0.857	651	220	188	373	1 122	1.783	629
3	1 400	600	0.794	476	250	198	571	1 495	2.577	580
4	1 400	460	0.735	338	290	213	784	1 846	3.312	557
5	1 400	340	0.681	231	340	231	1 015	2 184	3.993	546
6	1 400	240	0.630	151	400	252	1 267	2 516	4.623	544
7	1 400	160	0.583	93	450	262	1 529	2 836	5.206	545
8	1 400	100	0.541	54	500	270	1 799	3 145	5.749	547

通过上表计算可知，该项资产如果使用 6 年后更新，每年的平均成本是 544 元，比其他时间更新的成本低，因此 6 年是经济寿命。

3. 分期付款还是一次性付款的决策分析

企业购置固定资产，经常会碰到是分期付款还是一次性付款的两个方案的抉择。对此类方案的评价只需将分期付款按资本成本折成现值，然后与一次付现方案进行对比，择其低者为较优方案。

【例题解析6-25】 运用本章的导入案例资料，要求为新星公司购置生产线做出是分期付款还是一次付现的决策分析。

向德国公司购入机器，分六次付款，金额总数虽为3 000 000元，高于一次付现的金额。但是在不同时点上付出的，若把它们折成现值就有了可比性：

$$六次付款现值 = 500\,000 \times (P/A, 6, 12\%)$$
$$= 500\,000 \times 4.111$$
$$= 2\,055\,500(元)$$

通过以上计算结果可见，分期付款方案经考虑货币时间价值并折成现值以后，实际付款额比一次向美国公司付现方案还要少付44 500元（2 100 000－2 055 500），故分期付款方案较优。

一、判断题

1. 普通年金现值系数加1等于同期、同利率的预付年金现值系数。（   ）
2. 计算递延年金终值的方法与计算普通年金终值的方法一样。（   ）
3. 预付年金就是指第一年年初支付的金额。（   ）
4. 永续年金没有终值。（   ）
5. 按复利计算的时间价值的结果是按单利计算结果的简单倍数。（   ）
6. 在现值和计息期数一定的情况下，利率越高，复利终值越大。（   ）
7. 在利率与计息期相同的条件下，复利终值系数和复利现值系数互为倒数，年金终值系数和年金现值系数互为倒数。（   ）
8. 某贴现率可以使某投资方案的净现值等于零，则该贴现率可以称为该方案的内部收益率。（   ）
9. 净现值大于零，则现值指数大于1。（   ）
10. 净现值以绝对数表示，不便于在不同投资规模的方案之间进行对比。（   ）
11. 现值指数大于1，说明投资方案的报酬率高于资金成本率。（   ）
12. 某个方案，其内部收益率大于资金成本率，则其净现值必大于零。（   ）
13. 折旧属于非付现成本，不会影响企业的现金流量。（   ）
14. 净现值与现值指数之间存在一定的对应关系，当净现值大于零时，现值指数大于零但小于1。（   ）
15. 企业需用一台设备，买价为3 600元，可用10年，如租用，则每年年初需付租金500元，除此之外，买和租的其他情况相同。假设利率为10%，则租该设备较优。（   ）

二、单项选择题

1. 任何投资都离不开资本的成本及其获得的难易程度，资本成本实际上就是（   ）。
    A. 企业的债权成本   B. 企业的股权成本
    C. 无风险市场利率   D. 项目可接受最低收益率

2. 属于非贴现现金流量指标的是( )。
   A. 净现值   B. 平均报酬率
   C. 内部收益率   D. 利润指数
3. 当贴现率与内部收益率相等时,则净现值( )。
   A. 大于0   B. 等于0   C. 小于0   D. 不确定
4. 某投资方案预计新增年销售收入300万元,预计新增年销售成本210万元,其中折旧85万元,所得税税率40%,则该方案年营业现金流量为( )。
   A. 90万元   B. 139万元 C. 175万元 D. 54万元
5. 某企业计划投资10万元建一条生产线,预计投资后每年可获得净利1.5万元,年折旧率为10%,则投资回收期为( )。
   A. 3年   B. 5年   C. 4年   D. 6年
6. 某投资方案贴现率为16%时,净现值为6.12,贴现率为18%时,净现值为-3.17,则该方案的内部收益率为( )。
   A. 17.32%   B. 14.68%   C. 18.32%   D. 16.68%
7. 当某方案的净现值大于零时,其内部收益率( )。
   A. 可能小于零   B. 一定等于零
   C. 一定大于设定折现率   D. 可能等于设定折现率
8. 如果其他因素不变,一旦折现率提高,则下列指标中其数值将变小的是( )。
   A. 净现值率   B. 投资利润率
   C. 内部收益率   D. 投资回收期
9. 投资者甘愿冒着风险进行投资,是因为( )。
   A. 进行风险投资可使企业获得报酬
   B. 进行风险投资可使企业获得等同于资金时间价值的报酬
   C. 进行风险投资可使企业获得超过资金时间价值以上的报酬
   D. 进行风险投资可使企业获得利润
10. 在投资决策中,现金流量是指投资某项目所引起的企业( )。
    A. 现金支出和现金流入量   B. 货币资金支出和货币资金收入量
    C. 现金支出和现金收入增加的数量 D. 流动资金增加和减少量
11. 下列表述不正确的是( )。
    A. 净现值是未来期报酬的总现值与初始投资额现值之差
    B. 当净现值为0时,说明此时的贴现率等于内部收益率
    C. 当净现值大于0时,现值指数小于1
    D. 当净现值大于0时,说明该方案可行
12. 某项永久性奖学金,每年计划颁发50 000元,若年利率为8%,采用复利方式计息,该奖学金的本金应为( )元。
    A. 625 000 B. 605 000 C. 700 000 D. 725 000
13. 一定时期内每期期初等额收付的系列款项称为( )。
    A. 永续年金 B. 预付年金 C. 普通年金 D. 递延年金

14. 为在第三年年末获本利和 10 000 元,求每年年末应存款多少,应用( )。
   A. 年金现值系数　　　　　　　　B. 年金终值系数
   C. 复利现值系数　　　　　　　　D. 复利终值系数
15. 甲方案在三年中每年年初付款 100 元,乙方案在三年中每年年末付款 100 元,若利率为 10%,则二者在第三年年末时终值相差( )元。
   A. 33.1　　　　B. 31.3　　　　C. 133.1　　　　D. 13.31

三、多项选择题

1. 企业投资的目的具体包括( )。
   A. 取得投资收益　　　　　　　　B. 降低投资风险
   C. 承担社会义务　　　　　　　　D. 降低投资成本
2. 确定一个投资方案可行的必要条件是( )。
   A. 内部收益率大于 1　　　　　　B. 净现值大于 0
   C. 现值指数大于 1　　　　　　　D. 内部收益率不低于贴现率
3. 下列指标中,考虑资金时间价值的是( )。
   A. 内部收益率法　　　　　　　　B. 投资回收期法
   C. 净现值法　　　　　　　　　　D. 平均报酬率
4. 降低贴现率,下列指标会变大的是( )。
   A. 现值指数　　B. 净现值　　C. 投资回收期　　D. 平均报酬率
5. 投资回收期指标的主要缺点是( )。
   A. 不可能衡量企业的投资风险
   B. 没有考虑时间价值
   C. 没有考虑回收期后的现金流量
   D. 不能衡量投资方案投资报酬的高低
6. 若净现值为负数,表明该投资项目( )。
   A. 年利润小于 0,不可行
   B. 它的投资报酬率小于 0,不可行
   C. 它的投资报酬率没有达到预定的贴现率,不可行
   D. 它的现值指数小于 1
7. 下列说法正确的有( )。
   A. 净现值法能反映各种投资方案的净收益
   B. 净现值法不能反映投资方案的实际报酬
   C. 平均报酬率法简明易懂,但没有考虑资金时间价值
   D. 现值指数法有利于在初始投资额不同的投资方案之间进行对比
8. 对于同一投资方案,下列论述正确的是( )。
   A. 资本成本越高,净现值越高
   B. 资本成本越低,净现值越高
   C. 资本成本相当内部收益率时,净现值为零
   D. 资本成本高于内部收益率时,净现值小于零

9. 下列几个因素中影响内部收益率的有（   ）。
   A. 企业最低投资收益率　　　　　　B. 银行贷款利率
   C. 投资项目有效年限　　　　　　　D. 初始投资金额
10. 有两个投资方案，投资的时间和数额相同，甲方案从现在开始每年现金流入400元，连续6年；乙方案从现在开始每年现金流入600元，连续四年，假设它们的净现值相等且小于0，则（   ）。
    A. 甲方案优于乙方案　　　　　　　B. 乙方案优于甲方案
    C. 甲、乙均不是可行方案　　　　　D. 甲、乙在经济上是等效的
11. 在考虑所得税因素以后，能够计算出营业现金流量的公式有（   ）。
    A. 营业现金流量＝税后收入－税后付现成本＋税负减少
    B. 营业现金流量＝收入×(1－税率)－付现成本×(1－税率)＋折旧×税率
    C. 营业现金流量＝税后利润＋折旧
    D. 营业现金流量＝营业收入－付现成本－所得税
12. 在完整的工业投资项目中，经营期期末(终结点)发生的净现金流量包括（   ）。
    A. 回收流动资金　　　　　　　　　B. 固定资产残值收入
    C. 原始投资　　　　　　　　　　　D. 固定资产变价收入
13. 永续年金的特点有（   ）。
    A. 没有终值　　B. 没有期限　　C. 每期等额支付　　D. 每期不等额支付
14. 普通年金终值系数表的用途有（   ）。
    A. 已知年金求终值　　　　　　　　B. 已知终值求年金
    C. 已知现值求终值　　　　　　　　D. 已知终值和年金求利率
15. 一定量资金的复利现值（   ）。
    A. 随期数的增加而增加　　　　　　B. 随利率的提高而降低
    C. 随期数的缩短而增加　　　　　　D. 随利率的降低而减少

四、实务题

1. 某公司希望在三年后能有180 000元的款项，用以购买一台机床，假定目前银行存款复利率9%。
   要求：计算该公司现在应存入多少资金？
2. 公司拟购置一台机器，购价为90 000元，可使用8年，期满无残值。购置该设备后每年可节约人工成本15 000元。折现率为12%。
   要求：确定该机器是否应购置。
3. 红星厂准备8年后用240 000元购置一台机床，银行存款利率为9%(每年复利一次)。问该公司每年年末需等额存入银行多少资金，才能保证八年后可购置该机床？
4. 某厂新购进一台先进设备，共花费了300 000元。该设备预计可使用六年，期末残值为10 000元。预计该设备每年可使该厂回收净利和折旧共计70 000元。若该公司购置设备的借款利率为12%(复利)。试问此项购置方案是否可行？
5. 公司拟筹资建设一条生产线，现研究决定用银行借款、债券和发行优先股三种方式筹资，各种筹资方式的资本成本已定，但筹资结构未定，有关数据如表6-10所示。

表 6-10　三种筹资方案　　　　　　　　　　　　单位：万元

筹资方式	资本成本	方案 1	方案 2	方案 3
银行借款	8%	40	30	35
债券	10%	30	40	45
优先股	14%	30	30	20

要求：根据上述资料选择最佳的筹资方案。

6. 光明公司新增一条流水线，投资 620 万元，可用 6 年，期满有残值 20 万元，按直线法计提折旧。项目投产后每年可增加销售收入 300 万元，同时增加付现成本 120 万元，所得税税率为 35%。

要求：计算各年的现金净流量。

7. 大兴公司 2000 年年初对某设备投资 100 000 元，该项目于 2002 年年初完工投产；2002、2003、2004、2005 年年末现金流入量（净利）各为 60 000 元、40 000 元、40 000 元、30 000 元；银行借款复利利率为 12%。

要求按复利计算：

(1) 2002 年年初投资额的终值。

(2) 各年现金流入量 2002 年年初的现值。

8. 有三项互斥投资方案，各年的净现金流量如表 6-11 所示。

表 6-11　三项方案的净现金流量

方案＼年份	第 0 年	第 1 年年末	第 2 年年末
A	−5 000		9 000
B	−5 000	4 000	4 000
C	−5 000	7 000	

要求：

计算在报酬率为 10% 时的投资净现值是多少？做出投资决策。

9. 已知宏达公司拟于 2000 年年初用自有资金购置设备一台，需一次性投资 100 万元。经测算，该设备使用寿命为 5 年，税法亦允许按 5 年计提折旧；设备投入运营后每年可新增利润 20 万元。假定该设备接直线法折旧，预计的净残值率为 5%；不考虑建设安装期和公司所得税。

要求：

(1) 计算使用期内各年净现金流量。

(2) 计算该设备的静态投资回收期。

(3) 计算该投资项目的投资利润率（ROI）。

(4) 如果以 10% 作为折现率，计算其净现值。

10. 某企业准备购入一台设备以扩充生产能力。现有甲、乙两个方案可供选择。甲方案需投资 20 000 元，使用寿命 5 年，采用直线法计提折旧。5 年后无残值，5 年中每年可实现销售收入 15 000 元，每年付现成本为 5 000 元。乙方案需投资 30 000 元，采用直线法计提折旧，使用寿命也是 5 年，5 年后有残值收入 4 000 元，5 年中每年销售收入为 17 000 元，付现成本第一年为 5 000 元，以后逐年增加修理费用 200 元。另需垫支营运资金 3 000 元。假设所得税税率为 40%。资金成本为 12%。

要求：

(1) 计算两个方案的现金流量。

(2) 计算两个方案的净现值。

(3) 计算两个方案的现值指数。

(4) 计算两个方案的内部收益率。

(5) 计算两个方案的投资回收期。

(6) 试判断应采用哪个方案。

五、案例分析题

1. 项目投资决策

胜利公司是一家经济实力较强的生产加工企业，产品适销对路，并占据了主要销售市场，经济效益连年上涨。基于市场的需求，公司计划扩大经营规模，决定再上生产项目。经多方调研、汇总、筛选，公司只能投资于短期项目 A 和长期项目 B 中的一个项目。其投资额为 250 万元，资本成本为 10%，两个项目的期望未来现金流量如表 6-12 所示。

表 6-12　两项目的期望未来现金流量

年序	0	1	2	3	4	5	6
项目 A	−250	100	100	75	75	50	25
项目 B	−250	50	50	75	100	100	125

要求：

(1) 根据胜利公司的案例资料，分别计算两个项目的内部收益率，进行项目投资的初步决策。

(2) 根据胜利公司的案例资料，分别计算两个项目的净现值，进行项目投资的初步决策。

(3) 综合上述，进行项目投资的最终选择。

2. 设备更新决策

一家小型印刷企业，主要承揽企事业单位的各种印刷业务。2010 年年初公司成立时购置了一台印刷机，原购置价为 59 500 元。该印刷机使用年限为 7 年，采用直线法计提折旧，报废时无残值。

2012 年年末，公司正在考虑购置新的印刷机以替代原印刷机。原印刷机尚可使用 4 年，但 2 年后须进行大修理，修理成本约为 8 000 元，该印刷机每年的操作成本为 45 000 元（不包括折旧），如原印刷机立即出售，则可取得变价收入 28 000 元。

如新购置印刷机,新机器的购置成本为 50 000 元,使用年限也为 4 年,采用直线法计提折旧,4 年后有残值收入 4 000 元(按税法规定可不计残值),新印刷机的每年操作成本为 40 000 元(不包括折旧)。

该公司的所得税税率为 30%,行业的平均资金报酬率(贴现率)为 10%。

要求:根据上述资料进行分析,做出设备更新改造决策。

第 7 章

全面预算

QUANMIAN YUSUAN

【核心概念】

全面预算　业务预算　专门决策预算　财务预算　预计利润表
预计资产负债表　固定预算　弹性预算　增量预算　零基预算
定期预算　滚动预算

【学习目标】

知 识 目 标	技 能 目 标
1. 掌握全面预算体系及其编制方法 2. 掌握弹性预算、零基预算和滚动预算的编制方法	能进行企业全面预算的编制

【导入案例】

佳乐公司是主要从事各种复印机的生产、销售和租赁的大型公司，同时，它还提供各种复印服务。每年，佳乐公司都要针对销售及投放于公司对外提供的复印服务所需的复印机安排计划，并且要对收回多少台旧复印机安排计划。这些数据将为下一年的生产计划提供必要的信息。用于对外销售、租赁复印机的数量可根据市场的需求量及占用率分析；用于提供复印服务的各种复印机即所谓的"服务基地"数量将影响参与提供复印服务工作员工的人数、其需要的培训，以及为这些基地服务所需的零配件存货的数量。这类服务基地的情况还将影响到佳乐公司生产的易耗品的销售。

这个案例引起的思考是，在整个预算过程中，佳乐公司应如何对一些关键的计划假设信息进行归集和共享？公司中较低层的管理人员应该扮演什么角色？

7.1 全面预算概述

预算是一种系统方法，用来分配企业的财务、实物和人力资源，以实现企业既定的战略目标。企业可以通过预算来监控战略目标的实施进度，有助于控制开支，并预测企业的现金流量与利润。

7.1.1 预算的概念

预算是指企业对某一特定时期如何取得及使用资料的一种详细计划。它是以货币和数据形式表示的未来计划。即用货币金额和数量单位反映企业某个时期的现金收支、资金需求、资金融通、营业收入、成本及盈利状况、财务状况等方面的一整套财务计划。

预算从其本质上看属于计划的范畴，但不等同于计划。预算是计划的有机组成部分，是计划的基础和落脚点。预算的计划职能反映了预算的本质。因此也有人将预算称为预算计划，预算计划的内涵可概括为三个方面：

(1) 反映"多少"，如为实现经营目标的投入是多少，产出是多少？
(2) 说明"为什么"，即为什么需要这些投入，为什么必须获得这些产出？
(3) 反映"何时"，即什么时候发生投入产出？

企业通过预测和决策分析，明确了未来经济活动各方面的主要标准和任务，为确保目标和任务的实现和完成，必须制定一个能够协调内部各个职能部门工作的全面预算，以此作为控制未来经济活动的依据，评价各责任单位业绩的标准。这就要求企业的所有职能部门，要相互配合，协调行动，用编制预算的办法来规划与控制企业未来的全部经济活动，实行全面预算管理。

全面预算是指企业为了实现未来一定时期的经营目标，以货币为计量单位，对企业所拥有的各种资源，事先进行科学合理的规划、测算和分配，以约束指导企业的经营活动，保证经营目标顺利完成的一系列具体规划。简单地说，全面预算是企业未来一定时期经济活动全部计划的数量说明。

全面预算作为对现代企业成熟与发展起着重大推动作用的管理系统，是企业内部管理控制的一种主要方法。这一方法自从 20 世纪 20 年代在美国的通用电气、杜邦公司产生之后，很快就成为大型工商企业的标准作业程序。全面预算从最初的计划、协调发展到现在的兼具控制、激励、评价等诸多功能的一种综合贯彻企业经营战略的管理工具,在企业内部控制中日益发挥核心作用。

7.1.2 全面预算的作用

1. 明确目标

预算是具体化的经营目标,编制预算有助于企业内部各个部门中的全体职工了解本企业、本部门、本人在实现整体经营目标过程中的地位、作用和责任,促使他们想方设法去完成各自的责任目标和企业总目标。

2. 协调工作

预算围绕着企业的经营目标,把企业经营过程中的各个环节,各个方面的工作严密地组织起来,是企业内部力量上下左右协调,保持平衡,减少和消除可能出现的各种矛盾冲突,从而使企业成为一个完成其经营目标而顺利运转的有机整体。预算的编制可促使各级管理人员消除本位主义观念,加强沟通。

3. 全面控制

控制日常经济活动应当以全面预算为依据,通过计量、对比及时揭露各部门实际脱离预算的差异,并分析其原因,以便采取措施,挖掘潜力,巩固成绩,纠正偏差,从而保证预算目标的顺利完成。

4. 评价业绩

全面预算不仅是控制企业经济活动的依据,它还是考核评价企业及其各职能部门工作业绩的标准,在评价企业和各部门工作业绩时,要以预算标准作为依据,通过对比,划清和落实经济责任,奖罚分明,促使企业和各部门为完成预算目标而努力。

7.1.3 全面预算编制的原则

1. 以明确的经营目标为前提

没有明确的经营目标,全面预算将无从谈起。企业的经营目标主要指企业计划期的目标利润,企业有了明确的利润目标,就可以相应地确定目标销售量和目标成本,编制销售预算,费用成本预算及其他预算。

2. 编制预算时要全面完整

凡是要影响目标实现的业务、事项,均应以货币或其他计量形式来具体地加以反映,尽量做到周详地考虑问题,确保目标的实现。预算指标之间要相互衔接,勾稽关系要明确,以保证整个预算的综合平衡。

3. 预算要积极可靠、留有余地

预算既要反映企业未来一定期间生产经营活动的特定目标要求,又要从企业现有的人力、物力和财力出发,充分考虑客观环境和经济资源的最大可能,任何背离企业经营目标,超越现实物质条件的预算都难以实现。积极可靠，就是要充分估计目标实现的可能性，不要把预算指标定得过高或过低，保证预算在实际执行中经过努力可以完成。同时，由于预算是各部门、各层次在未来一定期间行动的指南，而未来必然存在某些不确定的因素，因此，在编制预算时，必须留有余地，使各项预算指标具有一定的伸缩性，以应付实际情况的千变万化，从而给未来的生产经营活动赋予必要的灵活性。

7.1.4 编制预算的一般程序

1. 确定预算目标

预算目标给预算编制明确了一个总的方向，预算编制过程中始终都要围绕这个目标来进行。任何预算编制主体，都应在充分理解预算目标的基础上，明确核心内容是什么，对自身来说都有哪些具体要求，应采取何种有效措施来实现其目标，各个分目标在总目标中的位置和作用是什么，各分目标之间存在何种关系等，从而为正确编制预算做好充分的思想准备。

2. 分解预算目标

全面预算的编制涉及整个企业的各个部门甚至每个员工，这是充分调动一切积极因素、发挥创造性、挖掘各种潜力的很好机会，企业的全体参与，是保证预算正确顺利编制并实施的重要条件。因此，必须对预算目标进行层层分解和下达，以便使各职能部门和员工都能及时明确各自的努力方向及应采取的措施。目标分解的原则是能够对其控制和管理，这也是部门预算编制的前提条件。

3. 拟订和下达预算编制方针

预算目标只是为预算编制明确了方向，如何编制，还应根据具体情况和要求制定出编制基准和大纲，即预算编制的方针政策。它可以指明各种预算编制时应该遵循什么原则，采取何种编制方法，如何协调和处理各种关系，编制过程中应注意什么问题等。这是预算编制目标的进一步具体化，也是编制预算的基本指导思想。

4. 充分搜集和整理有关资料

充分占有资料，掌握足够的信息，摸清事物规律，减少行动的盲目性，是提高办事成功率的必要前提。对预算编制来说，由于是立足于未来，不确定因素将大量存在，更需要充分搜集历史的、现在的和未来发展要求的各种与预算编制有关的有用信息，并围绕预算目标和内容，对其进行系统加工整理，寻找出规律性，分清主次关系，并进行必要的筛选，为编制预算做好充分的资料准备。

5. 各部门编制预算草案，并进行测试论证

编制预算是一项严肃而复杂的工作，对未来的生产经营有着直接影响。因此，在编制预算时，必须严肃认真地进行。先拟订各种预算方案，并围绕各自的预算目标，反复测试论证，明确各种变量的变化，对预算值的影响程度和可能出现的种种效应，分析预算草案的可行程度，以及未来执行中可能出现的问题，最后形成初步预算方案，提交预算委员会等进行审查。

6. 对初步预算方案进行协调、反馈和平衡

初步预算方案是由各部门分别编制的。在预算编制过程中将涉及和处理许多经济关系，并且可能会发生种种经济利益上的冲突和矛盾。而整个预算又是一个有机结合的集合体，任何一种关系处理不好，都将给预算的编制和执行带来困难。因此，对各部门提交的预算方案，预算委员会应从整体观念出发，逐个审查，并寻找出可能存在的矛盾和问题，确定出合理的解决办法和协调措施，然后提出修正意见再反馈给各预算编制单位进行修正，求得平衡一致。

7. 集合汇总，审议评价通过

各部门根据预算委员会反馈的初步预算修正要求，进一步做出认真修正后，再提交预算委员会由其围绕预算整体目标进行集合汇总，并从全面预算的整体要求出发，再次进行全面审查、测算和分析，对可能存在的问题再次提出解决和修正办法并做出修改，最后由全体预算委员会审议和评价，形成正式预算文件下达执行。

由上述程序可见，编制预算的过程中，预算委员会这样的专门机构是必不可少的，在西方国家的大中型企业中，一般都独立设置预算委员会，在小型企业中，则由财会部门代理行使预算委员会的职责。企业专门的预算委员会，通常是由厂长（总经理）、总会计师、总工程师、总经济师和分管各项业务的部门经理或主管人员共同组成。该委员会的主要职责是：

(1) 提出预算期内企业生产经营的总目标，并进行分解。

(2) 制定预算编制的各项方针。

(3) 分部门下达预算编制的目标及方针。

(4) 领导各部门的预算编制工作，并对预算编制过程中出现的各种矛盾进行协调和解决。

(5) 围绕生产经营总目标，汇总、协调、平衡各部门预算草案，并提出具体的修改意见。

(6) 汇总编制总预算，并进行最后审议通过，颁布实施。

(7) 监督、检查、分析全面预算的执行情况及其结果，督促各部门认真完成各项预算任务，并对预算执行中存在的问题进行收集、整理，为编制下一期预算准备资料。

全面预算根据所涉及的不同时间要求，应分别确定编制期间，一般来说，营业预算和财务预算属于经常性预算，为了使其与会计年度保持一致，以便对比考核，通常将编制期确定为一年，即编制成年度预算；在此基础上，还应形成分季甚至分月预算；对于现金收支预算，为了及时掌握现金收支情况，便于合理安排调度，往往还要编制分旬、分周的预算。投资预算，则可根据投资决策的时间长短，将编制期确定为一年甚至一年以上或更长时间。

全面预算的编制时间一般确定在预算编制期的前三个月开始，而各季度预算则应确定在季度预算期的前一个月，月份预算可确定在月份预算的前三天，具体的起始时间可由企业根据自身的实际情况来确定。

7.1.5 全面预算体系的构成

全面预算通常由业务预算、专门决策预算、财务预算三部分组成。

业务预算即经营预算，是指为供、产、销及管理活动所编制的，与企业日常业务直接相关的预算，是全面预算的基础。业务预算主要包括销售预算、生产预算、直接材料预算、直接人工预算、制造费用预算、单位产品生产成本和期末存货预算、销售及管理费用预算等。这些预算以实物量指标和价值量指标分别反映企业收入与费用的构成情况。

专门决策预算是指企业为那些在预算期内不经常发生的一次性业务活动所编制的预算。专门决策预算主要包括资本支出预算、资金筹措和股利发放等一次性专门业务预算。

财务预算是指反映企业预算期现金收支、经营成果和财务状况的各项预算，主要包括现金预算、预计利润表、预计资产负债表等。

企业的全面预算管理涉及企业经营活动的各个方面，它是以本企业的经营目标为出发点，通过对市场需求的调查和预测，以销售预测为主导，并延伸到生产、成本、费用和资金收支等方面的预算，最后编制预计的财务报表的一种预算体系。企业各个部门的预算，每一项指标、每一个数据都紧紧围绕企业的目标利润来制定。全面预算是一个完整的体系，其相互关系如图7-1所示。

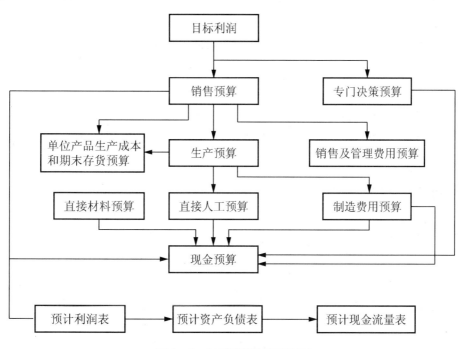

图7-1 全面预算体系示意图

7.2 全面预算编制的基本方法

不同的预算内容可以采用不同的编制方法，企业应该根据预算内容和实际需要选择合理、科学的编制方法，以提高预算的编制质量，更好地发挥预算的作用。下面分别介绍业务预算、专门决策预算和财务预算的编制方法。

7.2.1 业务预算的编制

业务预算是指与企业日常经营活动直接相关的经营业务的各种预算。它主要包括销售预算、生产预算、直接材料预算、直接人工预算、制造费用预算、单位产品生产成本预算、销售及管理费用预算等。

1. 销售预算

"以销定产"是现代企业生产经营活动应遵循的基本原则之一。企业的经营活动是以销售为中心开展的。因此,销售预算一般是企业生产经营全面预算编制的起点,生产、材料采购、存货费用等方面的预算,都要以销售预算为基础。这是因为,存货的水平和生产(生产成本)一般决定于销售业务的大小。而销售预算是根据目标利润规划所确定的目标利润和达到目标利润的销售额来编制的。

编制销售预算的主要依据是相关产品的名称、预计销售数量和预计单价等资料。

在单一产品生产的企业里,销售预算中应反映产品的销售数量、销售价格和销售额;在多品种的生产企业里,销售预算中通常只需要列示全年及各季的销售总额,并根据各种主要产品的销售量和销售价格分别编制销售预算的附表,以便使销售预算更为简明扼要。

$$预计销售收入 = 预计销售量 \times 预计销售单价$$

另外,为了便于编制财务预算,还应在编制销售预算的同时,编制与销售收入有关的现金收入计算表,用以反映全年及各季销售所得现销收入和回收以前应收账款的现金数额。

【例题解析7-1】假设佳乐公司2010年(计划年度)只生产和销售A型号产品,该产品单位售价2 500元/台,上年第四季度应收账款175 000元。每季预计销售数量如表7-1所示,现编制销售预算如表7-2所示。

表7-1 2010年度佳乐公司销售数量表   单元:台

产品	第一季度	第二季度	第三季度	第四季度	全年
A型产品	200	250	300	250	1 000

表7-2 2010年度佳乐公司销售预算表   单位:元

季度	销售产品	数量/台	单价/(元/台)	销售收入/台
一	A型产品	200	2 500	500 000
二	A型产品	250	2 500	625 000
三	A型产品	300	2 500	750 000
四	A型产品	250	2 500	625 000
全年		1 000		2 500 000

假定上例中每季的产品销售款有60%于当期收到现金,有40%属于赊销于下一个季度

收到现金。第一季度的应收账款代表上年第四季度的赊销额,现编制佳乐公司的应收账款预算如表7-3所示。

表7-3 2010年度与销售有关的预计现金收入计算表 单位:元

项 目	本期发生数	收到数(现金收入)			
		一	二	三	四
期初数	175 000	175 000			
第一季度	500 000	300 000	200 000		
第二季度	625 000		375 000	250 000	
第三季度	750 000			450 000	300 000
第四季度	625 000				375 000
期末数	(250 000)				
合计	2 425 000	475 000	575 000	700 000	675 000

2. 生产预算

生产预算是指在销售预算基础上分品种编制的,用来安排企业在预算期的产品生产的一种业务预算。生产预算是编制直接材料预算、直接人工预算和制造费用预算的依据。编制生产预算应考虑的主要因素有预计销售量、预计期末存货量和预计期初存货量等。预计生产量的计算公式为:

预计生产量=预计销售量+预计期末存货量-预计期初存货量

应该注意的是在生产量、销售量和存货量之间应保持一定的比例关系,以避免储备不足产销脱节或超储积压等。

【例题解析7-2】假设上例佳乐公司2010年年初结存产成品30台,本年各季末结存的产成品分别为:一季度末50台,二季度末55台,三季度末50台,四季度末40台,预计销售量如表7-1所示。佳乐公司生产预算如表7-4所示。

表7-4 2010年度佳乐公司生产预算表 单位:台

产品	项 目	第一季度	第二季度	第三季度	第四季度	全 年
A型产品	预计销售量	200	250	300	250	1 000
	加:期末存货	50	55	50	40	40
	合计	250	305	350	290	1 040
	减:期初存货	30	50	55	50	30
	预计生产量	220	255	295	240	1 010

3. 直接材料预算

直接材料预算是根据生产预算所确定的预计生产量,考虑到预计期初、期末库存材料的因素来编制的。直接材料生产上的需要量同预计采购量之间的关系可按下列公式计算:

预计材料采购量＝预计材料的耗用量＋预计期末库存材料量－预计期初库存材料量

预计材料耗用量＝预计生产量×单位产品材料耗用量

【例题解析7-3】 仍以例7-1和例7-2的资料，假设佳乐公司每台A型产品需要耗用原料50千克，计划年度期初结存量720千克，本年各季末结存材料分别为：一季度末820千克，二季度末980千克，三季度末784千克，四季度末860千克，每千克原材料单价20元，其他资料如表7-3和表7-4所示，佳乐公司2010年度材料采购预算如表7-5所示。

表7-5 2010年度佳乐公司直接材料预算表

项 目	第一季度	第二季度	第三季度	第四季度	全 年
预计生产量/台	220	255	295	240	1 010
每单位耗用数/千克	50	50	50	50	50
原材料耗用总数/千克	11 000	12 750	14 750	12 000	50 500
加：期末材料库存数	820	980	784	860	860
合计	11 820	13 730	15 534	12 860	51 360
减：期初库存数/千克	720	820	980	784	720
预计材料采购量/千克	11 100	12 910	14 554	12 076	50 640
材料计划成本/元	20	20	20	20	20
预计材料采购成本/元	222 000	258 200	291 080	241 520	1 012 800

前面已经讲过，实际中许多销售都不是现购现销的，因此在这里我们还需要编制应付材料采购款预算。应付材料采购款预算，根据直接材料预算编制，为编制现金预算提供资料，应付材料采购款的预算包括上期材料采购应由本期支付的金额和本期采购应由本期支付的金额。

【例题解析7-4】 设例7-3中佳乐公司每季度的购料款于当季支付40%，剩余60%于下一个季度支付，应付账款年初余额为120 000元，根据上述资料，编制应付材料采购款预算如表7-6所示。

表7-6 2010年度佳乐公司直接材料预计现金支出表　　　　　　　　　　单位：元

项 目	本期发生额	现金支付额				
		第一季度	第二季度	第三季度	第四季度	全 年
期初数	120 000					120 000
第一季度采购数	222 000	88 800	133 200			222 000
第二季度采购数	258 200		103 280	154 920		258 200
第三季度采购数	291 080			116 432	174 648	291 080
第四季度采购数	241 520				96 608	96 608
期末数	(144 912)					
合计	987 888	208 800	236 480	271 352	271 256	987 888

4. 直接人工预算

直接人工预算是一种既反映预算期内人工工时消耗水平，又规划人工成本开支的业务预算。这项预算是根据生产预算中的预计生产量及单位产品所需要的直接人工小时和单位小时工资率进行编制的。在通常情况下，企业往往要雇用不同工种的人工，必须按工种类别分别计算不同工种的直接人工小时总数，然后将算得的直接人工小时总数分别乘以各该工种的工资率，再予以合计，即可求得预计直接人工成本的总数。具体计算公式如下：

$$某种产品直接人工总工时 = 单位产品定额工时 \times 该产品预计生产量$$

产品定额工时是由产品生产工艺和技术水平决定的，由产品技术和生产部门提供定额标准；产品预计生产量来自生产预算。

$$某种产品直接人工总成本 = 单位工时工资率 \times 该种产品直接人工工时总数$$

单位工时工资率来自企业人事部门工资标准和工资总额。

编制直接人工预算时，一般认为预算期的直接人工都是直接以现金发放的，因此不再特别列示直接人工的现金支出。此外，按照我国现行制度规定，在直接工资以外，还需要计提应付福利费，此时应在直接人工预算中根据直接工资总额进一步确定预算期的预计应付福利费，并估计应付福利的现金支付。为简便，在此假定应付福利费包括在直接人工总额中并全部以现金支付。

【例题解析7-5】假设佳乐公司生产的A型产品，产品每单位所需要的直接人工小时为60小时，每工时直接人工的工资率为5元，根据上例资料，编制直接人工预算如表7-7所示。

表7-7 2010年度佳乐公司直接人工预算表 单位：元

项　目	第一季度	第二季度	第三季度	第四季度	合　计
预计生产量/台	220	255	295	240	1 010
单位产品人工工时/小时	60	60	60	60	60
需要工时/小时	13 200	15 300	17 700	14 400	60 600
单位工时工资率	5	5	5	5	5
预计直接人工成本/元	66 000	76 500	88 500	72 000	303 000

5. 制造费用预算

制造费用预算是反映生产成本中除直接材料、直接人工以外的一切不能直接计入产品制造成本的间接制造费用的预算。这些费用必须按成本习性划分为固定费用和变动费用，分别编制变动制造费用预算和固定制造费用预算。编制制造费用预算时，应以计划期的一定业务量为基础来规划各个费用项目的具体预算数额。另外，在制造费用预算表下还要附有预计现金支出表，以方便编制现金预算。

变动制造费用预算部分，应区分不同费用项目，逐一项目根据单位变动制造费用分配率和业务量（一般是直接人工总工时或机器工时等）确定各项目的变动制造费用预算数。其中：

$$\text{某项目变动制造费用分配率} = \frac{\text{该项目变动制造费用预算总额}}{\text{业务量预算总额}}$$

固定制造费用预算部分，也应区分不同费用项目，逐一项目确定预算期的固定费用预算。

在编制制造费用预算时，为方便现金预算编制，还需要确定预算期内制造费用预算的现金支出部分。为方便，一般将制造费用中扣除折旧费后的余额，作为预算期内的制造费用现金支出。

制造费用预算的要点是确定各个变动和固定制造费用项目的预算金额，并确定预计制造费用现金支出。编制时，变动制造费用可以根据预计生产量和预计单位生产量应负担的费用来编制预算，固定制造费用可以按照零基预算的编制方法编制。

【例题解析7-6】假设佳乐公司的间接材料按直接人工工时每小时0.10元，间接人工按直接人工工时每小时0.20元，维护费用按直接人工工时每小时0.15元，水电费用按直接人工工时每小时0.25元，机物料按直接人工工时0.05元分别编入预算，而每季的折旧是18 300元，管理人员薪金8 750元，维护费用1 000元，全年的保险费用6 000元，财产税3 000元，在预算期内保持固定不变。根据上例资料编制制造费用预算如表7-8所示。

表7-8 2010年度佳乐公司制造费用预算表　　　　　　　　　　单位：元

项目	分配率	第一季度 13 200(工时)	第二季度 (15 300工时)	第三季度 (17 700工时)	第四季度 (14 400工时)	全年 (60 600工时)
变动制造费用：						
间接材料	0.10	1 320	1 530	1 770	1 440	6 060
间接人工	0.20	2 640	3 060	3 540	2 880	12 120
维护费用	0.15	1 980	2 295	2 655	2 160	9 090
水电费用	0.25	3 300	3 825	4 425	3 600	15 150
机物料	0.05	660	765	885	720	3 030
合计	0.75	9 900	11 475	13 275	10 800	45 450
固定制造费用：						
折旧		18 300	18 300	18 300	18 300	73 200
管理人员薪金		8 750	8 750	8 750	8 750	35 000
维护费用		1 000	1 000	1 000	1 000	4 000
保险费用		1 500	1 500	1 500	1 500	6 000
财产税		750	750	750	750	3 000
合计		30 300	30 300	30 300	30 300	121 200
制造费用合计		40 200	41 775	43 575	41 100	166 650

在制造费用预算中，绝大部分都是直接通过现金支付的，但也有一部分费用是以前年度已经支付要由这一年度负担的，如固定资产折旧费、待摊费用等；也可能有应由这一年度负

担的，但要以后年度支付的费用的，如预提修理费等。为了提供编制现金预算的资料，对制造费用预算按照是否需要现金支付的具体情况进行调整。

假定例7-6中，需要扣除每季度折旧额18 300元，则每一季度需要现金支付的制造费用如表7-9所示。

表7-9 2010年度现金支付的制造费用预算表 单位：元

时期 项目	第一季度	第二季度	第三季度	第四季度	全年合计
制造费用合计	40 200	41 775	43 575	41 100	166 650
减：折旧	18 300	18 300	18 300	18 300	73 200
需现金支付款	21 900	23 475	25 275	22 800	93 450

6. 单位产品生产成本预算

单位产品生产成本预算是反映预算期的各种产品生产成本水平的一种业务预算。它是在生产预算、直接材料消耗及采购预算、直接人工预算和制造费用预算的基础上编制的，反映各产品的生产成本。

单位产品预计生产成本＝单位产品直接材料成本＋单位产品直接人工成本
＋单位产品制造费用

上述资料分别来自直接材料采购预算、直接人工预算和制造费用预算。以单位产品成本预算为基础，可以确定期末结存产品成本。

期末结存产品成本＝期初结存产品成本＋本期产品生产成本－本期销售产品成本

单位产品生产成本预算的要点，是确定单位产品预计生产成本和期末结存产品预计成本。

【例题解析7-7】假设佳乐公司用制造成本法计算成本，生产成本包括变动生产成本和固定生产成本，根据例7-1～例7-6的资料，编制单位产品生产的预算如表7-10所示。

表7-10 2010年度佳乐公司生产成本预算表

成本项目	单位用量	单位价格	单位成本
直接材料	50	20	1 000
直接人工	60	5	300
变动性制造费用	60	0.75	45
单位产品变动生产成本			1 345
单位固定成本	121 200/60 600×60＝120		120
单位生产成本			1 465
期末存货预算	期末存货数量		40
	单位生产成本		1 465
	期末存货成本		58 600

7. 销售及管理费用预算

销售及管理费用预算是以价值形式反映整个预算期内为销售产品和维持一般行政管理工作而发生的各项费用支出的预算。该预算与制造费用预算一样，需要划分固定费用和变动费用，其编制方法也与制造费用相同。在该预算表下也应附列计算期间预计销售和管理费用的现金支出计算表，以便编制现金预算。

销售及管理费用预算的要点是确定各个变动及固定费用项目的预算数，并确定预计的现金支出。

【例题解析7-8】假定佳乐公司根据预算期的销售量及有关标准耗用量和标准价格编制销售及管理费用预算。销售佣金按销售量的20元/台计付，销售运输费按销售量的15元/台计付，其他变动销售费用按销售收入的7.42元/台计付。固定销售费用及管理费用在一定时期内是固定不变的，每季度支付情况如下：广告费20 000元，管理人员工资31 250元，保险费用2 000元，折旧费12 500元，其他固定销售及管理费用6 000元。根据资料编制的销售及管理费用预算如表7-11所示。

表7-11　2010年度佳乐公司销售及管理费用预算表　　　　　　　单位：元

项目 \ 季度	一 (200台)	二 (250台)	三 (300台)	四 (250台)	全年 (1 000台)
变动销售及管理费用：					
销售佣金(20元/台)	4 000	5 000	6 000	5 000	20 000
运输费用(15元/台)	3 000	3 750	4 500	3 750	15 000
其他费用(7.42元/台)	1 484	1 855	2 226	1 855	7 420
合计	8 484	10 605	12 726	10 605	42 420
固定销售及管理费用：					
广告费	20 000	20 000	20 000	20 000	80 000
管理人员工资	31 250	31 250	31 250	31 250	125 000
保险费用	2 000	2 000	2 000	2 000	8 000
折旧费用	12 500	12 500	12 500	12 500	50 000
其他费用	6 000	6 000	6 000	6 000	24 000
合计	71 750	71 750	71 750	71 750	28 7000
销售及管理费用总计	80 234	82 355	84 476	82 355	329 420
减：折旧费用	12 500	12 500	12 500	12 500	50 000
销售及管理费用现金支出总额	67 734	69 855	71 976	69 855	279 420

7.2.2　专门决策预算的编制

专门决策预算是指企业为那些在预算期内不经常发生的、一次性业务活动所编制的预算。主要是长期投资预算,又称资本支出预算,通常是指与项目投资决策相关的专门预算,它往往涉及长期建设项目的资金投放与筹集,并经常跨越多个年度。编制专门决策预算的依据,是项目财务可行性分析资料,以及企业筹资决策资料。例如,企业对一切固定资产购置都必须在事先做好可行性分析的基础上来编制预算,具体反映投资额需要多少、何时进行投资、资金从何筹得、投资期限多长、何时可以投产、未来每年的现金流量多少。

【例题解析7-9】 佳乐公司决定于2010年上马一条新生产线,年内安装完毕,并于年末投入使用,有关投资预算如表7-12所示。

表7-12 2010年度佳乐公司专门决策预算表　　　　　　　　单位:元

项目＼季度	一	二	三	四	全　年
投资支出预算	50 000	40 000	70 000	80 000	240 000

7.2.3 财务预算的编制

财务预算是指企业在计划期内反映有关预计现金收支、财务状况和经营成果的预算。财务预算作为全面预算体系的最后环节,它是从价值方面总括地反映企业业务预算与专门决策预算的结果,也就是说,业务预算和专门决策预算中的资料都可以用货币金额反映在财务预算内,这样一来,财务预算就成为了各项业务预算和专门决策预算的整体计划,故也称为总预算,其他预算则相应称为辅助预算或分预算。显然,财务预算在全面预算中占有举足轻重的地位。

1. 现金预算

现金预算是以业务预算和专门决策预算依据编制的。专门用来反映预算期内企业现金流转状况的预算,是各项经济活动有关现金收支方面的汇总反映。如果现金汇总后,发现多余和不足,就要考虑怎样来使用和筹集这些资金,资金有余,除去归还借款外,还可购买短期证券,如资金不足,除向银行借款外,也可签发短期商业票据获得资金,因此,现金预算包括四部分内容:

1) 现金收入

现金收入包括期初的现金结存数和预算期内可能发生的现金收入,如现金销售收入、收回应收账款等。

2) 现金支出

现金支出指预算期内可能发生的现金支出,如支付采购材料的货款、支付人工费、支付制造费用、支付推销及管理费用、偿还应付账款、交纳税金、购买设备和支付股息等。

3) 现金的多余和不足

现金收支相抵后的余额,若收入大于支出,则现金多余,若收入小于支出,则现金不足,需设法筹资。

4) 融资与运用

融资反映预算期内因资金不足而向银行借款,或签发短期商业票据以筹集资金,以及还本付息等情况。

【例题解析 7-10】 仍根据前面佳乐公司编制的例 7-1～例 7-8 的现金收入与支出的资料,编制现金预算。该公司年初现金余额为 80 000 元,每季支付各种税金 35 000 元。前三季度预交所得税 50 000 元,年末汇缴 89 440 元,年末支付股利 250 000 元,该公司预计每季末应保持现金余额最低 50 000 元,最高 80 000 元,若资金不足或多余,可以千元为单位进行借入或偿还,借款年利率 6%,于每季初借入,每季末偿还,借款利息于支付本金时一起支付。根据上述资料编制现金收支预算如表 7-13 所示。

表 7-13 2010 年度佳乐现金收支预算   单位:元

季度 项目	一	二	三	四	全 年
期初现金余额	80 000	55 566	69 256	57 153	80 000
预算期现金收入	475 000	575 000	700 000	675 000	2 425 000
可供支配的现金合计	555 000	630 566	769 256	732 153	2 505 000
预算期现金支出					
材料采购	208 800	236 480	271 352	271 256	987 888
人工支出	66 000	76 500	88 500	72 000	303 000
制造费用	21 900	23 475	25 275	22 800	93 450
销售及管理费用	67 734	69 855	71 976	69 855	279 420
支付流转税	35 000	35 000	35 000	35 000	140 000
预交所得税	50 000	50 000	50 000	89 440	239 440
分配股利				250 000	250 000
资本性现金支出	50 000	40 000	70 000	80 000	240 000
现金支出合计	499 434	531 310	612 103	890 351	2 533 198
现金余缺	55 566	99 256	157 153	(158 198)	(281 98)
资金筹措与应用					
取得短期借款				80 000	80 000
偿还短期借款					
支付利息					
进行短期投资		(30 000)	(100 000)		(130 000)
出售短期投资				130 000	130 000
期末现金余额	55 566	69 256	57 153	51 802	51 802

2. 预计利润表

企业全部产销活动预算编制后,即可汇总编制**预计利润表**。预计利润表反映了预算期内企业的经营成果,汇总后的税后净收益可与目标利润相比较,如有差距,应进行调整,以争取达到或超过目标利润。

【例题解析 7-11】 佳乐公司以前面所编制的各种预算为资料来源。假设每季预提的财务费用为 20 000 元。编制预计利润表如表 7-14 所示。

表 7-14　2010 年度佳乐公司预计利润表　　　　　　单位：元

项目＼季度	一	二	三	四	全　年
销售收入	500 000	625 000	750 000	625 000	2 500 000
减：销售成本	293 000	366 250	439 500	366 250	1 465 000
销售毛利	207 000	258 750	310 500	258 750	1 035 000
减：销售及管理费用	80 234	82 355	84 476	82 355	329 420
财务费用	20 000	20 000	20 000	20 000	80 000
营业利润	106 766	156 395	206 024	156 395	625 580
减：所得税	50 000	50 000	50 000	89 440	239 440
净利润	56 766	106 395	156 024	66 955	386 140

3. 预计资产负债表

预计资产负债表反映了企业在该预算期结束时，各有关资产、负债及权益项目的预算执行结果。编制时，以期初的资产负债表为基础，结合现金预算、预计收益表、期末存货预算、直接材料预算、销售预算等有关资料，分析计算有关资产、负债和权益各项目增减额，然后编制预计资产负债表。

【例题解析 7-12】 佳乐公司根据期初资产负债表及计划期各项预算中的有关资料进行调整，编制出 2010 年年末的预计资产负债表如表 7-15 所示。

表 7-15　2010 年 12 月 31 日佳乐公司预计资产负债表　　　　　　单位：元

资　产	金　额	负债和权益	金　额
流动资产：		流动负债：	
现金	51 802	短期借款	80 000
应收账款	250 000	应付账款	144 912
存货	75 800	应交税金	10 000
流动资产合计	377 602	其他应付款	24 198
长期资产：		流动负债合计	259 110
固定资产	800 000	长期负债：	
减：累计折旧	200 000	股东权益：	
固定资产净额	600 000	股本	550 000

续表

资产	金额	负债和权益	金额
在建工程	240 000	资本公积	100 000
无形资产	184 200	留存收益	492 692
长期资产合计	1 024 200	权益合计	1 142 692
资产合计	1 401 802	负债和权益合计	1 401 802

7.3 全面预算编制的其他方法

编制预算方法有若干种。预算编制按照业务量基础的数量特征不同，分为固定预算的方法和弹性预算的方法；按编制成本费用预算的出发点的特征不同，分为增量预算方法和零基预算的方法；按预算期的时间特征不同，分为定期预算的方法和滚动预算的方法等。

7.3.1 固定预算

固定预算又称静态预算，是指根据预算期内正常的、可实现的某一业务量（如生产量、销售量）水平为基础来编制预算的方法。本章第二节所列举的预算编制均属于按固定预算方法编制的预算。

固定预算有以下基本特点：

（1）不考虑预算期内业务量水平可能发生的变动，而是按照预算期初确定的某一特定业务量为基础来编制相应的预算。

（2）将实际执行结果与预算数据相比较以评价部门或企业的工作业绩。

显然，预算期初准确地预测业务量是固定预算编制的基础。准确地预算某一特定业务量，而且实际执行结果也和预测的结果一致，这样的预算执行起来就比较有效。如果在经营过程中某些因素发生变化，原来的预算数据就有可能不再适应实际情况了，再用实际执行的结果和原来的预算进行比较，就不适合于评价一个单位或企业的业绩了。所以，这种预算只能适用于考核业务量水平较为稳定的企业或非营利组织。

【例题解析 7-13】 假设佳乐公司 2011 年度预计销售产品 100 000 台，单价 100 元/台。单位变动成本的构成如下：直接材料为 30 元/台；直接人工为 8 元/台；变动制造费用为 5 元/台；变动销售及管理费用为 2 元/台。年固定制造费用 120 000 元，固定销售及管理费用 600 000 元。预算的执行结果是年销售产品 80 000 台。预算报告如表 7-16 所示。

表 7-16 佳乐公司 2011 年预算表

项目	预算数	实际数	差异
销售量/台	100 000	80 000	−20 000
销售收入/万元	1 000	800	−200
减：变动成本/万元	450	360	−90

续表

项　　目	预算数	实际数	差　异
其中：直接材料/万元	300	240	−60
直接人工/万元	80	64	−16
制造费用/万元	50	40	−10
销售及管理费用/万元	20	16	−4
减：固定成本	72	72	0
制造费用 /万元	12	12	0
销售及管理费用/万元	60	60	0
经营利润/万元	478	368	−110

从表 7-16 可以看出，变动成本节约了 90 万元。这种节约是由于某种原因销售数量减少而产生的还是由于成本支出减少产生的？通过此表的数据分析是不能得出令人满意的结论的。同样，经营利润实际比预算减少了 110 万元，也不能通过该表看出问题所在，可见，固定预算过于呆板且可比性差。

7.3.2 弹性预算

由于固定预算是以预算期内某一特定业务量为依据编制的，当实际业务量与预算中确定的业务量不一致时，预算指标与实际情况就不再具有可比的基础，因而预算的作用也就不能充分发挥。事实上，由于市场供求关系等多种因素不是凝固不变的，常常出现实际业务量与预算业务量不一致的情况。为了避免这种情况，往往需要编制变动预算，即弹性预算。

弹性预算是指以预算期间可能发生的多种业务量水平为基础，分别确定与之相应的费用数额，而编制的能适应多种业务量水平的费用预算。正是由于这种预算可以随着业务量的变化而反映各该业务量水平下的费用控制数，具有一定的伸缩性，因而称为"弹性预算"。弹性预算避免了传统预算编制方法的缺陷，扩大了预算的适用范围，使对预算执行情况的控制、考核、评价都建立在可比的基础上，并避免了由于业务量发生变化而对预算的频繁修订。

弹性预算与固定预算相比较有如下三个显著的特点：

（1）能适应一系列的生产经营业务活动。弹性预算就是在对企业未来的经营活动进行准确预算的基础上编制的、能够指导企业经营活动的计划。因此，对企业未来的经营活动即业务量水平进行预测是关键。但是，企业的经营活动是处于一种动态的环境当中的，有很多因素会影响到企业经营活动，因而企业在编制预算时，业务量水平只是编制预算的一种假设。弹性预算可以提供一系列生产活动的预算数据，虽然这种预算不能排除实际业务量波动的可能，却可以为企业的管理人员提供有关各种业务活动情况下的经济信息。

（2）具有动态性。弹性预算有利于随着业务量的变动调整其经济数据，它是按照成本的变动性来排列的，以便在预算期末时计算"实际业务量的预测成本"，即应该达到的成本水平。

(3) 有利于业绩评价。弹性预算能够提供正确评价企业业绩的具体数据，使预算的执行和业绩考核建立在科学、可靠的基础上。

为了进行业绩评价，弹性预算可以按照实际达到的业务量水平进行编制。相反，固定预算在作为业绩评价的基础时保持不变或静止，它只反映原计划业务量水平下的收入和成本。可见，弹性预算与固定预算相比，预算范围较宽且可比性强。

编制弹性预算一般分以下几个步骤：

(1) 确定某一相关范围，预计在未来计划期内业务量水平将在这一相关范围内的变动情况。弹性预算的业务量范围应视企业或部门的业务量变化情况而定，一般来说，可定为正常生产能力的70%～110%，或以历史上最高业务量与最低业务量为其上限和下限。

(2) 选择业务量的计量单位。编制弹性预算，要选用一个最能代表本企业经营活动水平的业务量计量单位。例如，以手工操作为主的，就应选用人工工时；制造单一产品的企业，可选用产品的产销量；生产多种产品的企业，可以选用人工工时或机器工时；修理部门可以选用直接修理工时。其选择适当与否，对掌握成本的变动性和实行有效的计划控制有很大影响。

(3) 按照成本性态分析的方法，将企业的成本分为固定成本和变动成本两大类，并确定成本函数 $y=a+bx$。

(4) 确定计划期内各业务量水平的预算额。

由于未来业务量的变动会影响到成本费用和利润等各个方面，因此，弹性预算从理论上讲适用于全面预算中与业务量有关的各种预算，但从实用角度看，主要用于编制弹性成本费用预算和弹性利润预算等。在实务中，由于收入、利润可按概率的方法进行风险预算，只有制造费用、销售费用及管理费用等间接费用应用弹性预算的频率较高，以至于有人将编制弹性预算误认为是编制费用预算的一种方法。

1. 弹性成本预算的编制

编制弹性成本预算应选择适当的业务量计量单位，并确定其有效变动范围，按该业务量与有关成本费用项目之间的内在关系进行分析而编制。鉴于制造费用的复杂性，弹性成本预算的编制以制造费用弹性预算的编制为重点。下面介绍两种常见的方法。

1) 公式法

制造费用弹性预算的编制，通常的做法是，事先只编制单位产品变动成本标准和固定成本总预算进行控制，在实际业务发生后，再按照实际业务量换算，形成弹性预算，其计算公式为

弹性预算＝单位产品变动成本标准×实际业务量＋固定成本预算总额

因此，在成本性态分析的基础上，可将任何成本近似地表示为 $y=a+bx$（$b=0$ 时，y 为固定成本项目；当 $a=0$ 时，y 为变动成本项目；当 a 和 b 都不为零时，y 为混合成本。x 可以为多种业务量指标如产销量、直接人工工时等）。公式法要求在事先确定有关业务量变动的最高与最低限度（可按历史资料或正常生产能力的70%～110%来确定），只需列出各项成本的 a 和 b，即可推算出业务量在允许范围内任何水平上的各项预算成本。

【例题解析7-14】佳乐公司2011年制造费用弹性预算指标（部分），如表7-17所示，其中较大的混合成本项目已经过进一步分解。

表7-17 佳乐公司2007年制造费用弹性预算(公式法)

直接人工工时：22 596～35 508 小时　　　　　　　　　　　　　　　　　　　　单位：元

项目	a	b	项目	a	b
管理人员工资	8 700		辅助材料	1 075.6	0.18
保险费	2 800		燃油		0.05
设备租金	2 680		辅助工工资		0.55
维修费	1 661.2	0.21	检验员工资	300	0.02
水费	500	0.12	⋮	⋯	⋯

公式法的优点是在一定的范围内不受业务量波动影响，缺点是逐项甚至按细目分解成本比较麻烦，又不能直接查出特定业务量下的总成本预算额，并有一定误差。但是，应该看到预算本身就是对未来的推算，允许出现误差。另外，在成本水平变动不大的情况下，不必在每个预算期都进行成本分解。

2) 列表法

由于制造费用包括变动、固定、半变动三部分，为加强控制，更宜按照不同的业务量水平编制造费用的弹性预算。此法在一定程度上能克服公式法查不到业务量下总成本预算的弱点，在相关范围内每隔一定业务量间隔进行预算，以反映一系列业务量下的预算成本水平。

【例题解析 7-15】 按列表法编制的佳乐公司制造费用弹性预算如表 7-18 所示。

表7-18 佳乐公司2011年制造费用弹性预算(列表法)　　　　　　单位：元

直接人工工时/小时	22 596	24 210	25 824	32 280	33 894	35 508
生产能力利用	70%	75%	80%	100%	105%	110%
1. 变动成本项目	13 629	14 600	15 576	19 470	20 444	21 417
燃油	1 129.8	1 210.5	1 291.2	1 614	1 694.7	1 775.4
辅助工工资	12 427.8	13 315.5	14 203.2	17 754	18 641.7	19 529.4
⋯	⋯	⋯	⋯	⋯	⋯	⋯
2. 混合成本项目	21 512	25 703	27 300	30 770	35 500	38 650
辅助材料	5 142.88	5 433.4	5 723.92	6 886	7 176.53	7 467.04
维修费	6 406.36	6 745.3	7 084.24	8 440	8 778.94	9 117.88
检验员工资	751.92	784.2	816.48	945.6	977.88	1 010.16
水费	3 211.52	3 405.2	3 598.7	4 373.6	4 567.88	4 760.96
⋯	⋯	⋯	⋯	⋯	⋯	⋯
3. 固定成本项目	26 180	26 180	26 180	26 180	26 180	26 180
管理人员工资	8 700	8 700	8 700	8 700	8 700	8 700

保险费	2 800	2 800	2 800	2 800	2 800	2 800
设备租金	2 680	2 680	2 680	2 680	2 680	2 680
…	…	…	…	…	…	…
制造费用预算额	61 321	66 483	69 056	76 420	82 124	86 247

2. 弹性利润预算的编制

弹性利润预算是以预算期内预期的各种可能实现的销售净收入作为计量基础，按成本性态，扣减相应的成本，据此分别确定不同销售净收入水平下可实现的利润或发生的亏损。

弹性利润的作用在于：①期初，它可用于作为确定各种预计业务水平下的预期销售收入、成本及净利润的基础。利用弹性预算，经理人员可以较方便地了解未来期间各种特定业务水平下的预期收入和预期成本水平。②期末，经理人员可以将实际执行结果与相关范围内相应的预算数字进行比较，并据以进行业绩评价与控制。

弹性利润预算的编制方法主要有以下两种。

1）公式法

利润预算＝预计业务量×(预算单价－预算单位变动成本)－固定成本预算总额

【例题解析 7-16】 佳乐公司生产销售一种产品，预算单价 100 元/件，预算单位变动成本 50 元/件，固定成本预算总额 8 000 元，销量为 300 件时，税前利润为 300×(100－50)－8 000＝7 000(元)。

2）列表法

【例题解析 7-17】 接前例，以销售量 300 件为基数，在 80%～120% 范围内用列表法编制利润弹性预算，如表 7-19 所示。

表 7-19 利润弹性预算

销售量/件	240	300	360
销售收入/元	24 000	30 000	36 000
变动成本/元	12 000	15 000	18 000
固定成本/元	8 000	8 000	8 000
税前利润/元	4 000	7 000	10 000

7.3.3 增量预算

增量预算又称调整预算，是指以基期成本费用水平为基础，结合预算期业务量水平及有关影响成本因素的未来变动情况，通过调整有关原有费用项目而编制预算的一种方法。

增量预算方法的基本假定是：①现有的业务活动是企业必需的；②原有的各项开支都是合理的；③未来预算期的费用变动是在现有费用的基础上调整的结果。

增量预算的特点：首先，资金被分配给各部门或单位，然后这些部门或单位再将资金分配给适当的活动或任务。其次，增量预算基本上都是从前一期的预算推演出来的，每一个预算期间开始时，都采用上一期的预算作为参考点，而且只有那些要求增加预算的申请才会得到审查。然而，这两个特征都可能产生一些问题。

(1) 增量预算往往缺乏针对性。
(2) 当管理层希望用预算来控制成本或提高效率时，增量预算的缺陷显得更加严重。
(3) 增量预算往往缺乏结构性。
(4) 增量预算往往缺乏灵活性。
(5) 不利于控制成本或提高效率。
(6) 增量预算往往缺乏系统性。

增量预算比较简单，但它以过去的水平为基础，实际上是承认过去是合理的，无须改进，因循沿袭下去。这样一方面可能使原来不合理的费用开支继续存在下去，造成预算的浪费；另一方面也可能造成预算的不足。为了弥补这些不足，便产生了零基预算的方法。

7.3.4 零基预算

固定预算法和弹性预算法，总的来说，都是在过去实际数值的基础上，结合预算期内可能发生的各种变化对预算产生的影响，从而测算出各种预算值。其基本指导思想是：承认现状是基本合理的，并且未来还将是现在的继续，因此，编制出的预算可以称之为增量预算。由此而形成的预算的最大缺陷是：没有超脱于过去的框框，将预算编制人员的思维仍然束缚在过去实际的范围内，很难发挥预算编制的创造性和开拓性，从而使预算的结果在先进性上受到很大影响。

为了克服这些缺点，1970年美国德州仪器公司的彼得·派尔在该公司首次创造并运用了零基预算法(Zero-base Planning and Budgeting)，并很快在美国企业界和政府机构引起了浓厚的兴趣，不少大公司相继开始推行零基预算法。1977年上台的美国总统卡特对此也极为重视，并指示1979年美国联邦政府的财政预算要全面采用零基预算法。这一年美国政府的财政预算支出共计5 600亿美元。零基预算法能在如此巨大规模的政府预算中得到应用，其影响力可见一斑。并且此种预算法在美国推行后，美国政府的财政预算收到了意想不到的成效。之后零基预算法很快在世界各国广为流传，并被公认为是一种最先进的预算编制方法。从20世纪70年代中期起，许多权威性的管理会计教科书都将此种方法列为专门内容予以介绍。

零基预算法的基本思路是：在编制预算时，对过去的内容全然不予考虑，视同为一切从零开始，对每项预算内容都根据实际需要和可能做出最先进的估计，并划分决策单元分别提出预算方案，然后汇总形成"一揽子业务方案"，再运用成本效益分析的方法，对其重要性进行排序，从而合理确定出预算资源的分配，形成最终的预算方案。

零基预算法最突出的效果是：它能够使全体员工都能积极参与预算编制，从而在预算中能够通过切身利益关系，充分发挥其各阶层的创造性和开拓精神，并能充分开阔视野，挖掘各种可能的潜力，堵塞各种可能的漏洞，保证预算的编制和执行始终体现其先进性。

但这种预算编制方法也存在一些非常棘手的问题，主要是在预算编制时非常分散，协调统一时很困难，尤其是涉及局部利益和整体利益的矛盾时，很难找到具有充分说服力的解决办法。此外,编制预算的工作量也相当大,无疑将加大预算编制费用,有时还会延长编制时间。克服这些缺点的办法一般是:先对各基层预算下达预算额度,从大体上加以目标控制,并由预算编制委员会统一集体审议,评定等级,按成本效益分析确定各方案的重要顺序,最后按重要性先后顺序分配预算资源,逐步缩小范围,以保证重点来影响一般。

零基预算法对于那些没有直接的业务量对应关系的费用预算具有特别的控制功效,如销售费用预算、管理费用预算和部分制造费用预算等。

1. 零基预算的概念和特点

预算按其编制的基础不同可分为两类:调整法和零基法。调整法是在上年预算实际执行情况的基础上,考虑预算期内各种因素的变动,相应调整有关项目的预算数额,以确定未来一定期间支出预算的一种方法。这种预算方法比较简便,它是以前期预算的实际执行结果为基础的,不可避免地要受既成事实的影响,容易使预算中的某些不合理因素得以长期沿袭,因而有一定的局限性。为了克服调整法带来的弊病,可采用另一种预算方法——零基预算法。

零基预算是指在编制预算时,对于所有的预算支出均以零为基础,不考虑其以往情况如何,从实际出发,研究分析每项预算有否支出的必要和支出数额大小的预算。

零基预算法的特点是:

(1) 采用零基预算,所有业务活动都要重新进行评价,各种收支活动都要以零为起点进行观察、分析、衡量,它不考虑现行做法对企业经营活动的束缚。因此,这种预算可以根据最新的科学技术成就和现代管理方法来安排各项业务活动和收支预算。

(2) 实行零基预算能够提供不同方案的业务量及其收支盈利水平,作为生产经营决策的依据。使用零基预算,通常要把各单位、各部门的业务范围划分成若干个层次,从下到上,在不同的业务量水平范围内确定其不同的成本费用收支和盈利水平。

(3) 采用这种方法编制的预算,不仅可以提供财务指标,而且提供了业务数量,使业务技术工作与经济效果联系起来,提高了全员关心企业经济效益的自觉性。

(4) 采用零基预算也有很大的局限性:一是预算编制的工作量大;二是对成本费用的分析带有很大的主观性。

2. 编制零基预算的步骤

1) 拟订计划项目说明书

计划项目说明书是评审各项生产经营活动的书面文件。在计划项目说明书上,必须载明各种可供选择的方案和实施的计划项目的努力程度,一般说,企业编制零基预算要以财务活动、产品质量管理、生产设计、工艺技术、新产品研制、固定资产维修等项目为对象,所以应将以上有关项目的具体内容逐一载入计划项目说明书。

2) 进行效益分析

对于载入计划项目说明书的有关费用预算项目,要进行效益分析,按成本效益对比的原则进行严格的评审。首先,审查时要考虑:①该项工作是否有必要,能否避免;②如该项工作不可避免,是否要专设一个部门或分配专门人员,或由其他部门或人员兼做;③如该项工作非由专设部门或专职人员去完成,那么能否进一步改进工作方法,提高工作效率。其次,工作确定后,用对比的方法,权衡每项工作的轻重缓急,给全部计划项目排列出采纳的先后顺序。

3) 分配资金，落实预算

根据企业现有的经济资源，特别是预算内的资金情况，本着统筹兼顾、保证重点的精神，将预算资金的有关计划项目之间进行合理分配。既要充分发挥有限的预算资金利用效果，又要确保企业各项重要经营活动的顺利进行，也就是必须按照已确立的先后顺序在计划项目之间分配现有的预算资金。

3. 零基预算编制实例

【例题解析 7-18】佳乐公司采用零基预算法编制下年度销售费用预算，有关资料及预算编制的基本程序如下：

（1）该企业销售部门根据实现 1 200 万元销售收入的企业总目标，拟定其具体奋斗目标，并将有关产品的销售范围从某个地区扩大到全国。经研究计算，销售部门在预算期间将发生以下费用：工资 6 万元，差旅费 3.5 万元，办公费 1.5 万元，广告费 20 万元。

（2）经讨论认为，工资、差旅费、办公费为预算期必要的费用开支，应全部保证。至于广告费项目，初步订了三种备选方案：

A 方案：利用广告牌、推销员做广告宣传；

B 方案：利用报纸、杂志做广告宣传；

C 方案：利用电视、广播电台做广告宣传。

经有关人员分析评价，决定采用 C 方案，并为该方案拟订了具体措施。

措施之一：以较高的频率（指一定时期内的播放次数）在国家级电台、电视台和本省电台、电视台播放广告，预计预算期内需支付国家级和本省电台、电视台广告费分别为 15.5 万元和 9 万元，可减少其他推销费 5.8 万元，增加销售收入 480 万元，销售收入利润率为 10%。

措施之二：以较低的频率在国家级电台、电视台做广告，以较高的频率在本省电台、电视台做广告。预计在预算期内需支付国家级和本省电台、电视台广告费分别为 7 万元和 9 万元，可减少其他推销费 4.7 万元，增加销售收入 300 万元。

措施之三：以较高的频率在本省电台、电视台做广告，需支付广告费 9 万元，减少其他推销费 4 万元，增加销售收入 120 万元。

（3）按成本效益原则排列顺序，广告费的资金分配额为 16 万元，与第二项措施相吻合，以此编制广告费项目的零基预算表如表 7-20 所示。

表 7-20　佳乐公司 2007 年度广告费零基预算　　　　　　　　　　单位：元

项　　目	利润增减金额	合　　计
预计实施本方案可获效益		
因增加销售收入而增加利润	300 000	
因减少推销人员而减少推销费	47 000	347 000
预计实施本方案所需要的资源		
国家级电视台、电台广告费	70 000	
本省电视台、电台广告费	90 000	160 000
实施本方案后的净收益		187 000

7.3.5 定期预算

定期预算是指在编制预算时以不变的会计期间(如日历年度)作为预算期的一种编制预算方法。7.2 节所列举的所有预算都属于按定期预算方法编制的预算。

定期预算的唯一优点是能够使预算期间与会计年度相配合,便于考核和评价预算的执行结果。按照定期预算方法编制的预算主要有以下缺点。

1. 盲目性

由于定期预算往往是在年初甚至提前两三个月编制的,对于整个预算年度的生产经营活动很难做出准确的预算,尤其是对预算后期的预算只能进行笼统的估算,缺乏远期指导能力,给预算的执行带来很多困难,也难以实现对生产经营活动的真正考核和正确评价。

2. 滞后性

由于定期预算不能随情况的变化及时调整,当预算中所规划的各种经营活动在预算期内发生重大变化时,如预算期临时中途转产,就会造成预算的滞后性,使之成为虚假的或过时的预算。

3. 间断性

由于受预算期间的限制,经营管理者们的决策视野局限于本期规划的经营活动,通常不考虑下期。例如,一些企业提前完成本期预算后,以为可以松一口气,其他事务等来年再说,形成人为的预算间断。因此,按固定预算方法编制的预算不能适应连续不断的经营过程,从而不利于企业的长远发展。

为了克服定期预算的缺点,在实践中可采用滚动预算的方法编制预算。

7.3.6 滚动预算

滚动预算又称永续预算,是固定预算的常用表现形式。其含义是预算期永远保持 12 个月,每过 1 个月,根据新的生产经营情况的变化,都需要对原来的固定预算进行必要的调整,在现有预算的基础上再增加 1 个月,从而保证任何一个预算期都是 12 个月。

固定预算固然有很多优点,但是其缺点也是明显的。其中之一就是在预算期将满时,企业的下级管理人员在有些考核数据对自己不利时有可能对这些对自己不利的数据进行"修订",也就是会出现虚报或"编瞎话"的情况。为解决这一问题,滚动预算提供了一种可能:即让这些低层管理人员在实际工作中始终处于"长期"的预算当中,在考虑问题的时候,始终从长远的立场出发。即便是在某年的 12 月,后面仍然有 11 个月的预算。这样一来,这些管理者就会更多地从长期预算的角度考虑问题,从而避免了或者是最大限度地降低了这些人员在工作中的虚报数据问题。

1. 滚动预算的特点

(1) 保持预算的完整性、持续性,从动态中把握企业的未来。

(2) 能使各级管理人员始终保持对未来 12 个月的生产经营活动做出周密的考虑和全面安排。

(3) 由于预算不断调整，预算与实际情况更适应，有利于充分发挥预算的指导、控制作用。

2. 滚动预算的编制

滚动预算的编制方法为：先按年度分季，并将其中第一季度按月划分建立各月的明细预算，其他三个季度的预算按季度总预算来反映；在第一季度结束前将第二季度按月划分编制明细预算，在第四季度后增加下一年一季度预算。在第二季度结束前将第三季度按月划分编制明细预算，增加下年二季度预算。以此类推。

具体的编制方法如图 7-2 所示。

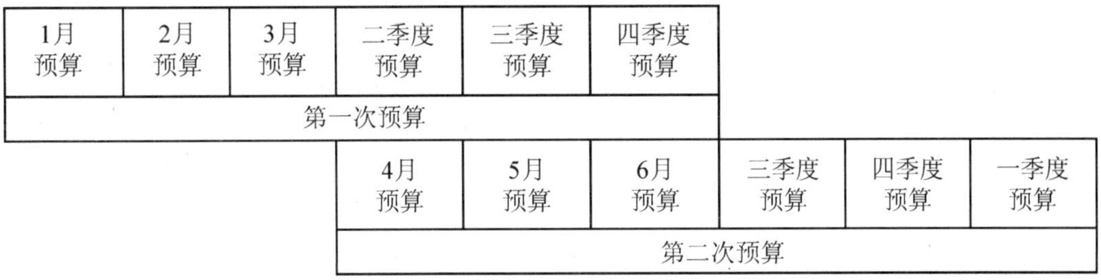

1月预算	2月预算	3月预算	二季度预算	三季度预算	四季度预算			
第一次预算								
			4月预算	5月预算	6月预算	三季度预算	四季度预算	一季度预算
			第二次预算					

图 7-2　滚动预算编制方法示意图

课后训练

一、判断题

1. 从三大类预算的关系看，财务预算是其他预算的基础。（　　）
2. 财务预算是指反映企业预算期现金支出的预算。（　　）
3. 销售预算是以生产预算为依据编制的。（　　）
4. 生产预算的主要内容有：生产量、期初和期末产品存货及购货量。（　　）
5. 变动制造费用是以生产预算为基础编制的。（　　）
6. 弹性预算所确定的不同情况下经营活动水平的范围，一般为正常生产能力的 70%～110%。（　　）
7. 在编制弹性预算时，必须按成本性态将企业的成本分解为固定成本和变动成本。（　　）
8. 直接材料预算以销售预算为基础，并同时考虑期初期末存货水平。（　　）
9. 现金收支预算的主要内容不包括资金的筹措和运用。（　　）
10. 全面预算是控制企业日常经济活动的主要依据。（　　）
11. 采用零基预算方法编制预算时应考虑上期的预算情况。（　　）
12. 专门决策预算一般情况下，预算的数据要纳入日常业务预算和现金预算。（　　）
13. 预计资产负债表用来反映企业在计划期末预计的财务状况，它的编制需要以计划期开始日的资产负债表为基础。（　　）
14. 永续预算能够使预算期间与会计期间相配合，便于考核预算的执行结果。（　　）
15. 弹性预算只是一种用于特殊的编制费用预算的方法。（　　）

二、单项选择题

1. 财务预算管理中，不属于总预算内容的是（　　）。
   A. 现金预算　　　　　　　　　　B. 生产预算
   C. 预计利润表　　　　　　　　　D. 预计资产负债表
2. 编制全面预算的基础是（　　）。
   A. 直接材料预算　　　　　　　　B. 直接人工预算
   C. 生产预算　　　　　　　　　　D. 销售预算
3. 资本支出预算是（　　）。
   A. 财务预算　　B. 生产预算　　C. 专门决策预算　　D. 业务预算
4. 某企业2010年计划1、2、3月分别采购直接材料3 885元、5 180元和5 820元，采购当月支付购货款的60%，下月支付余下的40%，则企业3月为采购直接材料支出的现金为（　　）元。
   A. 4 841　　　　B. 4 662　　　　C. 5 564　　　　D. 以上答案均不对
5. 下列项目中，不属于现金流出项目的是（　　）。
   A. 折旧费　　　B. 经营成本　　　C. 各项税款　　　D. 建设投资
6. 编制弹性预算首先应当考虑及确定的因素是（　　）。
   A. 业务量　　　B. 变动成本　　　C. 固定成本　　　D. 计量单位
7. 下列各项中，可能会使预算期间与会计期间相分离的预算方法是（　　）。
   A. 滚动预算　　B. 零基预算　　　C. 弹性预算　　　D. 增量预算
8. 可以综合反映企业在预算期间盈利能力的预算是（　　）。
   A. 专门决策预算　　　　　　　　B. 现金预算
   C. 预计利润表　　　　　　　　　D. 预计资产负债表
9. 下列预算编制方法中，能够摆脱过去预算影响的是（　　）。
   A. 固定预算　　B. 弹性预算　　　C. 滚动预算　　　D. 零基预算
10. 编制弹性成本预算的关键是（　　）。
    A. 分解制造费用
    B. 确定材料标准耗用量
    C. 选择业务量计量单位
    D. 将所有成本划分为固定成本和变动成本两大类
11. 零基预算的编制基础是（　　）。
    A. 零　　　　　　　　　　　　　B. 基期的费用水平
    C. 国内外同行业费用水平　　　　D. 历史上最好费用水平
12. 被称为"总预算"的预算是（　　）。
    A. 生产预算　　B. 销售预算　　　C. 专门决策预算　　D. 财务预算
13. 与生产预算没有直接联系的预算是（　　）。
    A. 直接材料预算　　　　　　　　B. 变动制造费用预算
    C. 销售及管理费用预算　　　　　D. 直接人工预算
14. 某产品预计单位售价12元/件，单位变动成本8元/件，固定成本总额120万元，适用的企业所得税税率为25%。要实现750万元的净利润，企业完成的销售量至少应为( )件。

A. 157.5　　　　B. 217.5　　　　C. 105　　　　D. 280

15. 某企业每季销售收入中,本季收到的现金60%,另外40%要到下季度才能收回现金。若预算年度的第四季度销售收入为40 000元,则预计资产负债表年末"应收账款"项目金额是( )元。

A. 40 000　　　　B. 24 000　　　　C. 20 000　　　　D. 16 000

三、多项选择题

1. 与生产预算有直接联系的预算有( )。
   A. 材料采购预算　　　　B. 制造费用预算
   C. 销售量预算　　　　　D. 直接人工预算

2. 编制预算的方法按其业务量基础的数量特征不同,可分为( )。
   A. 固定预算　　B. 零基预算　　C. 滚动预算
   D. 弹性预算　　E. 增量预算　　F. 定期预算

3. 下列预算中,属于业务预算的有( )。
   A. 资本支出预算　　B. 销售预算　　C. 生产预算
   D. 现金预算　　　　E. 零基预算

4. 在管理会计中,构成全面预算内容的有( )。
   A. 业务预算　　B. 财务预算　　C. 专门决策预算
   D. 零基预算　　E. 滚动预算

5. 在下列各项中,属于编制直接人工预算需要考虑的因素有( )。
   A. 基期生产量　　　　　　B. 预算期预计生产量
   C. 预算期预计销售量　　　D. 单位产品工时定额
   E. 单位工时工资率

6. 下列各项中,属于编制现金预算依据的有( )。
   A. 销售预算和生产预算　　　　B. 直接材料采购预算
   C. 直接人工预算和制造费用预算　D. 产品成本预算
   E. 财务预算和管理费用预算

7. 编制弹性预算所用的业务量可以是( )。
   A. 产量　　　　B. 销售量　　　C. 直接人工工时
   D. 机器台时　　E. 材料消耗量

8. 全面预算的作用概括起来有( )。
   A. 明确工作目标　　　　　　B. 协调各职能部门的关系
   C. 控制各部门日常经济活动　D. 考核各部门工作业绩

9. 零基预算与传统的增量预算相比较,其不同之处在于( )。
   A. 一切从可能出发　　　　　B. 以零为基础
   C. 以现有的费用水平为基础　D. 一切从实际需要出发
   E. 不考虑以往会计期间所发生的费用

10. 按照定期预算方法编制预算的缺点是( )。

A. 灵活性　　　　B. 滞后性　　　　C. 盲目性
D. 间断性　　　　E. 预见性

11. 在编制现金预算时，（　　）是决定企业是否进行资金融通以及资金融通数额的依据。
A. 期初现金余额　　　　　　　　B. 期末现金余额
C. 预算期内发生的现金收入　　　D. 预算期内发生的现金支出
E. 企业确定的现金余额的范围

12. 相对固定预算而言，弹性预算的优点有（　　）。
A. 预算成本低　　　　　　　　　B. 预算工作量小
C. 预算可比性强　　　　　　　　D. 预算范围宽

13. 与编制零基预算相比，编制增量预算的主要缺点包括（　　）。
A. 可能不加分析地保留或接受原有成本项目
B. 可能使成本费用得不到有效控制，造成预算上的浪费
C. 容易使不必要的开支合理化
D. 增加了预算编制的工作量，容易顾此失彼

14. 下列各项中，属于滚动预算优点的有（　　）。
A. 能使企业各级管理人员对未来始终保持整整 12 个月时间的考虑和规划
B. 保证企业的经营管理工作能够稳定而有序地进行
C. 能使预算期间与会计期间相对应
D. 便于将实际数与预算数进行对比

15. 下列各项中能够在材料采购预算中找到的内容有（　　）。
A. 材料耗用量　　　　　　　　　B. 材料采购单价
C. 材料采购成本　　　　　　　　D. 应付材料款的支付情况

四、实务题

1. 某公司在预算年度某种产品各季度预计销售量分别为 500 件、600 件、800 件、900 件；其销售单价均为 200 元。又假定该公司在当季度收到货款 60%，其余部分在下季度收讫，期初的应收账款余额为 61 000 元。

要求：根据上述资料编制销售预算和预计现金收入计算表。

2. A 公司某产品 2010 年 4 个季度的预计销售量如表 7-21 所示。

表 7-21　某产品预计销售量

期　　间	第一季度	第二季度	第三季度	第四季度	合　　计
预计销售量/件	700	1 000	1 500	900	4 100

假设每季度末的产成品存货占下个季度销售量的 10%，年末预计的产成品盘存数为 100 件。上年度期末产成品存货为 80 件。预计各季度的期初存货为上季度末预计的期末存货。

要求：根据上述资料，编制该公司 2010 年度的生产预算。

3. 假设企业期末现金最低库存 15 000 元，现金短缺主要以银行借款解决，贷款的最低起点是 1 000 元，企业于季初贷款，于季末归还贷款本息。贷款年利率 5%。

要求：将表 7-22 中的空缺填列出来。

表 7-22 现金预算表 单位：元

摘　要	第一季度	第二季度	第三季度	第四季度	全年合计
期初现金余额	18 000	（　　）	15 691	（　　）	18 000
加：现金收入	120 500	140 850	（　　）	121 650	526 250
可动用现金合计	（　　）	156 591	158 941	138 802	544 250
减：现金支出					
直接材料	25 424	34 728	34 576	（　　）	126 976
直接人工	13 200	15 600	12 900	13 900	55 600
制造费用	6 950	7 910	6 830	7 230	28 920
销售费用	1 310	1 507	1 358	1 075	5 250
管理费用	17 900	17 900	17 900	17 900	71 600
购置设备	48 000	33 280	—	—	81 280
支付所得税	27 125	27 125	27 125	27 125	108 500
支付股利	10 850	10 850	10 850	10 850	43 400
现金支出合计	150 759	148 900	111 539	110 328	521 526
现金余缺	（　　）	7 691	47 402	（　　）	22 724
银行借款	（　　）	8 000	—	—	36 000
归还借款	—	—	（　　）	（　　）	(36 000)
支付利息	—	—	（　　）	（　　）	(1 337.5)
合　计	28 000	8 000	30 250	7 087.5	(1 337.5)
期末现金余额	15 741	（　　）	（　　）	21 386.5	（　　）

4. 企业 2011 年度现金预算部分数据如表 7-23 所示。

表 7-23 现金预算表 单位：元

摘　要	第一季度	第二季度	第三季度	第四季度	全年合计
期初现金余额	8 000				
加：现金收入		70 000	96 000		321 000
可动用现金合计	68 000	75 000		100 000	
减：现金支出					
直接材料	35 000	45 000		35 000	
制造费用		30 000	30 000		113 000
购置设备	8 000	8 000	10 000		36 000

续表

摘 要	第一季度	第二季度	第三季度	第四季度	全年合计
支付股利	2 000	2 000	2 000	2 000	
现金支出合计		85 000			
现金余缺	(2 000)		11 000		
银行借款(期初)		15 000	—		
归还本息(期末)	—	—		(17 000)	
合 计					
期末现金余额					

假如该企业规定各季末必须保证有最低的现金余额 5 000 元。

要求：将该企业 2011 年度现金预算表中的空缺逐一填列出来。

5. 某企业生产某种产品，2010 年正常生产能力为 10 000 直接人工小时，该产品制造费用的有关资料如表 7-24 所示。

表 7-24 制造费用的有关资料

项 目	正常生产能力下的费用额/元
间接材料	2 500
间接人工	2 100
维修费	1 860
水电费	1 340
管理人员工资	2 000
折旧费	6 500
保险费	3 550
办公费	1 050

要求：根据上述资料，以 10 个百分点为间隔，编制生产能力利用程度为 80%～110% 的弹性制造费用预算。

五、案例分析题

宏声印刷厂成立于 2000 年。这家印刷厂的主要业务是印刷各种名片、请帖，以及办公信封、信纸等。自成立后，该厂年销售额每年都有增长，到 2005 年时销售额已达 175 万元，2007 年增长到 750 万元，当年的税前利润为 25 万元。

为了扩充宏声印刷厂的业务，总经理陈忠在做过市场调查后发现，本地有很多做批零生意的纺织厂每年需要印刷大量的目录给客户，但没有多少印刷厂积极争取这笔生意。因此，他认为，目录的印制是一个有发展潜力的市场，在他的努力下，宏声印刷厂接到不少订单，宏声印刷厂在 2008 年以租赁厂房形式将产能扩充一倍。

2011 年年底，宏声印刷厂的财务经理李新开始编制 2012 年度的月现金预算、预计利润表(表 7-25)及资产负债表(表 7-26)。编制这些报表的第一个目的是为了算出下年度每月的资金需求量或闲置量，了解未来资金的来源和用途，以便管理当局在拟订下年度营运计划时，能据以决定各项投资计划的先后顺序。第二个目的是使往来银行能根据这些报表上所载资料，来决定下年度给宏声印刷厂的信用额度，以使宏声印刷厂可在该信用额度内，以短期贷款方式解决销售旺季所带来的资金需求。该往来银行规定，只有前次所贷短期借款还清后，才可贷到新款。

在编制上述报表前，李新先与销售经理关伟协调，希望能编制出合理的销售预测。在调查有关销售人员和以往资料后，他们认为，对于宏声印刷厂业务有直接正面影响的是消费者可支出的所得增加。另外，关伟又指出，预期下年度，一些纺织厂的目录要求在圣诞节前交货。故李新估计这项业务能为印刷厂带来不少销售额。经过和总经理陈忠协商后，一致认为，宏声印刷厂下年度的销售成长率应达到10%。根据这个目标，李新订出了下年度的每月销售预测（表7-27）。因为预期下年度的销售额成长大部分来自圣诞节前的卡片与目录的印制上面，所以下年度大约有三分之二的销售额会集中在后6个月。

去年应收账款的催账资料显示，宏声印刷厂的应收账款平均收现期为45天。换句话说，在每月的销售额中，约有二分之一的账款是当月收现，另外二分之一则于下月收现。虽然宏声印刷厂规定，客户须于售后30日内付款，但该厂从未严格执行此项规定。在以往，那些无法收回的账款约占净销售额的2%。因此，宏声厂按月从净销售额中提出2%作为坏账损失。过去的资料显示，销货成本须为销售额的75%。另外，下年度的原料、直接人工成本与间接费用则列于表7-27。宏声印刷厂通常是在收货后30天内付款给原料供应商，从未拖欠过货款，直接人工成本与间接费用则是在发生后立即支付。由于预期下年度的资本支出会增加，故下年度的折旧费用（包括在销货成本中）约12万元平均分摊到各月。

宏声印刷厂比较重视生产设备的更新。该厂向国外订购的一部价值108万元的印刷机，预计于2012年1月投入生产。该厂将从那时起分四季平均偿还贷款，在还款期内，不须支付任何利息。但李新估计，机器使用后，每月约需1万元的维修费用。

在估计宏声印刷厂下年度资金需求时，李新认为，虽然往来银行已同意给印刷厂提供信用额度，但如果宏声印刷厂的银行存款余额很低，对宏声印刷厂很不利，因为银行可能会误认为，宏声印刷厂在财务规划方面出了问题。所以，李新决定，宏声印刷厂的平均每月现金余额应该相当于每月所有支出的八分之一。这样一来，纵使在销售旺季时对现金的需求波动很大，宏声印刷厂也能应付自如。在预付费用的估计方面和上年度相同。其他资产的总额仍维持在今年的水平上。

以往估计年营业费用（短期银行贷款利息也包括在内）时假定该费用固定不变。今年在将构成营业费用的各个项目进行逐项分析后，李新发现，营业费用实际上包括固定费用和变动费用两部分。因此，今年他在估计下年度营业费用时，就以55 000元作为每月固定费用，另外按月计提销售额的5%作为变动费用。这样一来，实际费用将与预估计的费用差异大幅减少。

还在2008年1月初，宏声印刷厂已向银行借入年息8%、五年后到期的贷款792万元。贷款的本息按季偿还，预定二十季后还清。下年度每月的利息费用为20 600元。在应付费用方面，李新估计，下年度应付费用账户的余额与本年度的余额相同，而该账户的每月余额由于增加部分与减少部分相互抵消的缘故，也不会产生什么波动。在所得税估计方面，宏声印刷厂以往的估计是，先预估当年盈余，再按此数额计算当年的所得税，然后平均分摊到四个季度中，每季季末结出，下季度初交纳。根据本年度实际盈余数额可算出,宏声印刷厂 2011 年度所得税为 609 000 元。此外,李新估计在 2012 年度中,该厂应交纳所得税为 1 084 000 元,也就是每季度支付 271 000 元所得税。最后,李新认为,因公司现有厂房面积足以应付下年度业务需要,故下年度无须买房。另外,下年度公司也不打算出售新股或发放任何股利。

表 7-25 宏声印刷厂利润表　　　　　　　　　　　　　　　单位:千元

项　目	2010 年度	2011 年度
销售净额	40 953	41 850
销货成本(包括折旧费用)	30 903	31 296
销货毛利	10 050	10 554
营业费用	9 329	8 818
营业净利	721	1 736
利息费用	460	332
税前净利	261	1404
所得税	60	609
税后净利	201	795

表 7-26 宏声印刷厂资产负债表　　　　　　　　　　　　　单位:千元

项　目	2010 年 12 月 31 日	2011 年 12 月 31 日
现金	703	594
应收账款净额	3 359	3 459
存货	3 222	3 236
预付费用	695	604
流动资产合计	7 979	7 893
固定资产	9 384	9 550
减:累计折旧	2 883	3 975
固定资产合计	6 501	5 575
其他资产	323	304
资产总计	14 803	13 772
应付账款	900	799
应付费用(包括应付利息)	1 493	1 220
应付票据	—	—
长期负债到期部分	1 584	1 584
应付税金	20	152

续表

项 目	2010年12月31日	2011年12月31日
流动负债合计	3 997	3 755
长期负债	3 168	1 584
负债合计	7 165	5 339
普通股	426	426
资本公积	486	486
留存收益	6 726	7 521
股东权益合计	7 638	8 433
权益总计	14 803	13 772

表 7-27 宏声印刷厂 2012 年度销售额、原料采购、直接人工与间接费用的预测 单位：千元

日 期	销售额	原料采购额	直接人工、间接费用
2011 年 12 月	2 500	799	900
2012 年 1 月	2 500	900	900
2012 年 2 月	2 700	1 000	1 000
2012 年 3 月	2 700	1 000	1 000
2012 年 4 月	4 300	1 500	1 500
2012 年 5 月	5 000	1 700	1 700
2012 年 6 月	5 000	2 100	2 100
2012 年 7 月	6 300	2 100	2 100
2012 年 8 月	6 000	2 100	2 100
2012 年 9 月	4 300	1 500	1 500
2012 年 10 月	2 200	8 500	800
2012 年 11 月	2 500	900	900
2012 年 12 月	2 500	1 900	900

要求：

(1) 试根据李新所提供的预估财务资料编出宏声印刷厂 2012 年度的月现金预算、预计资产负债表和预计利润表。

(2) 在编制上述财务报表时，李新做了哪些假设？你认为是否合理(试说明你的理由)？

第 8 章

成本控制

CHENGBEN KONGZHI

【核心概念】

标准成本 标准成本控制 成本差异 数量差异 价格差异

【学习目标】

知 识 目 标	技 能 目 标
1. 掌握成本控制的工作程序 2. 掌握标准成本的制定 3. 掌握成本差异的计算和分析方法	1. 能进行成本差异的计算和分析,并运用标准成本法对成本进行控制 2. 能运用这些方法进行成本费用的预测,并能编制成本费用计划

【导入案例】

通达公司是国有企业，2011年营业收入在本市同行业中名列前茅，但当年却发生亏损。经调查，主要是企业的成本、费用没有得到合理的控制。其相关的成本控制制度如下：为鼓励销售人员打开销路，实行销售人员实报实销制度；供应部为确保生产消耗的需要，在根据经验估计正常持有量的基础上增加一倍原材料库存量，由于该类存货市场价格持续下降，大量库存给企业造成较大负担；生产工人实行计时工资制度，工人认为多干少干一个样，生产积极性不高。为强化成本费用管理，总经理决定试行下列措施：一是取消销售费用实报实销制度，实行"基本工资+奖金"制度，奖金由总经理根据员工情况以"红包"形式不公开发放；二是由车间主任根据生产消耗情况提出原材料请购申请，经总经理批准后交采购部门进行采购；三是改计时工资为计件工资。上述措施试行半年后，销售部员工埋怨销售情况时好时坏，产品质量下降，产成品库存很大。

我们可以看出，通达公司原有控制制度和试行的控制制度都存在各自的问题，而企业整体上的问题在于缺少对成本、费用的有效预算控制。企业应该根据经营目标和经营计划确定销售目标，对销售部门进行严格的目标管理和预算控制，明确责、权、利和奖惩措施，不管采用何种工资制度，均应建立人工成本控制制度，使人工成本和产品数量、质量挂钩，严格按照标准成本系统的要求控制成本项目，以实现企业的经营目标。

8.1 成本控制概述

成本是指企业为生产产品、提供劳务而发生的各种耗费。它是指按照一定的受益对象归集的支出，形成产品成本和资本成本两类。费用是指企业为了销售商品、提供劳务等日常活动所发生的经济利益的流失。企业为了进行正常的生产经营活动，必然会发生材料物资的耗用、各种人员的劳动报酬支出、固定资产及其他长期资产的损耗及各种以货币资金支付的开支，所有这些在一定期间的各种耗费可分为两个方面，即成本和期间费用。企业应当合理划分成本和期间费用的界限，成本应当计入所生产的产品或提供劳务的成本，期间费用应当直接计入当期损益。费用支出的多少，往往与某一期间的长短有关，而总成本的多少，往往与生产产品的数量多少直接相关。

8.1.1 成本控制的概念

成本控制是以降低成本为目的，以成本控制标准为目标，在成本形成过程中，对影响成本的各个因素加强管理，通过对实际成本与成本控制标准的差异对比分析，及时采取措施来纠正偏差，使实际成本控制在标准成本范围内的管理活动。

成本控制有广义和狭义之分。广义的成本控制包括前馈（事前）控制，过程（事中）控制和后馈（事后）控制三个部分。成本的前馈控制，一般是指目标成本的制定。在制定目标成本的过程中，排除各种缺陷，选择最优方案，其本身就是一个控制行为。目标成本的确定，树立了一个衡量成本高低的尺度，成为成本控制的依据。成本的过程控制是指对成本的形成和偏离成本预算的差异及其原因进行日常的披露，并采取措施加以改进，保证成本预算的实现。成本的后馈控制是指在产品成本形成之后，把日常发生的差异及其原因分析研究，找出成本升降的规律性，进一步挖掘降低成本的潜力。

狭义成本控制只是对成本的过程控制，不包括前馈控制和后馈控制。

成本控制按控制的手段不同，还可以分为绝对成本控制和相对成本控制。绝对成本控制是指企业单纯从节约开支，杜绝浪费的节流去控制成本。相对成本控制是企业把产销量、成本、收入三者结合起来进行成本控制，既要千方百计节约开支、降低成本，同时又要想方设法开辟财源，最终达到增加盈利的目的。也就是既开源又节流，双管齐下控制成本。

8.1.2 成本控制的意义

成本控制是现代成本管理的核心环节，它始终以不断降低成本为目标。在企业经营管理中发挥着积极作用。因此，企业为了改善经营管理，贯彻执行经济责任制，提高企业经济效益，就必须首先加强对成本的控制。第一，从控制的难易程度上看，在价格、成本、利润、资金等几大经济要素中，对成本的控制相对于其他要素来讲，企业掌握的主动性似乎更大些。第二，成本控制是成本计划得以实现的保证。执行成本计划就是将标准成本以责任成本的形式，层层分解落实到车间、班组和个人，只有加强成本控制，才能使这些指标得到执行，并在执行过程中不断地和标准成本对比，发现差异并且分析产生差异的原因，及时采取纠正措施，最终保证成本计划的实现。第三，由于成本控制最直接的结果就是可以降低成本，就意味着利润的相对增加，提高经济效益。降低成本可以降低保本点，扩大安全边际，增强抗风险能力，使企业在竞争中立于不败之地。

总之，成本是一项综合性很强的经济指标，要保证成本目标的实现，需要依靠全部职工共同努力。在成本控制过程中不能消极地加以限制和约束，重要的是要实事求是地进行引导监督，使各责任单位对实现整个企业的全面预算和本身的责任预算具有强烈的责任感，确立经营目标一致性，并充分调动一切积极因素，不断降低成本，提高经济效益。只有这样才能真正发挥成本控制的积极作用。

8.1.3 成本控制的原则

1. 节约性原则

节约性原则就是在成本控制中不断运用现代科学技术成果和现代管理方法来提高劳动生产率，精打细算，消灭浪费。增产节支是成本控制中的一项基本原则。今后为了深化改革，成本控制的重点还必须从单纯依靠节流的方法转变到开源和节流双管齐下的方法，抓好产品投产前的成本控制。例如，根据成本效益分析和本量利分析原理，把成本和收益，以及成本、业务量与利润之间的关系结合起来，找出以利润最大化为目标的最佳成本和最佳产销量。只有这样，才能把损失和浪费消灭在产品投产以前，有效地发挥前馈成本控制的作用。

2. 全面性原则

成本控制的范围应贯穿成本形成的全过程，绝不能只局限于生产过程中制造成本的控制。也就是说成本控制必须扩大到产品寿命周期成本的全部内容。成本控制绝不能片面地为了降低成本而忽视产品品种和质量，应兼顾产品的不断创新，增加品种花色，保证产品质量，最大限度地满足消费者的物质生活和文化生活的需要。成本是一项综合性很强的经济指标，涉及企业的各个部门和全体职工的工作业绩。要求成本控制人员是企业全体职工，是全企业的成本控制。成本控制要把专业人员进行成本控制和职工群众参加的控制结合起来，把成本控制真正落实到每位职工。

3. 责权利相结合原则

成本控制必须严格按照经济责任制的要求，贯彻责权利相结合的原则，才能使成本控制真正发挥效益。应该说成本控制是每个成本中心应尽职责，同时也是一种权利，因为没有权利就谈不上成本控制了。另外，为了充分调动各个成本中心的积极性和主动性，定期对它们的业绩进行考核评价，并同职工经济利益挂钩、奖惩分明，根本上打破"吃大锅饭"的不正常局面。

4. 目标管理原则

现代化企业经营管理都非常重视目标管理。目标管理是企业管理当局把既定的目标和任务具体化，把企业各方面的工作合理组织起来，通过企业目标体系形成相互协作有组织的群体活动。成本控制是目标管理的一项重要内容，必须以目标成本为依据，对企业的各项成本开支进行严格的限制、监督和指导，力求做到以最少的成本开支，获得最佳的经济效益。作为目标成本，必须是经过企业全体职工努力才能实现的，应该建立在先进定额基础上。同时目标成本是一个综合的奋斗指标，应该把目标成本进行层层分解，并由各成本中心进行日常的成本控制，从而在企业内部形成一套完整的目标成本控制系统。

5. 例外管理原则

成本控制要对企业生产经营过程的全过程进行控制，但又要有重点地进行。成本管理人员要把注意力集中在那些不正常、不符合常规的关键性差异上，追本溯源、查明原因，并及时反馈给有关部门。一般说来，对于那些与标准成本偏离10％以上的项目，都可以考虑作为例外控制项目。作为"例外"一般应符合以下标准，即重要性、经常性、可控性和标准性。

8.1.4 成本控制的方法

1. 成本控制系统

一个企业的成本控制系统包括组织系统、信息系统、考核制度和奖励机制等内容。

1) 组织系统

企业是由若干个部门（分厂）、车间、科室等组织构成的，成本控制系统必须与企业组织结构相适应。换言之，成本控制活动，如记录实际数据、提出控制报告、成本预算的分析和考核，都是由各个成本控制单位实现的。企业可以将其组织机构的一个分部、车间、科室等作为成本控制单位，并按其所负责任和控制范围不同，分为成本中心、利润中心和投资中心。成本中心是以达到最低成本为经营目标的一个组织单位；利润中心是以获得最大净利为经营目标的一个组织单位；投资中心是以获得最大的投资收益率为经营目标的一个组织单位。按企业的组织结构合理划分责任中心，是进行成本控制的必要前提。

2) 信息系统

信息系统又称责任会计系统，其功能是计量、传递和报告成本控制所需要的信息。它主要包括编制责任预算、核算预算的执行情况、分析评价和报告业绩三个部分。

通常企业分别编制销售、生产、成本、现金和利润等预算，并主要按生产经营的领域来落实。为了进行控制,必须分别考查各个执行人的业绩,这就要求对企业的总体预算按责任中心来分解落实,形成责任预算,以便各责任中心的管理人员明确自己应负的责任和应控制的事项。

在实际业务开始之前,责任预算和其他控制标准要下达给有关人员,以便他们控制自己的活动。对实际发生的现金流量、成本及取得的收入和利润等,要按责任中心来汇总和分类。相应地,在预算期末要编制业绩报告,比较预算和实际的差异,分析差异的产生原因和责任的归属。此外,要实行例外报告制度,对预算中没有规定的事项和超过预算限额的事项,要及时向适当级别的管理层报告,以便及时做出决策。

3) 考核制度

考核制度是成本控制系统发挥作用的重要保障。其主要内容有:

(1) 规定责任中心的成本控制目标。因责任中心的类别不同,可能是销售额、可控成本、净利润和投资收益率。必要时还要确定若干次级成本控制目标,如市场份额、次品率、占用资金的限额等。

(2) 规定责任中心成本控制目标的唯一解释口径。作为考核标准,必须事先规定正式的解释。

(3) 规定业绩考核标准的计量方法。例如,成本分摊方法、企业内部相互提供产品和劳务使用的内部转移价格等,都应做出明确规定。

(4) 规定采用的预算标准。例如,使用固定预算还是弹性预算,是宽松的预算还是严格的预算,编制预算时使用的常量和变量等。

(5) 规定业绩报告的内容、时间和详细程度。

4) 奖励机制

奖励机制是调动职工努力工作、以求实现企业特定目标的有力手段,它成为维持控制系统长期有效运行的重要因素。规定明确的奖励办法,让职工明确业绩与奖励之间的关系,恰当的奖励制度可以引导职工去约束自己的行为,尽可能争取好的业绩。

需要注意的是,成本控制不等于成本降低,企业不能一味地追求压低成本,而牺牲了产品质量,或者影响正常的经营活动。

2. 成本预算控制

成本预算是企业成本控制的主要方法,是企业财务预算中最基本的预算。它要求企业加强成本预算编制、执行、分析、考核等环节的管理,明确预算项目,建立预算标准,规范预算的编制、审定、下达和执行程序,及时分析和控制预算差异,采取改进措施,确保预算的执行。

强化成本预算控制,要求企业严格按照预算执行。在日常控制中,企业应当健全凭证记录,完善各项管理规章制度,严格执行生产经营月度计划和成本费用的定额、定率标准,加强适时的监控。对预算执行中出现的异常情况,企业有关部门应及时查明原因,提出解决办法。

企业可以结合自身情况,建立相应的成本预算,如产品成本预算、制造费用预算、营业成本预算、期间费用预算等。企业各职能部门应当充分利用自身管理优势,对在成本中占重要份额的能耗、成材率等重点指标进行全过程的控制,并有针对性地采取措施,使降低成本指标落到实处，最终形成一系列贯穿全生产过程的预算控制线，确保成本预算指标的全面完成。

3. 质量成本控制

企业应当结合自身特点，推行质量成本控制方法。质量成本是企业将产品质量保持在规定的标准上而需支出的费用，以及因未达到规定的质量标准而发生的损失两者之和。一般按发生原因不同，将质量成本划分为以下五类：

（1）预防成本，即为了防止生产不合格品与质量故障而发生的各项费用。

（2）检验成本，即为检查和评定产品质量、工作质量、工序质量、管理质量是否满足规定要求和标准所需支付的费用。

（3）内部缺陷成本，即产品交用户前由于自身的缺陷造成的损失及处理故障所支出的费用之和。

（4）外部缺陷成本，即产品交用户后，因产品质量缺陷引起的一切损失费用。

（5）外部质量保证成本，即为提供用户要求的客观证据所支付的费用。

质量成本控制，是指根据规定的质量成本目标，对实际工作中发生的所有质量成本，进行指导、限制和监督，及时发现问题，及时采取有效措施，或不断推广先进经验，以促进产品质量成本不断下降，取得最佳经济效益而实施的一种管理行为。实施质量成本控制，可以在产品质量、成本和经济效益三者之间寻求一种平衡。

4. 成本定额管理

成本定额管理，是指在资源价格一定的前提下，通过事先制定单位产品或活动的标准资源消耗量，控制产品成本和期间费用水平的一种成本控制方法。

成本定额管理的关键，首先在于制定标准消耗量。一般方法有经验估计法、类推比较法、统计分析法和技术测定法。其次，要通过成本核算，揭示成本消耗量与定额的差异。再次，分析定额差异的原因，找出责任者，并将差异及时反馈到责任部门或责任者，以便采取切实有效的措施加以解决。成本定额管理与企业的经济责任制相结合，能收到更好的效果。

如果产品或经济活动消耗的资源价格发生变动，那么企业除了制定标准消耗量及比较量的差异外，还需制定各类资源的标准单价及比较价的差异，这就是通常所说的"标准成本管理"。由于标准成本管理在企业成本控制中占有非常重要的地位，将在8.2重点加以介绍。

5. 全面成本管理

全面成本管理包括全员成本管理和全过程成本管理两层含义。成本的发生涉及企业内部每个部门、每个职工，每个职工都负有成本责任。企业任何会发生成本的活动，都应纳入成本控制的范围。

企业实行全员成本管理。就要充分调动各个部门、职工的积极性和主动性，使每个职工都了解自己在成本控制中的作用，明确自己的职责和权限，建立广泛的责任成本制度，将企业的专业成本控制与群众性成本控制结合起来，才能使企业各项费用开定额、费用开支标准、成本目标等更加趋于合理。降低成本的措施才能得到更好的执行。

企业实行全过程成本管理，其成本控制不应当只局限于生产过程的制造成本，而应当贯穿成本形成的全过程，扩大到产品寿命周期成本的全部内容，即包括产品在企业内部所发生的规划成本、设计成本、研制成本、工艺成本、质量成本、功能成本、采购成本、销售成本、物流成本、管理成本，以及产品在用户使用过程中发生的运行成本、维修成本、保养成本等各个方面。实践证明，只有当产品的整个寿命周期成本得到有效控制，成本才会显著降低。

实行全面成本管理，对企业职工的要求比较高，主要包括：具有控制成本的愿望和成本意识；养成节约成本的习惯，关心成本控制的结果；具有合作精神，理解成本控制是一项集体的努力过程，不是个人活动；必须在共同目标下齐心协力；能够正确理解和使用成本控制信息，据以改进工作，降低成本。

8.2 标准成本管理

标准成本制度作为最早构成管理会计体系的内容，是指围绕标准成本的相关指标而设计的，将成本的事前控制、事后控制及核算功能有机结合而形成的一种成本控制系统。它具有事前估算成本、事中和事后计算分析成本差异，从而进行业绩考评，并落实经济责任制的功能。

8.2.1 标准成本制度

1. 标准成本的概念

标准成本制度的主要内容，包括标准成本的制定、成本差异的计算分析和成本差异的账务处理。采用标准成本制度首先必须制定标准成本。

标准成本是指在一定的生产技术组织条件下，进行有效的经营管理活动应该实现的成本，它是作为控制成本开支，考核评价实际成本，衡量工作效率和尺度的一种目标成本。作为标准它是一种规范，但不能将标准仅仅理解为实物量度。虽然通过实物量度检查可以对经济活动进行某些控制和考核，但是如果能将预计成本和实际成本比较，更能说明问题，所以从实物量的衡量到价值量的衡量是十分必要的。这样为了表示标准成本，必须同时具有数量标准和价格标准两个因素。

标准成本制度能够将成本的事前计划、日常控制和确定产品成本有机结合起来，成为成本管理、提高经济效益的重要工具。通过标准成本制度一方面加强成本控制，为决策分析提供了数据，同时因为标准成本中已经剔除了各种不合理的因素，所以标准成本可以作为材料、在产品和产成品的计价依据，使各项单价制定更加合理。最后在标准成本制度下，材料、生产成本直接按标准成本入账，从而大大简化了日常工作量。

2. 标准成本的种类

1) 理想标准成本

理想标准成本是指根据最佳生产水平、最优的经营状态所能达到的标准来制定的标准成本。它是现有条件下最理想的成本水平。管理上一般用这种标准来鼓励职工的积极性。但是，这种标准成本往往难于实现，所以实际工作中很少采用。

2）基本标准成本

基本标准成本是指根据较长期使用不变更的标准所制定的标准成本。这种标准成本一经制定，以后若干年内不再变动。基本标准成本可以使各个阶段的成本在同一基础上进行比较，但不能反映出目前应该达到的标准，不能发挥其在成本管理中的作用，所以在实际工作中也很少采用。

3）正常标准成本

正常标准成本是根据现有的生产技术水平、正常的经营状况下预期能达到的标准来制定的标准成本。它允许有正常的材料损耗、工人一定的间歇时间、机器故障等因素，但要求经过努力达到尽可能高的效率。正常标准成本是经过努力可以达到的，在成本管理中能够调动人们降低产品成本的积极性。因此，在实际工作中常采用这种标准成本。

8.2.2 标准成本制定

产品的标准成本，是由产品直接材料、直接人工和制造费用组成的。这三部分均以"数量"标准乘以"价格"标准而求得。其中"价格"标准由会计部门会同有关责任部门研究决定，"数量"标准主要由工程技术部门研究确定。

1. 直接材料标准成本的制定

直接材料标准成本是由直接材料的价格标准乘以数量标准构成的。因此，在制定直接材料的标准成本时，首先应确定构成产品直接材料项目，然后按材料项目逐一确认它们在单位产品中的比例，运用数量标准和价格标准准确确定每项直接材料的标准成本，最后汇总计算某一产品的直接材料标准成本。

直接材料数量标准是指在现有生产技术条件下生产单位产品需要的材料数量。制定数量标准时应按产品所需耗用的各种直接材料分别计算。

直接材料价格标准是指采购部门按照供应单位价格目标预先确定的各种材料的单价，包括买价、运输费、装卸费等。

产品直接材料标准成本计算公式如下：

$$某种产品直接材料标准成本 = \sum 某种材料价格标准 \times 某种材料数量标准$$

2. 直接人工标准成本的制定

直接人工标准成本是指在一定生产技术组织条件下，进行合理的管理和操作，为制造某种产品而直接耗用的人工费用。它是由单位产品耗用的标准工时乘以小时工资分配率组成的。因此，要制定直接人工标准成本，必须先确定单位产品的标准工时和每小时的工资费用分配率。

直接人工数量标准是指现有正常生产技术条件下，生产单位产品所需的标准工作时间，包括对产品直接加工所用工时，必要的间歇和停工时间，以及在不可避免的废品损失上所用的工时。标准工时应先按零部件经过的车间、工序分别计算，然后再按产品加以汇总。

直接人工价格标准即工资率标准。采用计件工资制时，工资率标准就是单位产品应支付的直接人工工资；在计时工资形式下，就是每一工作时间标准应分配的工资。

$$计时工资率 = \frac{预计支付的直接人工工资总额}{标准总工时}$$

产品直接人工标准成本计算公式如下：

$$某种产品直接人工标准成本 = \sum 某种人工标准工时 \times 工资率标准$$

3. 制造费用标准成本的制定

制造费用标准成本是在现有的生产技术组织条件下,通过有效的管理在生产某种产品过程中所耗用的,除直接材料、直接人工以外的一切费用。由于制造费用包括变动制造费用和固定制造费用两部分,所以制造费用标准成本也需区分为两部分,分别进行制定。

制造费用用量标准是指在现有条件下生产某单位产品所需用的时间。

制造费用分配率标准是指每标准工时应负担的固定制造费用和变动制造费用。

$$固定性制造费用标准分配率 = \frac{固定性制造费用预算总额}{标准总工时}$$

$$变动性制造费用标准分配率 = \frac{变动性制造费用预算总额}{标准总工时}$$

某种产品制造费用标准成本是由某单位产品所需用各项作业的标准工作时间和标准分配率计算求得。计算公式如下:

$$固定性制造费用标准成本 = 固定性制造费用标准分配率 \times 标准工时$$

$$变动性制造费用标准成本 = 变动性制造费用标准分配率 \times 标准工时$$

4. 单位产品标准成本的制定

当某种产品的直接材料标准成本、直接人工标准成本和制造费用标准成本确定后,即可通过汇总计算确定其单位产品标准成本。

全部成本法下单位产品标准成本计算公式如下:

$$单位产品标准成本 = 直接材料标准成本 + 直接人工标准成本$$
$$+ 变动制造费用标准成本 + 固定制造费用标准成本$$

如果是变动成本法,则单位产品标准成本计算如下:

$$单位产品标准成本 = 直接材料标准成本 + 直接人工标准成本 + 变动制造费用标准成本$$

【例题解析 8-1】通达公司计划 2012 年预计生产甲产品产量为 20 000 件,生产需要 A、B 两种材料,经过一车间和二车间。单位产品标准成本一般汇总为标准成本单,如表 8-1 和表 8-2 所示。

表 8-1 标准成本单(全部成本法)

产品:甲产品　　　　　　　　　2012 年 1 月 1 日制定　　　　　　　　　　　单位:元

项　目	标准数量	标准价格	标　准
直接材料			
A 材料	4 千克	8	32
B 材料	2.5 千克	6	15
合　计	—	—	47
直接人工			
一车间	2 小时	4	8
二车间	4 小时	4.75	19
合　计	—	—	27

续表

项 目	标准数量	标准价格	标 准
制造费用			
一车间			
固定制造费用	2小时	3.5	7
变动制造费用	2小时	8.5	17
小 计	—	—	24
二车间			
固定制造费用	4小时	3	12
变动制造费用	4小时	7	28
小 计	—	—	40
制造费用合计	—	—	64
单位标准成本总计	—	—	138

表8-2 标准成本单(变动成本法)

产品：甲产品　　　　　　　2012年1月1日制定　　　　　　　　　　单位：元

项 目	标准数量	标准价格	标 准
直接材料			
A材料	4千克	8	32
B材料	2.5千克	6	15
合 计	—	—	47
直接人工			
一车间	2小时	4	8
二车间	4小时	4.75	19
合 计	—	—	27
变动制造费用			
一车间	2小时	8.5	17
二车间	4小时	7	28
合 计	—	—	45
单位标准成本总计	—	—	119

8.2.3 标准成本控制

标准成本控制就是指企业内部对成本负有经管责任的各级单位，在成本形成过程中，根据事前制定的成本目标，按照一定原则，对企业各个责任单位日常发生的各项成本和费用的实际数，进行严格的计量和监督，以保证原定目标得以实现的管理活动。但是在日常经济活动中，由于种种原因，实际数和标准数往往会发生偏差，这种偏差在标准成本制度中，称为**"成本差异"**。

标准成本控制的主要内容和程序，概括为以下五个方面：

（1）事前制定产品的标准成本，并为每个对成本负有经管责任的单位编制责任预算，作为日常成本控制的依据。

（2）日常由各个对成本负有经管责任的单位按照成本控制原则，对成本实际发生的情况进行计量、限制、指导和监督。

（3）各成本责任单位根据实际需要定期编制实绩报告，将各自责任成本的实际发生数与预算数进行对比，并计算出"成本差异"。

（4）各个成本责任单位结合具体情况，针对实绩报告中产生的成本差异，进行原因分析，并提出相应的改进措施，来指导、限制、调节当前的生产经营活动，并据以修订原来的标准成本责任预算。

（5）企业管理当局根据各责任单位实绩报告计算出来的成本差异，实事求是地对他们的业绩进行考核与评价，以保证责权利相结合的经济责任制的贯彻执行。

8.2.4 成本差异分析

制定标准成本后，将标准成本与同期内所发生的可比较实际成本相比，其差额即为成本差异，其计算公式如下：

$$成本差异 = 实际成本 - 标准成本$$

成本差异一般按成本构成因素分类，每类又可按价格和数量进行分析，各类成本差异分析能清晰正确地反映实际成本脱离标准成本所发生差异的主要原因，成本差异的计算和分析是企业内部控制的重要手段，也是标准成本制度的重要内容。

成本差异分析时不仅要说明原因，还应注意差异方向。差异方向是以对利润的影响情况来衡量的。通常分为有利差异和不利差异，或顺差和逆差。前者是指该项差异导致企业最后利润的实际额高于计划额，后者恰巧相反。差异的形成有内因和外因，如果是企业管理部门有权加以处理的差异，称为可控差异，如废品率增加，材料超定额消耗。有些差异是由外因引起的，如价格变动、工人工资水平提高等，是企业管理部门无权处理的，通常称为不可控差异。

1. 直接材料成本差异计算分析

直接材料成本差异是指产品直接材料的实际成本和标准成本之间的差额。它包括材料**数量差异**和**价格差异**两部分。材料数量差异是材料实际耗用量与标准耗用量之间，按标准价格计算的差额。材料价格差异是材料实际价格与标准价格之间按实际耗用量计算的差额。两种差异的计算公式如下：

$$材料数量差异 = 实际用量 \times 标准单价 - 标准用量 \times 标准单价$$
$$= (实际用量 - 标准用量) \times 标准单价$$
$$材料价格差异 = 实际单价 \times 实际用量 - 标准单价 \times 实际用量$$
$$= (实际单价 - 标准单价) \times 实际用量$$

计算结果是正数为超支，是不利差异；计算结果是负数为节约，是有利差异。

【例题解析8-2】通达公司为扭转2011年的亏损状况，计划2012年投产乙产品，每台单位材料耗用定额为16千克，每千克标准价格为5元，2012年6月投入生产500台，实际耗用材料是7 800千克，材料实际成本为41 340元，计算材料成本差异。

$$材料成本差异 = 41\,340 - 500 \times 16 \times 5 = 1\,340(元)(不利)$$
$$材料数量差异 = (7\,800 - 500 \times 16) \times 5 = -1\,000(元)(节约)$$
$$材料价格差异 = (5.3 - 5) \times 7\,800 = 2\,340(元)(超支)$$
$$1\,340(元) = -1\,000(元) + 2\,340(元)$$

其中

$$材料实际单价 = 41\,340 \div 7\,800 = 5.3(元)$$

影响材料数量差异的因素是多方面的，包括材料消耗中的浪费、节约，以及由于产品结构的变化，材料加工方法的改变，材料质量的改变及材料代用等许多原因造成的超支或节约。上例中虽然材料成本是超支的，但就材料数量而言则是节约的。材料数量差异控制的重点是材料领用和消耗环节，主要应由生产部门负责。

影响材料价格差异的原因，除了价格调整造成的以外，大多是由于采购工作的质量所造成的，如采购的地点和数量是否恰当，运输方法和途径是否合理等。此外影响材料采购价格的其他因素，包括材料质量、购货折扣等，一般都是由采购部门控制，并受其决策的影响。因此材料价格差异控制的重点是材料采购环节，通常应由采购部门负责。当然，也可能有些因素是采购部门无法控制的，如国家对原材料价格的调整，以及生产情况临时发生变化，使得原材料不能按原计划进行采购等。因此，对材料价格差异，一定要做深入调查研究，查明差异的真正原因，以便分清各有关部门的经管责任。

2. 直接人工差异计算分析

直接人工差异是指生产工人工资的实际发生额与标准工资成本之间的差额。它包括人工效率差异和工资率差异两部分。人工效率差异是由产品实际耗用工时与标准耗用工时之间，按标准工资率计算的差额。工资率差异是由生产工人的实际工资率与标准工资率之间按实际工时计算的差额。两种差异计算公式如下：

$$人工效率差异 = 实际工时 \times 标准工资率 - 标准工时 \times 标准工资率$$
$$= (实际工时 - 标准工时) \times 标准工资率$$
$$工资率差异 = 实际工资率 \times 实际工时 - 标准工资率 \times 实际工时$$
$$= (实际工资率 - 标准工资率) \times 实际工时$$

计算结果是正数为超支，是不利差异；结果是负数为节约，是有利差异。

【例题解析8-3】 假定上例中乙产品每台的直接人工标准工时每台为14小时，每小时标准工资率为4.5元，实际共耗用人工为6 700小时，发生的人工总成本为30 820元。计算直接人工成本差异。

$$直接人工差异 = 30\,820 - 500 \times 14 \times 4.5 = -680(元)(有利)$$
$$人工效率差异 = (6\,700 - 500 \times 14) \times 4.5 = -1\,350(元)(节约)$$
$$工资率差异 = (4.6 - 4.5) \times 6\,700 = 670(元)(超支)$$
$$-680(元) = -1\,350(元) + 670(元)$$

其中

$$实际工资率 = 30\,820 \div 6\,700 = 4.6(元)$$

人工效率差异是考核每个工时生产能力的重要指标，因为降低单位产品成本的主要关键就在于不断提高工时的生产能力。所以企业管理当局必须根据生产部门实绩报告进行认真的分析，以便查明原因、实施有效的控制。影响人工效率差异的原因是多方面的，可能是工人个人的方面，也可能是管理部门计划不周造成的。例如，生产工人的技术熟练程度，工厂流水线的安排，生产设备或控制标准的变动，原材料质量、规格是否符合规定等。若系生产部门安排不当引起的，应由生产部门负责。如果是由于采购部门采购不合理的材料造成人工效率出现不利差异则应由采购部门负责。

影响工资率差异的原因主要有生产人员的人数变动和非生产工时损失，如开会、停工待料时间等。工资率差异原则上是由企业安排劳工的主管部门人员负责。人工效率差异的控制重点是在职工的人数和劳动生产率。

3. 变动制造费用差异计算分析

变动制造费用是指与产量成正比例增减变动的制造费用。变动制造费用成本差异是指在标准成本制度下，一定产量产品实际变动制造费用与标准变动制造费用之间的差额。变动制造费用差异包括变动制造费用效率差异和变动制造费用耗用差异两部分。变动制造费用效率差异是实际耗用工时与按实际产量计算的标准工时之间按变动制造费用标准分配率计算的制造费用差额。变动制造费用耗用差异是指变动制造费用实际分配率和标准分配率之间按实际工时计算的制造费用差额。两种差异的计算公式如下：

变动制造费用效率差异＝(实际工时－标准工时)×标准变动制造费用分配率

变动制造费用耗用差异＝(变动制造费用实际分配率－变动制造费用标准分配率)×实际耗用工时

计算结果是正数为超支，是不利差异；结果是负数为节约，是有利差异。

【例题解析 8-4】 假定前例中的乙产品每台的标准工时为 14 小时，变动制造费用标准分配率 1.8 元/小时。实际耗用 6 700 小时，发生的变动制造费用为 13 400 元，计算变动制造费用成本差异。

变动制造费用成本差异＝13 400－500×14×1.8＝800(元)(不利)

变动制造费用效率差异＝(6 700－500×14)×1.8＝－540(元)(节约)

变动制造费用耗用差异＝(2－1.8)×6 700＝1 340 元(超支)

800(元)＝－540＋1 340

其中

变动制造费用实际分配率＝13 400÷6 700＝2(元/小时)

变动制造费用是由许多明细项目所组成的，并同一定生产水平相联系。对变动制造费用成本差异的分析，应结合构成变动制造费用的具体明细项目做进一步深入的分析。在实际工作中，变动制造费用需编制弹性预算，将弹性预算中的各明细项目占实际发生额进行比较，进一步查明这些明细项目产生差异的原因。

4. 固定制造费用差异计算分析

固定制造费用成本差异，是指实施标准成本制度的企业在一定产品产量下，实际固定制造费用和标准固定制造费用之间的差额。其计算公式如下：

固定制造费用差异＝实际固定制造费用分配率×实际工时
　　　　　　　　－标准固定制造费用分配率×标准工时
　　　　　　　＝实际固定制造费用－标准固定制造费用

固定制造费用差异是由三部分组成，即固定制造费用耗费差异，固定制造费用效率差异和固定制造费用生产能力利用差异。

固定制造费用耗费差异也称固定制造费用开支差异，是指固定制造费用实际支付数和固定制造费用预算数之间的差异额。

其计算公式如下：

　　　固定制造费用耗费差异＝固定制造费用实际支付数－固定制造费用预算数

固定制造费用效率差异，是指由于生产效率高低所引起的固定制造费用的差异数。其计算公式如下：

固定制造费用效率差异＝固定制造费用标准分配率×实际工时
　　　　　　　　　　－固定制造费用标准分配率×实际产量标准工时
　　　　　　　　　＝固定制造费用标准分配率×(实际工时－实际产量标准工时)

固定制造费用生产能力利用差异，是指由于生产能力利用程度不同而形成的固定制造费用的差异数。其计算公式如下：

固定制造费用生产能力利用差异＝固定制造费用标准分配率×预算总工时
　　　　　　　　　　　　　　－固定制造费用标准分配率×实际总工时
　　　　　　　　　　　　　＝固定制造费用标准分配率×(预算总工时－实际总工时)

【例题解析8-5】 假定前例中，通达公司乙产品的计划产量为450台，每台标准工时为14小时，固定制造费用预算额为25 200元，实际产量为500台，实际生产工时为6 700小时，发生固定制造费用为27 470元，计算固定制造费用差异。

　　　固定制造费用标准分配率＝25 200÷(450×14)＝4(元/小时)
　　　固定制造费用实际分配率＝27 470÷6 700＝4.1(元/小时)
　　　固定制造费用差异＝27 470－500×14×4＝－530(元)(有利)
　　　固定制造费用耗费差异＝27 470－25 200
　　　　　　　　　　　　＝2 270(元)(超支)
　　　固定制造费用效率差异＝(6 700－500×14)×4
　　　　　　　　　　　　＝－1 200元(节约)
　　　固定制造费用生产能力利用差异＝(450×14－6 700)×4
　　　　　　　　　　　　　　　　＝－1 600(元)(节约)
　　　－530(元)＝2 270＋(－1 200)＋(－1 600)

固定制造费用效率差异和固定制造费用能力利用差异组成了固定制造费用的能量差异，其计算公式如下：

固定制造费用能量差异
＝(产能标准总工时－实际标准工时)×固定制造费用标准分配率
＝(450×14－500×14)×4
＝－2 800(元)(节约)

固定制造费用耗费差异的主要原因包括固定资产购置未按计划进行，管理人员工资等费用偏离计划等。闲置能量差异是由于产量未能达到计划水平造成的，其具体原因主要有市场供求关系变化、产品定价过高、材料或劳动力不足、替代品的出现等。产生固定制造费用效率差异的原因与直接人工效率差异相似。

固定制造费用是由许多明细项目组成的，要对固定制造费用差异进行分析，一般是通过固定制造费用明细项目的静态预算占实际发生额进行比较，进一步分析各明细项目产生差异的原因，采取恰当的措施加以控制引导，总结经验、巩固成绩。

8.3 成本差异的账务处理

在标准成本制度下，产品生产成本和销货成本的结转一般都按标准成本进行，成本差异留在有关成本差异账户内，而产品实际成本的计算是通过各项差异的分配摊销进行的。

8.3.1 标准成本制度下账务处理的特点

标准成本制度下账务处理的主要特点是：

（1）"材料""生产成本""产成品""销货成本"等账户均按标准成本入账。

（2）设立各种成本差异账户，用于记录企业生产过程中所发生的各项成本差异。发生的不利差异登记在各成本差异账户的借方，发生的有利差异登记在各成本差异账户的贷方。成本差异账户主要有九个，即直接材料、直接人工及变动制造费用的价格和数量两大类成本差异账户，还有固定制造费用的三个成本差异账户。

（3）月末编制"成本差异汇总表"。每月末根据各种成本差异账户的借方或贷方余额，编制"成本差异汇总表"。并将汇总成本差异作为"销货成本"的调整项目，以便将收益表上原列的标准数转换为实际数。

8.3.2 成本差异账务处理的方法

在标准成本制度下，为了分别反映标准成本和各项成本差异，除了设置"生产成本"、"产成品"等账户，用以反映产品的标准成本外，还需按照成本差异的类别分别设置成本差异账户，以反映产品实际成本脱离标准成本的差异数额，便于成本控制和期末成本差异的结转。

1. 成本差异的账户设置

标准成本制度下，需要设置成本差异账户主要有"直接材料价格差异""直接材料数量差异""直接人工价格差异""直接人工数量差异""变动制造费用价格差异""变动制造费用数量差异""固定制造费用效率差异""固定制造费用生产能力利用差异""固定制造费用耗费差异"等九个账户。账户借方登记发生不利差异，账户贷方登记发生有利差异。

同时应该注意成本核算账户借方、贷方都按标准成本进行登记，如"原材料"、"生产成本"、"产成品"账户借方登记标准成本的增加发生额，贷方登记标准成本的减少结转数。

2. 对期末成本差异的处理

成本差异账户的本期发生额反映了这一会计期间的标准成本的完成情况及成本控制的业绩。期末各个成绩差异账户的发生额应进行结转，在实际工作中成本差异账户结转方法主要有两种，一是全部差异结转法；二是部分差异结转法。

（1）全部差异结转法，是指将本期发生的各项成本差异全部转入当期"销货成本"账户。这种方法的实质是将本期发生的各项成本差异作为当期产品销售收入的抵减项目，体现在当期损益表中，这是因为标准成本是经过企业深入市场调查预测基础上科学制定的，是能够代表企业现有应达到的成本水平，是符合企业现有的生产技术条件。成本差异体现了企业当期的成本管理水平和工作质量，所以将成本差异作为当期销货成本的抵减项目，最终反映在经营成果报告中，这是符合经济核算和管理要求的。

这种成本差异结转方法计算过程简单，日常账务处理工作量也较简便，但要求标准成本制定应比较符合客观实际，否则因为标准成本制定不准造成的差异额较大，就不能真实反映成本管理水平和工作质量，同时也使按标准成本反映的"材料""生产成本""产成品"等账户严重脱离实际成本，最终造成经营成果不真实。

（2）部分差异结转法，是指将本期发生的各项成本差异按存销比例在产品销货成本和存货之间进行分配。即本期发生的各项成本差异，其中一部分结转到有关存货账户中，形成企业存货成本，列在资产负债表中。

这种成本差异结转方法能够满足企业纳税的需要和公认会计原则的要求，特别是当标准成本制定得不切合实际而造成成本差异额较大时，采用这种方法可以减少成本差异过大对当期损益造成的不良影响，但是这种方法如果差异分配不当，也会直接影响企业财务成果的真实性。所以，在实际工作中通常采用的方法为全部差异结转法。

3. 成本差异账务处理的会计分录

【例题解析 8-6】前例中通达公司生产的乙产品，产量为 500 台，本期售出 400 台，每台售价为 200 元，根据计算成本差异及发生的成本费用编制会计分录如下：

（1）购入原材料 7 800 千克，单位成本 5.3 元，款未付。

借：材料	39 000
材料价格差异	2 340
贷：应付账款	41 340

（2）生产过程中耗用材料 7 800 千克。

借：生产成本	40 000
贷：材料	39 000
材料数量差异	1 000

（3）生产中耗用直接人工成本 30 820 元。

借：生产成本	31 500
工资率差异	670
贷：人工效率差异	1 350
应付工资	30 820

(4) 实际支付变动制造费用 13 400 元时。

借：变动制造费用 13 400
　　贷：银行存款 13 400

(5) 分配结转变动制造费用时。

借：生产成本 12 600
　　变动制造费用耗用差异 1 340
　　贷：变动制造费用 13 400
　　　　变动制造费用效率差异 540

(6) 实际支付固定制造费用 27 470 元时。

借：固定制造费用 27 470
　　贷：银行存款 27 470

(7) 分配结转固定制造费用时。

全部成本法：

借：生产成本 28 000
　　固定制造费用耗费差异 2 270
　　贷：固定制造费用 27 470
　　　　固定制造费用效率差异 1 200
　　　　固定制造费用生产能力利用差异 1 600

变动成本法：

借：期间费用 28 000
　　固定制造费用耗费差异 2 270
　　贷：固定制造费用 27 470
　　　　固定制造费用效率差异 1 200
　　　　固定制造费用生产能力利用差异 1 600

(8) 本月 500 台全部完工入库。

完全成本法：

借：产成品 113 030
　　贷：生产成本 113 030

变动成本法：

借：产成品 85 560
　　贷：生产成本 85 560

(9) 出售产品 400 台，单价 200 元，收到销货款存入银行。

借：银行存款 80 000
　　贷：产品销售收入 80 000

(10) 结转销售产品的生产成本。

完全成本法：

借：销货成本 90 424
　　贷：产成品 90 424

变动成本法：

借：销货成本 68 448
　　贷：产成品 68 448
(11) 月末汇总成本差异，并结转。
借：材料数量差异 1 000
　　人工效率差异 1 350
　　变动制造费用效率差异 540
　　固定制造费用效率差异 1 200
　　固定制造费用生产能力利用差异 1 600
　　销货成本 930
　　贷：材料价格差异 2 340
　　　　工资率差异 670
　　　　变动制造费用耗用差异 1 340
　　　　固定制造费用耗费差异 2 270

8.4 成本费用日常管理

成本、费用的管理是一项细致而复杂，并且带有较强政策性的工作。它不仅关系到企业生产经营管理，经济核算和企业的经济效益，而且关系到国家财政收支和维护财经纪律等重要问题。

8.4.1 成本、费用日常管理原则

在成本费用的管理中要遵循以下原则。

1. 按照制度管理的原则

成本费用开支涉及企业与国家、企业与企业、企业与职工之间的关系，是关系到能否正确处理国家、企业和个人三者之间利益的项目。国家对成本、费用开支范围、开支标准及程序、方法等都做了明确规定，政策性很强。主要包括了企业实行成本费用归口、分级管理制度，成本费用的预算控制制度和必要的费用开支范围、标准和报销审批制度。因此，企业一切成本、费用都应以国家规定的开支范围和标准等制度作为成本费用管理的准则。严格划分收益性支出和资本性支出的界限；生产经营性支出和营业外支出的界限；生产经营性支出和收益分配性支出的界限。严禁乱列乱支成本费用等违反财经纪律现象。维护成本费用开支的合理性、合法性、严肃性。

2. 节约成本费用与提高经济效益相结合的原则

通过合理的生产经营，提高企业的经济效益，是企业成本、费用管理的出发点和落脚点。任何企业在强化成本费用管理过程中，必须坚持不懈地执行这一原则。在具体的工作中要正确处理好以下两方面的关系：

（1）降低成本、费用与改善企业的生产经营各环节，提高经济效益的关系。既要做到在

增加生产、扩大购销的同时，降低成本和费用，又要做到降低成本和费用必须以增加生产和扩大购销为前提，要做到两者兼顾，不能顾此失彼。

（2）降低成本、费用与提高产品质量和服务质量的关系。不能因为企业成本和费用的降低，从而影响产品质量和服务质量，也不能因为提高产品质量和服务质量而不计成本和费用。要在保证产品质量和提高服务质量前提下，严格防止不合理开支，杜绝铺张浪费。

3. 内部控制和外部监督相结合的原则

成本费用开支是由生产经营活动引起的，是由相关部门和职工经手耗费的。节约成本费用不能单纯依靠财会部门和财会人员，必须充分发挥各有关部门的主动性和全体职工节约成本费用的积极性。除了明确领导的责任外，还应该按照成本费用开支的部门和人员明确职责，提出节约成本开支的要求，按照责任到人的原则，建立各项成本费用管理责任制，同时，建立相应的监督机制。置领导审批业务管理于职工群众的监督之下，坚决抵制违纪事件的产生。

4. 全面管理和突出重点相结合原则

成本费用管理主要通过对各种成本费用差异进行分析、研究，从中发现问题，从而采取措施进行调节。这项工作是十分烦琐的，为了提高企业成本费用管理的工作效率，必须坚持全面管理与突出重点相结合。把那些数额大的、能影响企业长期获利能力的成本费用项目，或偏离计划差异较大，或长期偏离计划的成本费用项目列为重点，加强管理。这样，使成本费用管理工作，起到事半功倍的效果。

8.4.2 成本费用计划

1. 成本费用计划及意义

成本与费用是根据成本与费用决策方案，以货币量度预先对企业计划期内的生产耗费水平和成本降低任务的规划。尽管企业通过成本费用预测与决策，确定了目标成本费用与增产节约措施方案，但成本费用预测与决策是着重从成本费用影响因素结合历史资料测算的，并没有完全落实到企业的各种产品与各生产经营环节上，这不利于目标成本费用的具体控制，同时，成本费用预测与决策的各项指标还缺乏系统性，难以明确表现成本费用计划指标与其他财务指标的衔接关系。因此，企业需要编制成本费用计划。成本费用计划是以货币形式预先规定企业计划期内产品生产耗费和各种产品的成本水平，它是企业生产经营计划的重要组成部分，具有重要意义。

1) 成本费用计划是企业实现目标成本费用的基础计划

企业在一定的条件下，为了保证目标成本费用的具体落实与实现，必须根据目标成本费用的要求，结合计划期的生产技术水平，编制成本与费用计划，将企业的目标成本费用进行分解，做出相应的目标规划。

2) 成本费用计划是企业进行成本费用控制的依据

编制企业成本费用计划，有利于建立和健全企业的内部控制制度，实行分级管理，正确确定各部门、各生产环节、各加工工序的成本费用水平，有利于全面进行成本费用控制，并为成本费用的分析与考核提供依据。

3)成本费用计划是编制企业其他生产经营计划的重要依据

企业生产经营计划是企业生产计划、技术计划、财务计划等的总括性的计划,企业成本与费用计划的编制必须以生产经营计划为依据,同时又从降低成本和费用的角度对其他生产经营计划提出调整的要求,通过各计划间的综合平衡,促进生产经营计划总体水平的提高。

2. 成本费用计划的作用

(1) 成本费用计划是达到目标成本的一种程序,使职工明确成本方面的奋斗目标。
(2) 成本费用计划是推动企业实现责任成本制度和加强成本控制的有力手段。
(3) 成本费用计划是评价考核企业及部门成本业绩的标准尺度。

3. 成本费用计划的编制要求及步骤

成本费用计划的编制是成本费用管理的一个重要环节,它将成本与费用预测和决策紧密联系在一起,形成了完整的成本计划体系。

1) 成本与费用计划的编制原则与要求

成本费用管理计划在编制时,要遵循以下原则和要求:

(1) 以先进的技术经济定额作为成本费用计划编制的数据基础。先进的技术经济定额包括各种材料物资的消耗定额、工时定额和费用开支标准等。先进的定额有利于对计划期的成本(费用)实行定额控制,使计划的编制和实行都具有可行性和先进性。

(2) 成本费用计划指标与其他计划指标紧密衔接。成本费用计划是企业生产经营计划的一个重要组成部分,在编制成本与费用计划时一般涉及产量指标、销量指标、单位制造成本、制造成本总额、期间费用总额等指标。这些指标在企业其他计划中都具有十分重要的作用,因此,在制订计划过程中,应与其他计划指标实行衔接,以便提高企业生产经营计划的总体有效性。

(3) 成本费用计划的编制要有利于对成本费用实行归口分级管理。这要求在编制成本费用计划的时候,既要注重成本和费用结构的内容,又要注重成本和费用发生的环节与地点,有利于成本费用归口管理和分级管理,从而实现全面的成本费用控制。在编制实际的计划时要注意和企业现状结合的方法。

2) 成本费用计划的编制步骤

编制成本费用计划的基本步骤包括:

(1) 收集和整理资料,整理各种指标,如生产计划、费用开支标准等指标。
(2) 预计和分析上期成本费用计划的执行情况,分解目标成本并下达给各个生产环节。
(3) 进行成本费用降低指标的测算。
(4) 企业财务部门正式编制企业成本费用计划。

一、判断题

1. 直接人工效率差异、变动性制造费用效率差异和固定性制造费用效率差异三者形成的原因是相同的,只是程度不同。 ( )

2. 直接材料价格差异、直接人工工资率差异和变动性制造费用分配率差异属价格差异。（ ）
3. 固定性制造费用效率差异是指单位产品耗用工时差异对固定性制造费用成本差异的影响。（ ）
4. 在成本差异分析中，数量差异的大小是由用量脱离标准的程度及实际价格高低决定的。（ ）
5. 单位产品中的固定成本与业务量的增减变动成正比例关系。（ ）
6. 各种原材料、辅助材料费、计件工资制下的工资属于变动成本的费用。（ ）
7. 按照一定对象归集的费用就是该对象的成本。（ ）
8. 构成制造成本的具体内容为直接材料、直接工资、其他直接支出、期间费用。（ ）
9. 成本预测实际上是一种计划。（ ）
10. 差异分析是成本控制的关键。

二、单项选择题

1. 在标准成本控制下的成本差异是指（   ）。
   A. 实际成本与标准成本的差异　　B. 实际成本与计划成本的差异
   C. 预算成本与标准成本的差异　　D. 实际成本与预算成本的差异
2. 下列选项中，属于标准成本控制系统前提和关键的是（   ）。
   A. 标准成本的制定　　B. 成本差异的分析
   C. 成本差异的计算　　D. 成本差异的账务处理
3. 固定性制造费用的实际金额与预算金额之间的差额称为（   ）。
   A. 开支差异　　B. 能量差异　　C. 效率差异　　D. 能力利用差异
4. 标准成本控制的重点是（   ）。
   A. 标准成本的制定　　B. 成本差异的计算分析
   C. 成本控制　　D. 成本差异的账务处理
5. 实际工作中运用最广泛的一种标准成本是（   ）。
   A. 理想的标准成本　　B. 宽松的标准成本
   C. 现实的标准成本　　D. 正常的标准成本
6. 下列属于用量标准的是（   ）。
   A. 材料消耗量　　B. 小时工资率
   C. 原材料价格　　D. 小时制造费用率
7. 在标准成本制度下，分析计算各成本项目价格差异的用量基础是（   ）。
   A. 标准产量下的标准用量　　B. 实际产量下的标准用量
   C. 标准产量下的实际用量　　D. 实际产量下的实际用量
8. 本月生产 A 产品 8 000 件，实际耗用甲材料 32 000 千克，其实际价格为每千克 40 元。该产品甲材料的用量标准为 3 千克，价格标准为 45 元，其直接材料用量差异为（   ）元。
   A. 360 000　　B. 320 000　　C. 200 000　　D. －160 000
9. 降低产品成本的潜在的主要因素在于（   ）。
   A. 提高各产品的单位成本　　B. 分析资料的真实性

C. 增产和节约　　　　　　　　　D. 降低产品的成本

10. 企业的成本计划，按其编制依据可分为两大类，即(　　)。
   A. 生产费用预算和主要商品单位成本计划
   B. 生产费用预算和全部商品成本计划
   C. 生产费用预算和商品产品成本计划
   D. 主要商品单位成本计划和全部商品成本计划

11. 成本费用按其可控性可分为(　　)。
   A. 直接费用和间接费用　　　　B. 可控费用和不可控费用
   C. 变动费用和固定费用　　　　D. 产品成本和期间成本

12. 实际使用的人工工时脱离标准而形成的差异是(　　)。
   A. 人工效率差异　　　　　　　B. 人工工资率差异
   C. 材料价格差异　　　　　　　D. 材料用量差异

13. 材料实际价格脱离标准价格而形成的差异是(　　)。
   A. 人工效率差异　　　　　　　B. 人工工资率差异
   C. 材料价格差异　　　　　　　D. 材料用量差异

14. 变动制造费用小时分配率脱离标准而形成的差异是(　　)。
   A. 变动制造费用耗费差异　　　B. 变动制造费用效率差异
   C. 固定制造费用能量差异　　　D. 人工效率差异

15. 工业企业的生产成本是指(　　)。
   A. 总成本　　B. 制造成本　　C. 制造费用　　D. 营业费用

三、多项选择题

1. 标准成本控制系统的内容包括(　　)。
   A. 标准成本的制定　　　　　　B. 成本差异的计算分析
   C. 成本差异的账务处理　　　　D. 成本差异的分配

2. 固定性制造费用成本差异可分解为(　　)。
   A. 耗费差异　　B. 生产能力差异　　C. 效率差异
   D. 预算差异　　E. 能量差异

3. 在实务中，贯彻成本控制的例外原则时，确定"例外"的标志有(　　)。
   A. 重要性　　B. 一贯性　　C. 可控性
   D. 特殊性　　E. 标准性

4. 影响直接材料耗用量差异的因素有(　　)。
   A. 工人的技术熟练程度　　　　B. 设备的完好程度
   C. 用料的责任心　　　　　　　D. 废品率的高低
   E. 材料质量

5. 可以套用"用量差异"和"价格差异"模式的成本项目是(　　)。
   A. 直接材料　　　　　　　　　B. 直接人工
   C. 期间费用　　　　　　　　　D. 固定性制造费用
   E. 变动性制造费用

6. 影响人工效率差异的因素主要包括（　　）。
   A. 加工设备的完好程度　　　　　B. 工人的劳动生产率
   C. 产品质量控制制度　　　　　　D. 动力供应情况
   E. 材料的质量和价格

7. 工业企业的产品成本包括（　　）。
   A. 直接材料　　　B. 直接人工　　　C. 生产费用
   D. 制造费用　　　E. 营业费用

8. 下列属于产品成本支出的有（　　）。
   A. 购置无形资产　　　　　　　　B. 职工福利支出
   C. 违约金　　　　　　　　　　　D. 非常损失
   E. 修理期间的停工损失

9. 影响单位产品原材料消耗数量变动的因素有（　　）。
   A. 产品或产品零部件结构的变化
   B. 材料质量的变化
   C. 材料价格的变化
   D. 生产中产生废料数量和废料回收利用情况的变化

10. 成本控制的标准主要有（　　）。
    A. 目标成本　　　B. 设计指标　　　C. 库存现金限额
    D. 消耗定额　　　E. 费用预算

11. 成本控制一般包括的基本程序有（　　）。
    A. 制定成本控制标准　　　　　　B. 执行标准
    C. 确定差异　　　　　　　　　　D. 消除差异
    E. 考核奖励

12. 成本控制的原则包括（　　）。
    A. 节约性原则　　　　　　　　　B. 全面性原则
    C. 责权利相结合原则　　　　　　D. 目标管理原则
    E. 例外管理原则

13. 一个企业的成本控制系统包括（　　）。
    A. 组织系统　　　B. 信息系统　　　C. 考核制度　　　D. 奖励机制

14. 企业成本控制的方法有（　　）。
    A. 成本控制系统　　　　　　　　B. 成本预算控制
    C. 质量成本控制　　　　　　　　D. 成本定额管理
    E. 全面成本管理

15. 一个企业的质量成本包括（　　）。
    A. 预防成本　　　　　　　　　　B. 检验成本
    C. 外部质量保证成本　　　　　　D. 内部缺陷成本
    E. 外部缺陷成本

四、实务题

1. 某企业生产甲产品，单位产品耗用的直接材料标准成本资料如表8-3所示。

表 8-3 甲产品相关资料

成本项目	价格标准	用量标准	标准成本
直接材料	0.5元/千克	6千克/件	3元/件

直接材料实际购进量为 4 000 千克,单价 0.55 元/千克;本月生产产品 400 件,耗用材料 2 500 千克。

要求:
(1) 计算甲产品所耗用直接材料的实际成本与标准成本的差异。
(2) 将差异总额进行分解。

2. 某公司本月生产产品 500 件,使用材料 2 800 千克,材料单价 0.8 元/千克,直接材料的单位产品标准成本为 4.2 元,即每件产品耗用 6 千克直接材料,每千克的标准价格为 0.7 元。

要求:计算该公司直接材料标准成本差异,并分析其产生的原因。

3. 某公司本月生产产品 500 件,实际使用工时 900 小时,支付工资 4 800 元;直接人工的标准成本是 9 元/件,即每件产品标准工时为 2 小时,标准工资率为 4.5 元/小时。

要求:计算该公司直接人工标准成本差异,并分析其产生的原因。

4. 某企业有关变动制造费用资料如表 8-4 所示。

表 8-4 某企业有关变动制造费用资料

项　　目	静态预算	实际产量标准工时计算的弹性预算	实际发生的制造费用
产量/件	10	12	
标准直接人工工时	4 000	4 800	
变动制造费用/元	8 000	9 600	11 800

要求:计算该企业的变动制造费用差异,并分析其产生的原因。

5. 某企业月固定性制造费用预算总额为 100 000 元,固定性制造费用标准分配率为 10 元/小时,本月制造费用实际发生额为 88 000 元,生产 A 产品 4 000 个,单位产品标准工时为 2 小时,实际用工 7 400 小时。

要求:进行固定性制造费用差异分析。

6. 某公司甲产品的标准成本如表 8-5 所示。该公司标准产品工时为 40 000 小时。本期实际生产产品 7 800 件,有关实际成本资料为:购入直接材料 25 000 千克,单价 2.6 元;耗用直接材料 23 100 千克;耗用直接人工 40 100 小时,小时工资率为 7.3 元;变动制造费用额为 140 000 元;固定制造费用额为 160 000 元。

表 8-5 甲产品标准成本

项　　目	标准价格	标准用量	标准成本
直接材料	2.5元/千克	3千克	7.5元
直接人工	7.5元/千克	5小时	37.5元

续表

项　目	标准价格	标准用量	标准成本
变动制造费用	3元/小时	5小时	15元
固定制造费用	4元/小时	5小时	20元
单位产品标准成本			80元

要求：计算并分析直接材料差异、直接人工差异及制造费用差异。

7. 正方公司只生产一种A产品，该产品2009年6月的标准成本资料如表8-6所示。

表8-6　A产品2009年6月标准成本资料

项　目	金额/元
直接材料：4千克，每千克5元	20
直接人工：3小时，每小时12元	36
变动制造费用：3小时，每小时8元	24
固定制造费用	40
标准成本	120
标准利润	30
标准售价	150

2009年6月的预算固定制造费用为50 000元。假设原材料的库存水平保持不变，2009年6月的营业利润调节如表8-7所示。

表8-7　2009年6月营业利润调节

项　目	调　节
预算利润	34 500元
销售数量差异	1 500元（不利差异）
实际销售数量的标准利润	33 000元
销售价格差异	11 000元（有利差异）
成本差异：	44 000元
直接材料价格差异	1 070元（不利差异）
直接材料用量差异	750元（不利差异）
直接人工工资率差异	820元（不利差异）
直接人工效率差异	2 400元（不利差异）
变动制造费用支出差异	1 640元（有利差异）
变动制造费用效率差异	1 600元（不利差异）
固定制造费用支出差异	2 000元（有利差异）
固定制造费用数量差异	1 000元（不利差异）
实际利润	43 000元

要求：

(1) 计算如下指标：①实际销售数量；②实际生产数量；③每件实际售价；④每千克原材料实际价格；⑤实际工时；⑥实际变动制造费用；⑦实际固定制造费用。

(2) 指出并解释 2009 年 6 月营业利润调节表中出现的两个非常重要的差异和可能发生的原因。

五、案例分析题

1. 实行目标成本管理的实践①

成本是考核企业经济效益的一项综合性指标。在为数不少的企业中，核算成本往往是在各项开支之后算总账，这对于成本的高低失去控制的意义。实行成本目标管理，就可以做到事先控制，是提高企业经济效益的有力措施。红星电表厂自 2004 年实行目标成本管理以来，对企业的计划、生产和销售的全过程实行全员性的成本控制，收到较好的效果。2004 年比 2003 年可比产品成本下降 9.6%，其中 DD28 电度表单位成本由 19.03 元降至 16.94 元，下降了 11%；2004 年 7 月又降至 15.69 元，比 2003 年同期下降了 8.2%，比行业平均成本 18.97 元低 16%。由于成本降低，企业盈利显著增加。2004 年 1~7 月实现利润，按可比口径计算，比前年同期增长 1.4 倍。

1) 从分析产品成本入手，确定成本目标

最近几年，由于市场的变化，该电表厂的产品结构也随之发生较大变化，从生产精密电表、自动化装置，转而兼产民用单项电度表，但由于部分原材料提价和电度表连续降价（出厂价由 2003 年的 21.8 元，降至 2004 年的 17 元），严重影响了企业经济效益的提高。在这种严峻的挑战面前，该厂感到不能怨天尤人，无所作为，而是要眼睛向内，挖掘潜力，降低成本，用尽可能少的人力、财力消耗获取最大的经济效果。

基于这种认识，该厂开始实行以成本控制为主要内容的目标成本管理。把产量大，占用劳务、资金多的 DD28 电度表作为重点考核产品。财务人员到第一线了解生产经营活动整个过程和各种定额的执行情况，收集市场需求和价格变动情况，了解同行业的经济技术指标，掌握了大量的第一手资料，摸清了成本的真实性，发现了本厂成本偏高的原因：

一是工时定额偏高，有 30% 的超额因素。压缩定额，可降低单位成本额 1.40 元。二是材料工艺定额不合理，材料利用率不高，有 20% 的潜力。挖出这部分潜力，可降低单位成本额 0.20 元。三是外部件价格偏高。仅铝合金压铸件基架和磁铁盒两项就比厂内自己加工每只表多付外加工费 0.37 元。

此外，部分原材料和在制品储备量较大，资金占用较多，资金周转速度较慢，企业管理费和车间经费开支较多等，都影响着产品成本的降低。

在摸清家底的基础上，该厂又与全国平均水平和先进水平做比较。全国同行业 DD 电度表的平均单位成本为 21.50 元，最先进的电表厂的单位成本仅为 15.01 元。经过反复测算、比较，该厂找出了差距，提出降低成本力争达到 14.17 元的奋斗目标。

2) 从基础工作抓起，补充修订定额，实行两级核算

该电表厂制定了目标成本之后，从基础工作做起，补充修订了工时定额、材料消耗定额

---

① 资料来源：赵国忠，财务管理案例．北京：高等教育出版社，2004.

和资金费用定额。

2004年,通过开展技术大比武,提高了职工技术水平;实行超额计件奖,调动职工积极性,提高了生产效率,电度表单台耗用工时由4.5小时降至2.01小时。2005年,在此基础上,做了进一步调整。修订工时定额,改变过去凭经验估算的做法,采用"三查一测"的方法,即查同行业先进水平,查本厂历史最好水平,查现有实际水平,做现场技术测定,测算汇集了63 000个数据,制定工时定额比2004年实际降低31%。调整后的工时定额比同行业平均定额2.82小时低51%,处于全国领先水平。

在物资管理上,建立了完整的材料领用制度和回收制度,实行限额发料,并根据生产工艺重新编制了材料消耗定额,新定额比原定额下降了10%。

在资金管理上,着眼于提高资金的使用效果和时间价值,健全了各项资金的管理制度。制定和调整工具费、辅料费、办公费、交通费、杂品费等5项主要费用定额,分别比2004年实际支出压缩了20%~30%。2004年1~7月,工具、辅料等消耗性费用比前年同期下降67.4%,低值易耗品费用比前年同期下降58.6%。上述两项支出,比控制额低23.1%。此外,核定储备、生产、成品三大资金定额,按车间、部门下达资金、费用、成本的考核指标。同时还补充制定了主要产品的用量标准,加强了在产品管理。做到供应部门按定额采购原材料,生产部门和销售部门做到紧产快销,缩短了生产周期,加速资金周转。2004年1~7月,生产资金下降67.4万元,储备资金下降42.4万元,资金周转加速16.7%。

为了及时反映和分析企业经营活动的状况,在普遍修改定额后,实行两级核算。他们克服了人员不足、专业业务知识不足的困难,从车间抽出部分骨干,经短期培训,充实了核算队伍。在较短的时间内,制定出12种型号、222种规格产品,按工序划分的63万个零件、部件、组件和总装等厂内价格,为两级核算提供了可靠依据。现在车间核算员不仅能依据工、料、费消耗等统计资料核算出车间成本,还能根据厂内价格核算出车间利润,盈亏状况一目了然。

3) 分解指标,推行经济责任制

在推行目标成本管理时,该厂把目标成本与经济责任制挂钩,把生产成本的升降与职工个人的物质利益联系起来,调动了各部门和职工群众的积极性,使目标成本管理变成全厂职工的自觉行动,出现了对产品形成的各个环节实行严格控制的好局面。

2004年该厂把主要指标分解到部门、车间、班组,对车间实行定员、定产、定奖,生产工人按定额考核,超产计件,多劳多得;对科室也按经济责任制及基本职责考核。在奖金分配上,掌握"个人不封顶、部门不拉平、总额不突破"的原则,鼓励先进,鞭策落后,使目标成本管理得以顺利实行。人人精打细算,勤俭当家,使单位成本中的工资含量下降,材料消耗降低,车间经费支出也有较大幅度的降低。

进入2005年,该厂进一步抓住整顿完善经济责任制这一关键环节,在全厂建立了150个责任岗位,957项责任条款。下达指标,组织各部门、车间算节约账、增收账。经过综合平衡,把14.17元的目标成本分解为51项指标下达各部门,各部门又进一步分解成84项指标,分配给各车间。同时还制定了考核体系、计奖和实施办法。

属于与经济指标直接有关的科室,采取指标包干,超指标增奖,完不成指标受罚的办法;属于以工作指标为重点考核内容的科室,则定出具体指标,按百分制考核;属于科研新品种试制,投产项目直接有关的科室,采取项目包干定奖的办法。

生产车间实行"四定、三保、八包"的考核办法，分解指标，分别落实到班组、个人、机台，群策群力，提合理化建议，改进工艺，提高技术，提高质量，降低成本。

要求：

（1）分析企业目标成本实现的主要途径有哪些？

（2）分析成本控制的基本方法有哪些？

（3）比较事前成本控制与事后成本控制的优劣。

2. 标准成本制度的实施①

宏远机床附件厂有职工 800 人，主要产品为液压头，月生产能力为 800 只。该厂生产设备落后，成本管理较差。企业年初采用标准成本制度进行成本控制，为缩短与先进水平之间的差距，该厂以同行业的先进水平作为制定成本标准的依据修改原有的定额指标。并以此考核职工的业绩。

（1）制定产品各成本项目的标准如表 8-8～表 8-10 所示。

表 8-8 材料

项目	标准用量/千克	标准价格/元	标准成本/元
铸铁	20	0.50	10
合金钢	5	2.60	13

表 8-9 人工工资

项目	标准工时/小时	标准工资率/(元/小时)	标准成本/元
工资级别	180	0.50	90

表 8-10 制造费用

变动性制造费用			固定性制造费用		
标准分配率/(元/小时)	标准工时/小时	标准成本/元	标准产量/件	预算费用/元	标准成本/元
0.10	180	18	800	32 000	40

企业对变动成本实行弹性控制，对固定成本实行总额控制。

（2）该企业 7 月计划产量 800 件，预算标准变动成本 104 800 元，固定成本 32 000 元，预计总成本为 136 800 元。标准单位成本为 171.00 元。

实际执行的结果超过了预计的范围：实际成本高达 148 757 元，与标准总成本（实际产量×单位标准成本）比较成本差异达 15 377 元。为此，厂长派你深入各部门了解情况，分析成本差异，提出意见。

（3）从财务科了解到，自实行标准成本制度以来，今年 1～6 月的成本情况如表 8-11 所示。

---

① 资料来源：单祖明，管理会计学习指导与训练.2 版.北京：高等教育出版社，2007.

表 8-11 有关标准成本和实际成本资料表

月份	标准成本			实际成本		
	变动成本/元	固定成本/元	合计/元	实际产量/件	实际总成本/元	单位成本/元
1	104 800	32 000	136 800	800	141 600	177
2	103 490	32 000	135 490	790	142 200	180
3	102 180	32 000	134 180	780	139 620	179
4	104 800	32 000	136 800	800	144 800	181
5	100 870	32 000	132 870	770	141 680	184
6	102 180	32 000	134 180	780	145 080	186

7月的实际产量780件，其成本资料如下：

① 材料耗用，其中铸铁18 000千克，实际成本9 000元；合金钢4 400千克，实际成本12 320元。

② 工资支出，其中实际工时144 300小时，实际工资74 593元。

③ 变动性制造费用15 444元，固定性制造费用37 400元。

从劳动工资科了解到：7月按国家规定给职工增加了工资，平均每人增加4元，共3 200元，其中生产工人2 400元，管理人员800元。

从生产计划科了解到，有近60%的职工未能完成生产定额，厂里经常组织工人加班，并发给加班工资。

从供应科了解到，供应单位提高了合金钢的价格，每千克提高0.20元。

从设备部门了解到，上月新增两台设备，每台100 000元，月折旧费4‰，替代四台不适用的旧设备，每台原值30 000元，月折旧费4‰，新设备使用后，旧设备未及时处理。

另外，本月支出的各种捐款、资助费、社会事业费等计3 000元，比上月增加一倍。其他情况同上月相差不多。

在深入各部门的过程中，还听到了一些人对标准成本的议论：有人认为标准制定不合理；也有人认为标准是合理的，主要是执行的原因；也有人认为标准反映基本情况，有些情况是难以估计的，所以偏离标准是正常的。

要求：

（1）了解上述情况后，请你计算分析差异的原因。

（2）对现行的标准提出评价。

（3）分析如要修改标准，你认为在何种水平较高？

第 9 章

责任会计

ZEREN KUAIJI

【核心概念】

责任会计 责任中心 成本中心 责任成本 利润中心 投资中心 投资报酬率 剩余收益 内部转移价格

【学习目标】

知 识 目 标	技 能 目 标
1. 掌握责任中心的种类、特征和考核标准 2. 掌握建立责任会计制度应遵循的原则 3. 掌握内部转移价格的制定方法	1. 能进行成本中心的设置与考核 2. 能进行利润中心的设置与考核 3. 能进行投资中心的设置与考核 4. 能制定内部转移价格

【导入案例】

中华制药厂生产的感冒灵和润喉丸是两种拳头产品，市场旺销，特别是在冬季，产品供不应求。今年春节期间，该厂销售部门要求进行突击生产，加班加点，生产更多的产品以增加销售，提高利润。然而生产部门却反对这一做法，认为这样做要打乱全年生产计划，花费的代价太大。另外，生产部门知道，由于节假日加班加点要支付3倍的工资，因此产品成本提高，在进行一系列成本指标考核时，显然对生产部门十分不利。所以生产部门竭力反对，并抱怨销售部门只顾自己的销售，而不考虑生产部门的苦衷。但销售部门马上提出，生产部门是否愿意承担失去大量客户的责任，是否考虑到销售收入和企业利润等各项经济指标。当然生产部门是不愿意承担责任的，双方争执不下，最后矛盾上交到了厂长。厂长请财务经理提出意见，是否接受各项加班加点任务，怎样处理生产部门和销售部门之间的矛盾。

假如你是财务经理，应该怎样回答这两个问题。这就运用到了本章责任会计的内容，需要对生产部门和销售部门两个利润中心分别进行考核，对全厂这个投资中心进行总体评估。

9.1 责任会计概述

企业在预测分析与决策分析的基础上编制了全面预算，为企业在预算期间生产经营活动的各个方面规定了总的目标和任务。为保证这些目标和任务的实现，必须将全面预算中确定的指标按照企业内部管理系统的各个责任中心进行分解，形成"责任预算"，使各个责任中心明确自己的目标和任务。全面预算通过责任预算得到落实和具体化，而责任预算的评价和考核，则通过"责任会计"来进行。

9.1.1 责任会计的意义

责任会计是企业为了适应经济责任制的要求，将企业内部划分为若干**责任中心**，并对各责任中心负责的经济活动进行预算控制和业绩考核，将会计工作同责任制度紧密结合起来的一种企业内部控制制度。

责任会计的发展与公司组织的发展及其规模的不断扩大密切相关。随着企业规模的逐渐扩大以及多元化经营的发展，企业管理模式由集中管理转变为分散管理，成为一种必然的趋势，企业的最高领导人再也没有能力，也没有精力对一切大小事宜亲自过问。因此，必须把一部分管理、决策的权限下放到企业的各个层次，形成各种责任中心，每个责任中心行使特定的权力并承担特定的责任。企业建立责任会计的作用表现为以下几方面。

1. 有利于落实企业经济责任制

经济责任制的主要内容就是要明确各部门的经济责任，并赋予相应的管理权力，以保证各责任层次完成他们的职责和任务，并对他们的工作业绩与成果进行评价和考核，同时与部门及职工经济利益直接挂钩，以调动他们工作的积极性。责任会计要求把经济责任落实到各基层单位，划清各部门单位的经济责任，并通过会计核算资料计量考核各责任单位的经营成果。责任会计体现了经济责任制的要求，有利于企业落实经济责任制。

2. 有利于企业总目标的实现

责任会计将企业经营总目标按照各个责任单位进行层层分解，形成了责任预算，使企业各责任中心的经营目标与整个企业经营目标统一起来，确立了经营目标的一致性；同时促使企业各个责任中心为保证企业经营总目标的实现而协调地工作，避免本位主义的不良倾向，提高工作效率。

3. 有利于成本控制

责任会计制度的一项重要内容就是建立一套完整的记录、计算、积累有关责任成本的核算制度，加强对可控成本的控制，达到降低成本，提高经济效益的目的。

4. 便于及时反馈经济信息

实行责任会计，可以使企业部门及有关责任者及时了解其责任履行情况，检查是否达到目标，及时进行信息反馈、总结经验、及时发现和解决生产经营过程中存在的问题，以达到或超过预期的目标。

9.1.2 责任会计的内容

为建立一套行之有效的责任会计制度，责任会计的主要内容应包括下列内容。

1. 明确经济责任指标

经济责任指标，要根据分权管理模式下各部门的经营特点和业务性质来设定，应具有可操作性和可控性。用于反映企业经济责任的指标有成本、收入、贡献毛益、税前利润、资金周转率、投资收益率、废品损耗率等。

2. 划分责任中心

按照管理可以明确分工，责任可以明确辨认，成果可以单独考核的原则，把整个企业内部单位划分为若干责任中心，并规定这些中心对他们分工负责的成本、收入、利润等指标，并向上一级管理机构承担责任，同时给予他们相应的经营管理权，明确奖惩办法。

3. 确定业绩评价的标准

为了在事后评价和考核责任中心执行责任预算的情况，必须事先确定考核的标准。一个良好的考核标准，应具有协调性、可控制和可计量性。建立责任中心后，必须将企业全面预算的目标和任务，在责任中心之间进行层层分解，编制责任预算，明确各责任中心的工作目标和责任范围，作为控制企业各责任中心日常经营活动，评价经营业绩的标准。

4. 建立定期报告制度

以责任中心为单位，建立一套完整的日常信息跟踪汇总系统，以书面报告的形式，定期向上一级责任中心呈报。报告的时间间隔期要随责任指标的性质不同而不同。例如，成本指标报告间隔期要短一些，而收入指标报告间隔期要长一些。

5. 考核责任预算

责任预算规定了各类责任中心目标后，应在经营活动开始前将目标下达给各责任中心的负责人，使他们按预算来控制本责任中心的经营活动。在责任中心体制下，对实际发生业务的记录，要按责任中心来汇集和分类。即对发生的收益和费用按责任中心设置明细账进行分类核算，并按责任中心编制"业绩报告"。最后通过各责任中心业绩报告的预算数和实际数的对比，计算差异并分析形成原因，揭示各责任中心的工作业绩及存在的问题，按事先制定的考核标准，做到赏罚分明，客观公正。

9.1.3 建立责任会计制度的原则

责任会计是一种管理活动，它是以企业内部各责任单位为基础，以保证企业全面预算的顺利执行和不断提高经济效益为目的，主要通过价值形式对企业内部生产经营过程中的耗费、占用和收益进行反映和监督，为了充分发挥责任会计的职能作用，企业在实施责任会计制度时应符合以下几项基本原则。

1. 责权利相结合原则

企业建立责任中心后，必须制定每个责任中心的职责范围，使其明确各个责任中心经济责任；其次必须赋予各个责任中心相应的管理决策权力，以保障各责任中心顺利执行责任预算，同时又不能影响干扰其他责任中心的经济活动；最后应制定合理奖惩措施，并切实执行，以调动各责任中心工作积极性。

2. 可控制原则

可控制原则是指各个责任单位只对它们责权范围内可控制的成本、收入、利润和资金负责，在编制责任预算和业绩报告中也只应包括他们能够控制的项目，对于那些不能控制的项目则应排除在外，以保证与责权利相结合原则的紧密结合。若把那些由于责任中心不可控制的因素产生的责任指标的差异计入该责任中心的业绩评价，势必会影响到该责任中心和积极性，最终无法实现责任会计的目的。

3. 反馈性原则

贯彻执行责任会计制度还需要有反馈，执行情况的信息传递系统，应该有一个良好的记录和报告制度，使各责任部门及责任者能够及时了解各自的预算情况。通过与责任预算对比分析，一方面可以使责任者正确了解经过自己努力所取得的工作业绩，以及存在的问题，使领导者不失时机地得到信息，进行改进调整责任中心的经济活动。另一方面通过信息反馈可以使责任者及时了解到责任范围内出现的各种情况，并依靠自身的能力，对环境变化所产生的影响及时化解。最后通过准确、可靠的信息反馈使企业领导者做出科学合理的决策。反馈原则要求经济活动的报告应及时，数据要真实可靠。

4. 及时性原则

责任会计为了进行有效控制，需要建立信息反馈系统，而反馈系统的作用在很大程度上取决于信息反馈的及时性。因此，各责任单位在编制业绩报告以后，应迅速做出反应，把有关信息反馈给责任者，以便它们能够迅速地调控自己的行为。同时及时地反馈信息还有助于尽快发现和调整业绩报告中出现的不可控因素，以保证对责任者的业绩进行考核评价的客观性、正确性。

5. 目标性原则

目标性原则是指各责任单位的具体目标与经营活动必须同企业经营总目标保持一致。目标一致原则要求各责任单位和责任预算必须建立在企业全面预算目标基础上，是总目标的具体化和阶段化，各责任单位的日常经营活动必须符合企业的整体利益，确保整体利益的最大化。企业在实行分权管理的情况下，往往会出现各职能部门，各车间的局部目标同整个企业总目标的差异性，这时就需要各个职能部门及各车间应以企业的总体目标为主，协调地完成企业的总目标，否则企业总目标就难于实现。

9.2 责任中心的设置和考核

确定责任中心是责任会计制度的基础。所谓责任中心就是指企业内部的成本、利润、投资发生单位，这些内部单位被要求完成特定的职责，其责任人被赋予一定的管理决策权力以便对该责任区域进行有效的控制，可见责任中心即是各个责任单位能够对其经济活动严格控制的区域。

如何建立责任中心，建立多少责任中心，完全取决于企业的具体情况和内部管理的需要，通常根据企业经营活动的不同特点，考核工作业绩的不同重点，以及不同责任中心的控制范围和责任对象的特征，将责任中心分为成本中心、利润中心和投资中心三种类型。

9.2.1 成本中心及其考核

1. 成本中心的概念

成本中心是责任人只能对其责任区域内发生的成本负责的一种责任中心。成本中心是成本发生的单位，一般没有收入的发生，或仅有少量无规律的收入，其责任人可以对成本的发生进行控制，但不能控制收入、利润的形成和投资活动。所以成本中心只需对成本负责，不需对收入、利润情况和投资效果承担责任。

成本中心的应用范围最广。凡是企业内部有成本的发生，需要对成本负责，并能进行控制的单位，都是成本中心。企业内的个人、班组、工段、车间、部门、分厂、分公司都可以是成本中心。几个小成本中心可能组成一个较大的成本中心，同样几个较大成本中心可以形成很大的成本中心，最终在企业中形成了有上下级关系的成本中心体系。

2. 成本中心的类型

成本中心一般分为标准成本中心和费用中心。标准成本中心是指那些有明确、具体的产品，且对生产产品所需的各种费用要素投入量能够合理预计的成本中心。例如，生产产品的车间或生产配件的班组都是标准成本中心。费用中心则是指那些工作成果不是明确的实物且无法有效计量，或者投入与产出之间没有密切联系的成本中心。例如，行政管理、总务部门、财会部门都是费用中心。

成本中心还可以划分为基本成本中心和复合成本中心，基本成本中心是最基层的成本中心，它没有下属成本中心，不能够进一步分解。复合成本中心之下设若干个下属成本中心，并对其下属成本中心发生的成本负责。

3. 责任成本与可控成本、产品成本的关系

成本中心计算考核的是**责任成本**，而不是传统的产品成本，作为责任成本它必须是可控

成本，所谓的可控成本就是指在特定时间内，特定责任人可以直接控制其发生的那部分成本。作为可控成本必须符合以下三个条件：

(1) 成本中心可以知道将要发生什么性质的耗费。
(2) 成本中心可以计量发生的耗费。
(3) 成本中心可以控制调节发生的耗费。

某个成本中心，可控成本之和即为该成本中心的责任成本，但是应该注意的是一个成本中心的不可控成本，往往是另一个成本中心的可控成本，下一级成本中心的不可控成本，对于上一级成本中心来说往往则是可控的。例如，因材料质量问题而引起的材料成本消耗量差异是生产车间的不可控成本，但它却是企业采购部门的可控成本项目。

成本中心只能对其可控成本产生影响，对不可控成本的发生却无能为力。因此，在计算责任成本时只能包括可控成本。

对成本中心进行考核的主要内容是责任成本，责任成本和产品成本是两个完全不同的成本概念，但又是相互联系的。责任成本是以责任中心为成本计算对象归集分配产品生产耗费的，按责任中心负责人的责任范围核算的成本，其原则是"谁负责、谁负担"。产品成本按产品品种作为成本计算对象来归集分配各项生产费用，计算出各种产品的成本，其原则是"谁受益、谁负担"。核算产品成本主要目的在于反映和监督产品成本计划完成情况，实行经济核算制、制定未来合理价格、规划目标利润，而确定责任成本的主要目的则在于反映和考核责任预算的执行情况，控制生产耗费，贯彻执行经济责任制，评价职工的工作业绩。不过产品成本和责任成本两者之间是相互联系的，从某一定时期而言，全企业的产品总成本和全企业的责任成本总和是相等的。

【例题解析9-1】 中华制药厂全年生产甲、乙、丙三种药品，共设有五个成本中心，即第一车间、第二车间、供电车间、财务处、后勤处。产品成本的有关资料如表9-1所示。

表9-1 产品成本资料

项　　目	金额/元
直接材料	228 000
直接人工	153 600
制造费用	184 800
其中：间接材料	38 400
间接人工	24 000
管理人员工资	16 800
折旧费	43 200
水电费	36 000
其他	26 400

现根据上述成本费用资料，分别按产品品种和成本中心编制产品成本计算单和责任成本计算单，如表9-2所示。

表9-2 产品成本和责任成本计算单

成本项目	产品成本计算单				责任成本计算单					
	甲	乙	丙	合计	一车间	二车间	供电车间	财务处	后勤处	合计
直接材料	98 400	57 600	72 000	228 000	120 000	108 000				228 000
直接人工	52 800	40 800	60 000	1 536 000	116 880	36 720				153 600
制造费用										
间接材料	21 600	7 200	9 600	38 400	9 120	9 600	13 440		6 240	38 400
间接人工	12 000	4 800	7 200	24 000	9 600	4 560	5 520		4 320	24 000
管理人员工资	8 400	2 640	5 760	16 800	5 280	1 920	2 640	4 080	2 880	16 800
折旧费	16800	14 400	12 000	43 200	12 720	10 080	6 000	7 920	6 480	43 200
水电费	19 200	4 800	12 000	36 000	9 840	8 640	5 280	6 240	6 000	36 000
其他	9 600	7 440	9 360	26 400	8 880	6 240	4 560	3 600	3 120	26 400
制造费用合计	87 680	41 280	55 920	184 800	55 440	41 040	37 440	21 840	29 040	184 800
成本合计	238 800	139 680	187 920	566 400	292 320	185 760	37 440	21 840	29 040	566 400

4. 成本中心的考核

责任中心必须定期编制"业绩报告",对一定期间责任预算的完成情况进行反映。企业管理部门应根据"业绩报告"对各责任中心的工作业绩进行评价、奖优罚劣,并及时提出对各部门有关工作的改进意见建议,以达到责任会计提高各责任部门工作的积极性,有效地控制成本,促进企业总体目标与各责任中心的目标一致,最终实现企业的整体目标的目的。

成本中心一般没有收入来源,只对成本负责,所以对成本中心的业绩考核和评价应以责任成本为重点内容,即以成本中心的业绩报告为依据。衡量责任成本实际的发生数和预算数之间差异有多少,并进一步分析差异性质及产生差异的原因。

成本中心编制的"业绩报告"一般采用三栏式,即该中心各项可控成本预算数,实际数和差异数三个栏目。并按各项可控成本的明细内容列示项目,同时还应该运用金额、实物或时间量度指标进行反映。成本中心的"业绩报告"的格式和内容如表9-3所示。

表9-3 2011年1月中华制药厂第一车间(成本中心)业绩报告　　　　单位:元

项 目	预算数	实际数	差异额
下属转来责任成本			
一 工序	52 000	52 800	+800
二 工序	48 000	46 900	-1 100
小计	100 000	99 700	-300
本车间可控成本			

续表

项 目	预算数	实际数	差异额
工人工资	7 500	7 680	+180
管理人员工资	5 600	5 450	-150
折旧费	7 000	7 000	0
修理费	6 000	6 400	+400
机物料	2 000	1 880	-120
其他	1 500	1 640	+140
小计	29 600	30 050	+450
本车间责任成本合计	129 600	129 750	+150

成本中心编制的"业绩报告"中，成本实际数超过预算数的差额为不利差异一般以"U"或"+"表示。成本实际数小于预算数的差异则为有利差异，一般以"F"或"-"表示。在实际工作中，为了便于差异分析、巩固成绩纠正缺点，有效进行成本控制，并为以后责任预算的制定提供依据，我们可在"差异"栏后面加上"差异原因分析"栏目，对差异进行逐项说明。

企业内部的各个责任中心是自下而上逐级设置的，这样要求各个成本中心的责任预算和业绩报告也应自下而上，从最基层的基本成本中心逐级向上汇编，最后到达最高管理层次。所以成本中心的责任预算和业绩报告除了最基层的基本成本中心的责任成本就是它本身的可控成本项目之和外，其他层次的成本中心即复合成本中心的责任成本一般应包括两个部分：一部分是本中心的可控成本项目之和，另一部分应是下属成本中心转来的责任成本，如在表9-3中第一车间的责任成本就包括本车间的可控成本和下属单位转来的责任成本。

对于成本中心发生的不可控成本，在编制实绩报告时一般不予列示，以便突出责任中心的可控成本。或者是将不可控成本作为实绩报告的补充资料列在下面，以便管理人员能够全面了解各个成本中心在一定时间内发生各种耗费的全貌。

9.2.2 利润中心及其考核

1. 利润中心的概念

利润中心是责任人对其责任区域内的成本和收入均要负责的责任中心。利润中心的责任人既能控制其成本的发生，又能控制其收入的产生和利润的形成，但不能控制投资活动。利润中心是属于企业的较高层次，同时具有生产和销售职能，有独立的、经常性的收入来源，可以决定生产什么产品、生产多少、生产资源在不同产品之间如何进行分配，也可以决定产品以什么价格出售及制定销售的政策和价格策略。可见，与成本中心相比较，利润中心具有更大的自主经营权，如分公司、分厂、事业部都是企业利润中心。目前西方国家有很多企业把条件成熟的生产车间或部门也建成为利润中心，以此来扩大企业的经营范围，使企业朝着分散经营、跨行业经营的方向发展。

2. 利润中心的种类

利润中心分为两种形式，即自然形成的利润中心和人为划分的利润中心。自然形成的利润中心是企业内部的一个责任单位，它既可以向企业内部其他责任部门提供产品或劳务供应，又可以直接向企业外部市场销售产品，提供劳务以获取收入并赚取利润，如一个同时兼负有生产和对外销售任务的分厂可以作为一个自然的利润中心。人为划分的利润中心一般不直接对外销售，只对本企业内部各责任单位提供产品或劳务，但必须按照内部转移价格进行内部结算，实行合理价格交换，并确认收入、成本和利润。例如，某造纸企业设有三个基本生产车间，即制浆、制纸和包装车间，制浆车间将产品纸浆按内部转移价格出售给造纸车间，造纸车间又将产品纸出售给包装车间，包装车间又将包装好的产品出售给企业的厂部，这样它们各自独立核算，通过销售收入来补偿成本，并计算损益，所以上述三个基本生产车间就被人为地划分为三个利润中心。事实上，任何一个成本中心均可以通过对其产品确定一个内部价格而成为一个人为的利润中心，如企业的供水车间、供电车间按厂内价格向其他部门供水、供电，也可作为利润中心。

利润中心就其利润向上级负责，实际上也就是对成本和收入负责。作为利润中心都必须进行成本计算，以便正确地计算损益，作为业绩评价和考核的可靠依据。对利润中心的成本计算通常有两种方法可供选择，一种是利润中心只计算其可控成本，不分担其不可控的共同成本。按这种方式计算出来的利润，实质上是企业的"贡献毛益总额"。企业各利润中心的"贡献毛益总额"之和减去各利润中心分担的共同成本，才是企业的税前利润总额。这种成本计算方法一般适用于人为划分的利润中心。另一种是中心不仅要计算其可控成本，还要计算其不可控的成本，最终按照变动成本法或全部成本法不同损益确定方式分别计算出损益结果，即税前利润，然后把各利润中心的税前利润进行汇总计算出企业的税前利润总额。这种成本计算法一般适用于自然形成的利润中心。

建立利润中心，应本着企业统一领导与分散经营相结合的原则，有利于各利润中心在企业总体目标引导下，充分发挥各利润中心的积极性，为企业多创造财富、最终实现企业利润最大化的目标。

3. 利润中心的考核

利润中心既对成本负责，又对收入和利润负责，所以对利润中心进行考核评价时，应以销售收入、贡献毛益总额和税前利润作为重点，所以要求其责任预算中应包括销售收入、变动成本、贡献毛益、期间成本及税前利润等五部分内容，编制的"业绩报告"也是采用三栏式即预算数、实际数和差异数三个栏目。其中收入和成本应尽可能按其明细项目逐项列示，以便深入分析。

利润中心的业绩报告的编制方法和程序，和成本中心实绩报告基本相同。但是，对于销售收入、贡献毛益和税前利润等指标的预算数和实际比较时，则是相反的，实际数大于预算数为有利差异，以"F"表示，若是实际数小于预算数则为不利差异，以"U"表示。

但是，由于利润指标本身并不是一个十分明确的概念，在实务中因为责任成本确认范围不同造成利润指标选择上也有不同。一般可以选择的指标有贡献毛益、可控贡献毛益、中心贡献毛益和中心税前利润等。

【例题解析9-2】中华制药厂某利润中心有关资料如表9-4所示。

表 9-4　中华制药厂某利润中心有关资料

项　　目	金额/元
销售收入：	185 000
变动生产成本：	96 000
变动推销管理费用	14 000
中心可控固定成本	12 000
中心不可控固定成本	6 000
公司分配来固定成本	15 000
则该利润中心有关利润指标计算如下：	
销售收入	185 000
减：变动成本	110 000
贡献毛益	75 000
减：中心可控固定成本	12 000
中心可控贡献毛益	63 000
减：中心不可控固定成本	6 000
中心贡献毛益	57 000
减：公司分配来固定成本	15 000
税前利润	42 000

对该利润中心进行考核评价时，因为所选择的评价指标不同其结果也是有所差异的。选择贡献毛益作为评价利润中心业绩的考核指标时，忽略了可控固定成本的影响，这是不全面的，利润中心并没有对该中心可以控制的全部成本负责。而且有时责任人为了美化本中心的业绩还可人为地不合理划分固定成本和变动成本核算，造成本部门变动成本的降低却增加了固定成本支出，不利于企业整体效益。采用中心可控贡献毛益进行考核评价，则较好地考虑了利润中心对成本的实际控制范围，能够比较准确地反映利润中心的工作实绩。中心贡献毛益反映了该利润中心对企业所做出的贡献，但是却把责任中心无法控制的那部分成本支出在收益中补偿，所以不适合作为评价利润中心及其责任工作业绩的指标。至于税前利润虽然通过汇总便于考查整个企业的盈亏情况，但是却在利润中心中加入责任人无法控制的公司固定成本，就更不宜作为利润中心及责任人业绩评价的依据。

利润中心业绩报告的一般格式如表 9-5 所示。

表 9-5　2011 年 1 月利润中心业绩报告　　　　　　　　　　　　　　单位：元

项　　目	预　　算	实　　际	差　　异
销售收入	180 000	185 000	+5 000(F)
变动成本			
变动生产成本	93 000	96 000	+3 000(U)

续表

项　　目	预　　算	实　　际	差　　异
变动推销管理费	13 000	14 000	+1 000(U)
贡献毛益	74 000	75 000	+1 000(F)
减：期间成本			
发生固定成本	18 200	18 000	−200(F)
分配固定成本	15 000	15 000	0
税前利润	40 800	42 000	+1 200(F)

9.2.3 投资中心及其考核

1. 投资中心的概念

投资中心是在对责任区域内的成本、收入及利润负责的同时，又要对投入全部资产的使用效果进行负责的责任中心，投资中心实质上也是一种利润中心，但它控制的区域和职权范围比一般的利润中心要大得多。投资中心是企业最高层次的责任中心，它不但具有充分的经营决策权，而且具有一定的投资决策权。其责任人既能控制责任中心的成本形成，也能控制拥有的资金。整个企业本身就可以作为一个投资中心。

企业在设立投资中心时应充分考虑下列两个问题：一是投资决策权必须得到落实，因为投资中心通常适用于规模和经营管理权较大的单位，如分公司、分厂等。它们的领导应向公司的总经理或董事会直接负责，所以投资中心就必须有实实在在的决策权力，只有这样设立投资中心才有真正意义。除非有特殊情况，公司高层领导一般不对投资中心加以干涉。二是为了准确计算各投资中心的经济效益，必须对各投资中心共同使用的资产进行明确划分；对共同发生的成本应按适当标准进行分配，各投资中心之间相互调剂使用资金、存货或固定资产均要实行有偿使用。只有这样，才符合责任会计的基本要求，才能真实计算、评价、考核各投资中心的经济效益和工作业绩。

不同的责任中心在企业处于不同的地位。投资中心处于企业的最高层次，就其利润和投资效果向企业最高领导阶层负责，下辖许多利润中心或成本中心；利润中心就其收入及形成利润向投资中心负责，其下辖许多成本中心，各成本中心就责任成本向上级利润中心或投资中心负责；上级成本中心下辖若干下级成本中心，并就责任成本对上级成本中心或控制利润中心进行负责，是属于企业中最基础的层次。这样企业整个就形成了一个连锁责任网络。

2. 投资中心的考核

责任中心设置是企业的组织结构向分权化急剧发展必然结果。特别是投资中心，它们的管理人员在其职责范围内处理各项经济业务有较大的自主权。在一定程度上，投资中心责任人就像经营自己独立的企业一样经营着投资中心，不仅要求对成本、收入和利润负责，还应该对投资效果进行负责。因而对投资中心的考核与评价除成本、收入和利润等指标外，重点应放在"投资报酬率"和"剩余收益"两个指标上。

1) 投资报酬率

投资报酬率是反映投资获利能力的指标,其计算公式如下:

$$投资报酬率 = \frac{营业利润}{营业资产占有额} \times 100\%$$

$$= \frac{营业利润}{营业收入} \times \frac{营业收入}{营业资产占有额} \times 100\%$$

$$= 销售利润率 \times 资产周转率$$

过去企业管理者往往只关心销售利润率的高低,没有发现资产周转率对企业效益的影响。销售利润率的高低虽然能够反映管理者某方面的工作业绩,但是从整个企业的利益角度出发,如何充分利用企业所拥有的资源,使其发挥最大的效用这才是最重要的问题。投资报酬率能综合反映一个投资中心,一个企业,甚至是一个行业的各方面的全部经营成果。通过这项指标可以在同一企业不同投资中心之间,或者在同一行业不同企业之间进行比较,从而做出最优的决策。因为投资报酬率综合了销售利润率和资产周转率两个指标,所以成为投资中心考核评价投资成果的最佳指标。

【例题解析9-3】 中华制药厂有甲乙两个制药中心均为投资中心,某期有关数据资料如表9-6所示。

表9-6 中华制药厂甲、乙制药中心有关资料

项目	甲中心	乙中心
销售收入	140 000	2 100 000
营业利润	77 000	132 300
销售利润率	5.5%	6.3%
营业资产占用额	280 000	482 000
资产周转率	5	4.356
投资报酬率	27.5%	27.4%

从上例中可以看出,乙中心的营业利润及销售利润率都比甲中心高,但是由于乙中心的资产周转慢,最终使它的投资报酬率比甲中心还略低一点,所以如果考虑到乙中心所占用的资产额较大,甲乙两个投资中心相比较而言,乙中心应相对略逊一筹。

投资报酬率对企业来说,是一项正指标越高越好。要提高投资报酬首先应改进产品设计,增加产量,在提高产品质量的基础上提高产品售价,扩大销售收入。同时应该提高劳动生产率,降低原材料和动力消耗等,提高销售利润率,并充分利用企业的经济资源,确定合理存货水平,加速应收账款的回收,对多余闲置的资产应加以合理安排利用,想方设法加速资产周转率。

不过,投资报酬率这项评价指标也有其不足之处。例如,因为企业账面资产价值的失真,从而使企业每年少计折旧额,虚增盈利,使计算出的投资报酬率不真实,包含许多水分。同时,如果按照投资报酬率对投资中心的业绩进行考核评价,往往会使有些投资中心产生本位主义思想只顾本部门利益,却放弃了对企业整体有利的投资项目,或者出现有些投资活动有损于整个企业的经济利益,造成投资中心的近期目标和企业的长期目标相矛盾。

【例题解析9-4】依上例,企业要求甲中心开发生产新产品A,预计需要增加投资额60万元,预计每期可以增加销售收入260万元,营业利润为13万元,则甲中心的投资报酬是:

$$投资报酬率 = \frac{77\,000+130\,000}{280\,000+600\,000} = 23.52\%$$

这时甲中心投资报酬率由原有27.5%下降到23.52%。比乙投资中心还要低,造成甲中心不愿意接受投资生产新产品这一项目,影响到企业整体的长期经济利益。

为了克服投资报酬率的这种局限性,管理会计中引入了"剩余收益"这一评价指标来考核评价投资中心。

2)剩余收益

剩余收益是指从投资中心的营业利润中扣除其营业资产按其预期最低的报酬率计算的投资报酬后的余额。剩余收益计算公式如下:

$$剩余收益 = 营业利润 - 营业资产 \times 预期最低报酬率$$

采取剩余收益指标去评价考核投资中心的工作业绩,它克服了投资报酬率这一指标的不足之处,有利于防止各投资中心的本位主义,使投资中心的责任人由追求投资报酬率最大化转变为追求剩余收益的最大化,使各投资中心不愿拒绝对企业整体有利的投资项目,同时也不会接受对企业整体或长期利益不利的投资项目,最终保证投资中心的利益和企业的整体利益的高度统一。

【例题解析9-5】依上例,若企业预期最低的投资报酬率是15%,则甲投资中心如果不愿意开发生产新产品投资,则其剩余收益是:

$$剩余收益 = 77\,000 - 280\,000 \times 15\% = 35\,000(元)$$

如果甲投资中心同意接受开发生产新产品投资,则其剩余收益则是:

$$剩余收益 = (77\,000+130\,000) - (280\,000+600\,000) \times 15\%$$
$$= 75\,000(元)$$

通过比较,接受开发新产品投资后剩余收益提高了许多。甲中心肯定比较愿意接受的。

但是,剩余收益这一指标它不能够在不同规模的投资中心之间进行有意义的比较,因为它毕竟是一个绝对数指标。投资多、规模大的投资中心虽然投资报酬率不高,但是计算的剩余收益很容易比那些规模小、投资不多但投资报酬率高的投资中心剩余收益更多,所以为了全面综合评价和考核投资中心的业绩,应当充分发挥上述两种指标的各自优点,把它们两者灵活结合起来加以运用。

投资中心的业绩报告,应列出销售收入、销售成本、营业利润、营业资产占用额、销售利润率、资产周转率,投资报酬率及机会成本等指标的实际数、预算数和差异数。例如,某投资中心的最低预期报酬率为15%,编制的业绩报告如表9-7所示。

表9-7 2011年度投资中心业绩报告 单位:元

项　　目	预算数	实际数	差异数
销售收入	800 000	880 000	80 000
销售成本	496 000	512 000	16 000
营业利润	304 000	368 000	64 000

续表

项　目	预算数	实际数	差异数
营业资产占用额	1 248 000	1 264 000	16 000
销售利润率	38%	42%	4%
营业资产周转率	64.1%	69.6%	5.5%
投资报酬率	24.36%	29.11%	4.75%
机会成本	187 200	189 600	2 400
剩余收益	116 800	178 400	61 600

从上述业绩报告中可以看出，该中心本期实际投资报酬率比预算数提高了4.75%，其中销售利润率和资产周转率分别提高了4%和5.5%，同时剩余收益也增加了61 600元，虽然营业资产占用提高了16 000元，但是销售收入增长的幅度远远超过了销售成本和营业资产占用额的增加幅度，所以该投资中心本期的经营业绩是较好的，成本控制是有效的，企业应给予表彰奖励。

9.3　内部转移价格

企业内部各责任中心在生产经营活动中，既相互联系又相互独立地开展各自的活动，各责任中心之间经常相互提供产品和劳务，所以为了正确地计量考核评价企业内部各责任中心的经营业绩，明确区分它们的经济责任，使各个责任中心的业绩考核评价建立在客观可比的基础上，必须根据各个责任中心业务活动的具体情况及特点，正确制定企业内部合理的转移价格。

9.3.1　内部转移价格的概念

内部转移价格是指企业内部各责任中心之间相互提供产品或劳务进行结算所采用的价格标准。

内部转移价格所影响的"买""卖"双方都存在于同一个企业之中，对转出部门来说，内部转移价格就相当于销售收入，而对于转入部门来说则相当于成本，它同时影响到两个相关部门的经营业绩，定价高会增加转出部门的利润，从而降低转入部门的利润，定价低其结果相反，所以企业各责任部门都十分关心内部转移价格的制定。

9.3.2　内部转移价格的作用

任何企业中，各责任中心之间相互结算，以及责任成本的转账业务都是经常发生的。它们都依赖"内部转移价格"作为计价的标准。所以，责任会计就要求企业管理当局必须谨慎、合理地制定出适合本企业经营特点，并能充分发挥作用的内部转移价格。

制定内部转移价格的作用主要体现在以下几方面：

（1）有利于明确划分各责任中心的经济责任，激励责任中心负责人有效经营，并充分调动各责任中心的积极性。内部转移价格作为一种计量单位，可以确定中间转移产品价值量，反映各责任中心的成本费用，所以制定合理内部转移价格，可以合理确定各责任中心应承担的经济责任，切实维护各责任中心的经济权益，同时内部转移价格还能发挥类似市场价格的辅助作用，在一定程度上调动责任中心负责人及全体员工的工作态度和工作精神。

（2）使管理当局对各责任中心评价和考核，建立在客观、公正、可比的基础上。有了内部转移价格，使各责任中心在相互提供产品和劳务时可以进行合理的结算，从而分明各自的利益和经济责任，并可以恰当地衡量企业各责任中心的工作业绩，从而使评价和考核各责任中心的工作成就和经营成果有了一个客观的标准。

（3）有利于企业制定正确的经营决策和全面预算的编制。通过内部转移价格，可以把有关责任中心的经济责任，工作业绩加以数量化，使企业最高管理者和内部管理部门主管人员根据企业未来一定时期的经营目标和有关成本、收入、利润及资金使用情况，进行比较分析，制定正确经营决策。同时企业在编制全面预算时，需要许多价格指标，内部转移价格可以为其提供可靠的数据。

9.3.3 内部转移价格的种类

1. 市场价格

市场价格即根据提供产品或劳务的市场供应价格作为计价基础，简称为"市价"。以市场价格作为内部转移价格的责任中心一般是处于相对独立自主的状态，通常是独立经营核算的利润中心，它们有权决定生产产品的数量，出售或购买产品对象及其相应价格。

在西方国家，一般认为市场价格是制定内部转移价格最好的依据。因为市场价格比较客观，对买卖双方无所偏袒，而且能激励卖方努力改善经营管理、不断降低成本。同时市场价格作为内部转移价格可以使企业内部单位像真正相互独立的企业一样进行决策，有利于对各内部单位进行业绩评价，也有利于各内部单位在经营中做出对整个企业更有利的决策。如果某部门以该内部转移价格向其他部门销售产品却不能获利，那该部门应停止该产品的生产，改由向外界购入；如果某部门以内部转移价格从其他部门购入产品却不能获利，则应该停止该产品的内部转移，直接对外出售该产品。

以市场价格作为内部转移价格时应遵循以下原则：

（1）如果卖方产品价格与外部市场价格一致且愿意将其产品内销，则买方应优先从内部购买，不得拒绝。

（2）如果卖方产品售价高于市场价格，则买方有改向外界市场购入的自由。

（3）如果卖方认为将其产品对外销售更有利，卖方有权将产品外销而不对内销售。

企业内部相互提供产品不但有质量保障，交货比较迅速，可根据买方需要随时进行改正，还可节省外购、外销所需包装、运输、装卸、广告宣传等成本，所以在内部转移价格与外购效益相差不大甚至比外购价格略微不利时，均应先选择内部转移价格，以充分利用企业自身的生产能力，避免过多依赖企业外部，受不可控的外界因素的影响。

但是，以市场价格作为内部转移价格的计价基础，也有自身的局限性，这是由于企业内部相互提供的产品或劳务，往往是本企业专门生产具有特定规格要求，一般经过进一步加工才能对外出售，没有相应的市场价格为计价依据。同时这种计价方法还可能受不正常市场价格的引导做出错误的选择。例如，外部供应商为了吸引客户可能在开始时报出较低的价格作引诱，以后再伺机提高价格。

2. 协商价格

协商价格是责任中心之间以现有正常市场价格为基础，双方共同协商，确定出一个双方都愿意接受的结算价格作为计价标准。协商价格主要适用于没有现成的市场价格，或者是不只有一种市场价格的情况。

一般情况下，协商价格要比市场价格略低一些，这是因为：

（1）产品内销可以节省一定费用，这样内部转移价格中所包含的推销及管理费用，要比外部供应市价低一点。

（2）内部转移的中间产品业务量一般较大，降低了单位产品所负担的固定成本。

（3）卖方通常大多拥有剩余的生产能力，只要售价略高于单位变动成本就可以接受了。

可见，协商价格是以市场价为上限，以单位变动成本为下限，责任中心之间应在其上下限范围内协商制定一个双方都能接受的价格。

协商价格具有一定灵活性，可以兼顾到双方利益并能得到双方的认可，但是作为协商价格需要双方反复协商确定，比较容易造成在时间和精力上的浪费，还会使各部门利益受到谈判人员的谈判技巧影响，造成部门之间的矛盾。虽然说谈判技巧是管理人员自身能力的一种体现，但因此而改变另一部门的业绩评价却是不合理的。如果说责任中心之间发生矛盾不能自行解决，过多地依赖管理当局的仲裁调节，也必然会影响衡量各部门工作业绩的合理性、公正性。

3. 双重价格

双重内部转移价格是责任中心之间提供产品或劳务时分别采用不同的计价标准，即卖方可按市场价格或协商价格进行计价，而买方可按卖方部门的成本作为计价基础。采用双重内部转移价格可以较好地满足买卖双方之间的不同需要，也便于激励责任中心双方之间在生产经营上充分发挥其主动性和积极性。但是，采用这种方法通常要求转移的中间产品有外部市场，生产部门有剩余生产能力，而且单位变动成本要比市场价格要低，否则就难于发挥其作用，影响到企业经营目标一致性。

4. 成本加成

成本加成是指在产品或劳务的实际成本或标准成本上加上按一定的合理收益率计算收益作为计价基础，它主要适用于责任中心之间提供产品或劳务没有正常的市场价格情况。

按照产品或劳务的实际成本加成后作为内部转移价格，这能够保证转出部门有利可图，在某种程度上提高了转出部门的生产积极性，但是其成本是直接转入给下一个部门，把转出部门的功过全部转嫁给转入部门去负担、甚至是成本越高加成部分就越大，削弱了双方降低成本的责任感，不利于成本控制。

按照产品或劳务的标准成本加成后作为内部转移价格，相对于实际成本加成要科学得多，它一方面使转入部门不必再承担转出部门的不正常的成本，有利于分清责任中心之间的经济责任，正确评价各部门工作业绩。另一方面还能促使转出部门提高工作效率，重视成本控制，想方设法降低成本水平。

但是不管采用哪一种成本加成，在确定成本加成收益率时，往往带有很大程度的随意性，这就要求企业管理人员在制定时应谨慎，在市场调查研究基础上妥善制定，因为它们偏高或偏低都会影响到对责任中心之间的业绩评价。

课后训练

一、判断题

1. 投资中心必然是利润中心。（　　）
2. 企业职工个人不能构成责任实体，因而不能成为责任控制体系中的责任中心。（　　）
3. 可以计算其利润的组织单位，是真正意义上的利润中心。（　　）
4. 为了便于评价、考核各责任中心的业绩，对一责任中心提供给另一责任中心的产品，其供应方和使用方所采用的转移价格可以不同。（　　）
5. 成本中心要对本中心发生的全部成本负责。（　　）
6. 某责任中心有权决定是否使用某种资产，该责任中心就应对这种资产的成本负责。（　　）
7. 利润中心依靠对外销售产品或提供劳务取得收入。（　　）
8. 同一成本项目，对有的部门来说是可控的，而对另一部门则可能是不可控的。也就是说，成本的可控与否是相对的，而不是绝对的。（　　）
9. 各类责任中心业绩报告的编制时间一般为年末，但编制格式可以根据企业的实际需要而定。（　　）
10. 内部转移价格同时适用于成本中心、利润中心和投资中心。（　　）

二、单项选择题

1. 责任会计的主体是（　　）。
   A. 管理部门　　B. 责任中心　　C. 销售部门　　D. 生产中心
2. 投资中心的利润与其投资额的比率是（　　）。
   A. 内部收益率　　　　　　　B. 剩余收益
   C. 部门贡献毛益　　　　　　D. 投资报酬率
3. 责任会计确定责任成本的最重要原则是（　　）。
   A. 可避免性　　B. 因果性　　C. 可控性　　D. 变动性
4. 成本中心的责任成本是指该中心的（　　）。
   A. 固定成本　　　　　　　　B. 产品成本
   C. 可控成本之和　　　　　　D. 不可控成本之和
5. 下列项目中，不属于利润中心责任范围的是（　　）。
   A. 成本　　B. 收入　　C. 利润　　D. 投资效果
6. 以获取最大净利为目标的组织单位是（　　）。
   A. 责任中心　　B. 成本中心　　C. 利润中心　　D. 投资中心
7. 对于成本中心，考核的主要内容有（　　）。
   A. 标准成本　　B. 可控制成本　　C. 直接成本　　D. 可变成本

8. 为了使部门经理在决策时与企业目标协调一致，应该采用的评价指标为（　　）。
   A. 投资报酬率　　B. 剩余收益　　C. 现金回收率　　D. 销售利润率

9. 在以成本作为内部转移价格制定基础时，如果产品的转移涉及利润中心或投资中心时，下列方法中能够采用的只能是（　　）。
   A. 标准成本法　　　　　　　　B. 变动成本法
   C. 实际成本法　　　　　　　　D. 标准成本加成法

10. 某公司某部门的有关数据为：销售收入为50 000元，已销产品的变动成本和变动销售费用为30 000元，可控固定间接费用为2 500元，不可控间接固定费用为3 000元，分配来的公司管理费用为1 500元。那么，该部门利润中心负责人的可控利润为（　　）元。
    A. 20 000　　B. 17 500元　　C. 14 500　　D. 10 750元

三、多项选择题

1. 建立责任会计应遵循的基本原则有（　　）。
   A. 反馈原则　　B. 可控性原则　　C. 责权利相结合原则
   D. 统一性原则　　E. 激励原则

2. 责任中心按其所负责任和控制范围的不同，分为（　　）。
   A. 成本中心　　B. 费用中心　　C. 投资中心
   D. 收入中心　　E. 利润中心

3. 责任中心考核的指标包括（　　）。
   A. 可控成本　　B. 产品成本　　C. 利润
   D. 投资报酬率　　E. 剩余收益

4. 对投资中心考核的重点是（　　）。
   A. 边际贡献　　B. 销售收入　　C. 营业利润
   D. 投资报酬率　　E. 剩余收益

5. 利润中心分为（　　）。
   A. 自然利润中心　　B. 人为利润中心　　C. 实际利润中心
   D. 预算利润中心　　E. 标准利润中心

6. 成本中心可以是（　　）。
   A. 车间　　B. 个人　　C. 工段
   D. 班组　　E. 分厂

7. 复合成本中心的责任成本包括（　　）。
   A. 成品成本　　B. 变动成本　　C. 本中心的责任成本
   D. 本中心的不可控成本　　E. 其下属成本中心的责任成本

8. 以下各项中属于制定内部转移价格应遵循的原则有（　　）。
   A. 要有利于分清各责任中心的成绩和不足
   B. 要公正合理，避免主观随意性
   C. 要和市场价格保持一致
   D. 要为供求双方自愿接受
   E. 不能使用双重价格

9. 下列各项中可以作为内部转移价格的有（　　）。
A. 变动成本　　　B. 实际成本　　　C. 实际成本加成
D. 标准成本　　　E. 标准成本加成

10. 划分责任中心的标准包括（　　）。
A. 可以划清管理范围　　　　　　　B. 必须自负盈亏
C. 能明确经济责任　　　　　　　　D. 应以企业为单位进行划分
E. 能单独进行业绩考核

四、实务题

1. 某投资中心投资额为 100 000 元，年净利润为 20 000 元，公司为该投资中心规定的最低投资报酬率为 15%。
要求：计算该投资中心的投资报酬率和剩余收益。

2. 假定某分部有经营资产 20 000 元，经营净收益 6 000 元。
要求：
(1) 计算该分部的投资利润率。
(2) 如果利息按 15% 计算，其剩余收益是多少？

3. 某集团公司下设 A、B 两个投资中心。A 中心的投资额为 500 万元，投资利润率为 12%；B 中心的投资利润率为 15%，剩余收益为 30 万元；集团公司要求的平均投资利润率为 10%。集团公司决定追加投资 200 万元，若投向 A 公司，每年增加利润 25 万元；若投向 B 公司，每年增加利润 30 万元。
要求计算如下指标：
(1) 追加投资前 A 中心的剩余收益。
(2) 追加投资前 B 中心的投资额。
(3) 追加投资前集团公司的投资利润率。
(4) 若 A 中心接受追加投资，其剩余收益。
(5) 若 B 中心接受追加投资，其投资利润率和剩余收益。

4. 某厂甲车间是成本中心，甲车间下面设有 A、B 两个工段也是成本中心。甲车间本月发生的可控成本如表 9-8 所示。

表 9-8　甲车间本月可控成本　　　　　　　　　　单位：元

成本项目	实际数	预算数
间接材料	4 100	4 000
间接人工	3 200	3 000
车间管理人员工资	2 800	2 800
折旧费	3 600	3 600
维修费	800	1 200
其他	2 100	1 900
合计	16 600	16 500

A、B两个工段本月发生的可控成本如表9-9所示。

表9-9 A、B工段本月可控成本　　　　　　　　　　　　　　　单位：元

成本项目	A工段		B工段	
	实际数	预算数	实际数	预算数
直接材料	39 600	39 000	28 300	28 500
直接人工	26 200	26 500	31 700	32 000
制造费用	23 100	23 000	15 400	15 100
合计	88 900	88 500	75 400	75 600

要求：根据上述资料，编制甲车间的业绩报告并简要评价。

5. 某企业A利润中心本季度实际经营情况和差异数如表9-10所示。

表9-10 A利润中心本季度实际经营情况和差异数

项　　目	实际数	差异数
销售量/件	1 820	220(F)
销售单价/元	86	0
单位变动生产成本/元	48	1
单位销售及管理成本/元	7.5	0.5(U)
可控固定生产成本/元	13 280	1 280(U)
可控固定销售及管理成本/元	12 850	650(U)
上级分配固定成本/元	9 380	400(F)

要求：根据上述资料编制A利润中心本季度的业绩报告并简要评价。

6. 某企业华东地区事业部是投资中心，本年底的有关资料如表9-11所示。

表9-11 某企业华东地区事业部相关资料　　　　　　　　　　　单位：元

项　　目	实际数	预算数
销售收入	156 000	148 000
税前利润	48 000	45 000
营业资产平均占用额	120 000	100 000

该企业本年度预期投资报酬率为10%。

要求：根据上述资料，编制该事业部本年度的业绩报告，并简要评价。

五、案例分析题

兴隆电子电器公司由电子元器件和微机两个部门组成，每个部门都是独立的利润中心。电子元器件生产部生产三极管和电路板两种产品，有关成本资料如下：

三极管材料费10元，直接人工2小时，小时工资14元。

电路板材料费 4 元,直接人工 0.5 小时,小时工资 14 元。

电子元器件生产部的全年固定费用 400 000 元,年生产能力 50 000 小时。

三极管目前有一个客户,该客户每年的最大需求量 15 000 个,单价 60 元。如果该公司不满足这家客户的需求,电子元器件生产部的剩余生产能力可用于生产电路板,单价 18 元,无须求限制。

微机部门只生产液晶电源板一种产品,每台售价 140 元。该产品需要从外部购进一种新型的电子管配件,单价 60 元。液晶电源板的有关成本资料如下:

电子管配件 60 元,其他元件 8 元,人工 5 小时,小时工资 10 元。

公司一个研究项目显示,稍作改进,能将一个三极管改为电子管配件的代用品。这种改进需人工 1 小时,从而每个液晶电源板的人工为 6 小时/个,微机部门要求电子元器件部门制定一个内部转让价格,以便使用公司内部的配件生产。

要求:

(1) 预计今年能销售 5 000 个液晶电源板,从公司总体角度来考虑,应将多少三极管转给微机部门来代替外购配件?

(2) 如果液晶电源板的需求量确定为 5 000 个,而价格是不确定的,那么三极管的内部转让价格为多少比较适宜?

(3) 如果液晶电源板的需求上升到 12 000 个,其中多少个使用本厂内部的三极管?

附录　资金时间价值系数表

附表1　1元复利终值表

$(1+i)^n$

期数	1%	2%	3%	4%	5%	6%	7%	8%	9%	10%
1	1.010 0	1.020 0	1.030 0	1.040 0	1.050 0	1.060 0	1.070 0	1.080 0	1.090 0	1.100 0
2	1.020 1	1.040 4	1.060 9	1.081 6	1.102 5	1.123 6	1.144 9	1.166 4	1.188 1	1.210 0
3	1.030 3	1.061 2	1.092 7	1.124 9	1.157 6	1.191 0	1.225 0	1.259 7	1.295 0	1.331 0
4	1.040 6	1.082 4	1.125 5	1.169 9	1.215 5	1.262 5	1.310 8	1.360 5	1.411 6	1.464 1
5	1.051 0	1.104 1	1.159 3	1.216 7	1.276 3	1.338 2	1.402 6	1.469 3	1.538 6	1.610 5
6	1.061 5	1.126 2	1.194 1	1.265 3	1.340 1	1.418 5	1.500 7	1.580 9	1.677 1	1.771 6
7	1.072 1	1.148 7	1.229 9	1.315 9	1.407 1	1.503 6	1.605 8	1.713 8	1.828 0	1.948 7
8	1.082 9	1.171 7	1.266 8	1.368 6	1.477 5	1.593 8	1.718 2	1.850 9	1.992 6	2.143 6
9	1.093 7	1.195 1	1.304 8	1.423 3	1.551 3	1.689 5	1.838 5	1.999 0	2.171 9	2.357 9
10	1.104 6	1.219 0	1.343 9	1.480 2	1.628 9	1.790 8	1.967 2	2.158 9	2.367 4	2.59 37
11	1.115 7	1.243 4	1.384 2	1.539 5	1.710 3	1.898 3	2.104 9	2.331 6	2.580 4	2.853 1
12	1.126 8	1.268 2	1.425 8	1.601 0	1.795 9	2.012 2	2.252 2	2.518 2	2.812 7	3.138 4
13	1.138 1	1.293 6	1.468 5	1.665 1	1.885 6	2.132 9	2.409 8	2.719 6	3.065 8	3.452 3
14	1.149 5	1.319 5	1.512 6	1.731 7	1.979 9	2.260 9	2.578 5	2.937 2	3.341 7	3.797 5
15	1.161 0	1.345 9	1.558 0	1.800 9	2.078 9	2.396 6	2.759 0	3.172 2	3.642 5	4.177 2
16	1.172 6	1.372 8	1.604 7	1.873 0	2.182 9	2.540 4	2.952 2	3.425 9	3.970 3	4.595 0
17	1.184 3	1.400 2	1.652 8	1.947 9	2.292 0	2.692 8	3.158 8	3.700 0	4.327 6	5.054 5
18	1.196 1	1.428 2	1.702 4	2.025 8	2.406 6	2.854 3	3.379 9	3.996 0	4.717 1	5.559 9
19	1.208 1	1.456 8	1.753 5	2.106 8	2.527 0	3.025 6	3.616 5	4.315 7	5.141 7	6.115 9
20	1.220 2	1.485 9	1.806 1	2.191 1	2.653 3	3.207 1	3.869 7	4.661 0	5.604 4	6.727 5
21	1.232 4	1.515 7	1.860 3	2.278 8	2.786 0	3.399 6	4.140 6	5.033 8	6.108 8	7.400 2
22	1.244 7	1.546 0	1.916 1	2.369 9	2.925 3	3.603 5	4.430 4	5.436 5	6.658 6	8.140 3
23	1.257 2	1.576 9	1.973 6	2.464 7	3.071 5	3.819 7	4.740 5	5.871 5	7.257 9	8.254 3
24	1.269 7	1.608 4	2.032 8	2.563 3	3.225 1	4.048 9	5.072 4	6.341 2	7.911 1	9.849 7
25	1.282 4	1.640 6	2.093 8	2.665 8	3.386 4	4.291 9	5.427 4	6.848 5	8.623 1	10.835
26	1.295 3	1.673 4	2.156 6	2.772 5	3.555 7	4.549 4	5.807 4	7.396 4	9.399 2	11.918
27	1.308 2	1.706 9	2.221 3	2.883 4	3.733 5	4.882 3	6.213 9	7.988 1	10.24 5	13.110
28	1.321 3	1.741 0	2.287 9	2.998 7	3.920 1	5.111 7	6.648 8	8.627 1	11.16 7	14.421
29	1.334 5	1.775 8	2.356 6	3.118 7	4.116 1	5.418 4	7.114 3	9.317 3	12.17 2	15.863
30	1.347 8	1.811 4	2.427 3	3.243 4	4.321 9	5.743 5	7.612 3	10.06 3	13.26 8	17.449
40	1.488 9	2.208 0	3.262 0	4.801 0	7.040 0	10.28 6	14.79 4	21.72 5	31.40 8	45.259
50	1.644 6	2.691 6	4.383 9	7.106 7	11.46 7	18.42 0	29.45 7	46.90 2	74.35 8	117.39
60	1.816 7	3.281 0	5.891 6	10.52 0	18.67 9	32.98 8	57.94 6	101.2 6	176.0 3	304.48

续表

期数	12%	14%	15%	16%	18%	20%	24%	28%	32%	36%
1	1.120 0	1.140 0	1.150 0	1.160 0	1.180 0	1.200 0	1.240 0	1.280 0	1.320 0	1.360 0
2	1.254 4	1.299 6	1.322 5	1.345 6	1.392 4	1.440 0	1.537 6	1.638 4	1.742 4	1.849 6
3	1.404 9	1.481 5	1.520 9	1.560 9	1.643 0	1.728 0	1.906 6	2.087 2	2.300 0	2.515 5
4	1.573 5	1.689 0	1..749 0	1.810 6	1.938 8	2.073 6	2.364 2	2.684 4	3.036 0	3.421 0
5	1.762 3	1.925 4	2.011 4	2.100 3	2.287 8	2.488 3	2.931 6	3.436 0	4.007 5	4.652 6
6	1.973 8	2.195 0	2.313 1	2.436 4	2.699 6	2.986 0	3.635 2	4.398 0	5.289 9	6.327 5
7	2.210 7	2.502 3	2.660 0	2.826 2	3.185 5	3.583 2	4.507 7	5.629 5	6.982 6	8.605 4
8	2.476 0	2.852 6	3.059 0	3.278 4	3.758 9	4.299 8	5.589 5	7.205 8	9.217 0	11.703
9	2.773 1	3.251 9	3.517 9	3.803 0	4.435 5	5.159 8	6.931 0	9.223 4	12.166	15.917
10	3.105 8	3.707 2	4.045 6	4.411 4	5.233 8	6.191 7	8.594 4	11.806	16.060	21.647
11	3.478 5	4.226 2	4.652 4	5.117 3	6.175 9	7.430 1	10.657	15.112	21.199	29.439
12	3.896 0	4.817 9	5.350 3	5.936 0	7.287 6	8.916 1	13.215	19.343	27.983	40.037
13	4.363 5	5.492 4	6.152 8	6.885 8	8.599 4	10.699	16.386	24.759	36.937	54.451
14	4.887 1	6.261 3	7.075 7	7.987 5	10.147	12.839	20.319	31.691	48.757	74.053
15	5.473 6	7.137 9	8.137 1	9.265 5	11.974	15.407	25.196	40.565	64.359	100.71
16	6.130 4	8.137 2	9.357 6	10.748	14.129	18.488	31.243	51.923	84.954	136.97
17	6.866 0	9.276 5	10.761	12.468	16.672	22.186	38.741	66.461	112.14	186..28
18	7.690 0	10.575	12.375	14.463	19.673	26.623	48.039	86.071	148.02	253.34
19	8.612 8	12.056	14.232	16.777	23.214	31.948	59.568	108.89	195.39	344.54
20	9.646 3	13.743	16.367	19.461	27.393	38.338	73.864	139.38	257.92	468.57
21	10.804	15.668	18.822	22.574	32.324	46.005	91.592	178.41	340.45	637.26
22	12.100	17.861	21.645	26.186	38.142	55.206	113.57	228.36	449.39	866.67
23	13.552	20.362	24.891	30.376	45.008	66.247	140.83	292.30	593.20	1178.7
24	15.179	23.212	28.625	35.236	53.109	79.497	174.63	374.14	783.02	1 603.0
25	17.000	26.462	32.919	40.874	62.669	95.396	216.54	478.90	1 033.6	2 180.1
26	19.040	30.167	37.857	47.414	73.949	114.48	268.51	613.00	1 364.3	2 964.9
27	21.325	34.390	43.535	55.000	87.260	137.37	332.95	784.64	1 800.9	4 032.3
28	23.884	39.204	50.066	63.800	102.97	164.84	412.86	1 004.3	2 377.2	5 483.9
29	26.750	44.693	57.575	74.009	121.50	197.81	511.95	1 285.6	3 137.9	7 458.1
30	29.960	50.950	66.212	85.850	143.37	237.38	634.82	1 645.5	4 142.1	1 014.3
40	93.051	188.83	267.86	378.72	750.38	1 469.8	5 455.9	1 942 7	6 652 1	*
50	289.00	700.23	1 083.7	1 670.7	3 927.4	9 100.4	4 689 0	*	*	*
60	897.60	2 595.9	4 384.0	7 370.2	20 555.	56 348.	*	*	*	*

注：*＞999 99.

附表2 1元复利现值表

$(1+i)^{-n}$

期数	1%	2%	3%	4%	5%	6%	7%	8%	9%	10%
1	.990 1	.980 4	.970 9	.961 5	.952 4	.943 4	.934 6	.925 9	.917 4	.909 1
2	.980 3	.971 2	.942 6	.924 6	.907 0	.890 0	.873 4	.857 3	.841 7	.826 4
3	.970 6	.942 3	.915 1	.889 0	.863 8	.839 6	.816 3	.793 8	.772 2	.751 3
4	.961 0	.923 8	.888 5	.854 8	.822 7	.792 1	.762 9	.735 0	.708 4	.683 0
5	.951 5	.905 7	.862 6	.821 9	.783 5	.747 3	.713 0	.680 6	.649 9	.620 9
6	.942 0	.888 0	.837 5	.790 3	.746 2	.705 0	.666 3	.630 2	.596 3	.564 5
7	.932 7	.860 6	.813 1	.759 9	.710 7	.665 1	.622 7	.583 5	.547 0	.513 2
8	.923 5	.853 5	.787 4	.730 7	.676 8	.627 4	.582 0	.540 3	.501 9	.466 5
9	.914 3	.836 8	.766 4	.702 6	.644 6	.591 9	.543 9	.500 2	.460 4	.424 1
10	.905 3	.820 3	.744 1	.675 6	.613 9	.558 4	.508 3	.463 2	.422 4	.385 5
11	.896 3	.804 3	.722 4	.649 6	.584 7	.526 8	.475 1	.428 9	.387 5	.350 5
12	.887 4	.788 5	.701 4	.624 6	.556 8	.497 0	.444 0	.397 1	.355 5	.318 6
13	.878 7	.773 0	.681 0	.600 6	.530 3	.468 8	.415 0	.367 7	.326 2	.289 7
14	.870 0	.757 9	.661 1	.577 5	.505 1	.442 3	.387 8	.340 5	.299 2	.263 3
15	.861 3	.743 0	.641 9	.555 3	.481 0	.417 3	.362 4	.315 2	.274 5	.239 4
16	.852 8	.728 4	.623 2	.533 9	.458 1	.393 6	.338 7	.291 9	.251 9	.217 6
17	.844 4	.714 2	.605 0	.513 4	.436 3	.371 4	.316 6	.270 3	.231 1	.197 8
18	.836 0	.700 2	.587 4	.493 6	.415 5	.350 3	.295 9	.250 2	.212 0	.179 9
19	.827 7	.686 4	.570 3	.474 6	.395 7	.330 5	.276 5	.231 7	.194 5	.163 5
20	.819 5	.673 0	.553 7	.456 4	.376 9	.311 8	.258 4	.214 5	.178 4	.148 6
21	.811 4	.659 8	.537 5	.438 8	.358 9	.294 2	.241 5	.198 7	.163 7	.135 1
22	.803 4	.646 8	.521 9	.422 0	.341 8	.277 5	.225 7	.183 9	.150 2	.122 8
23	.795 4	.634 2	.506 7	.405 7	.325 6	.261 8	.210 9	.170 3	.137 8	.111 7
24	.787 6	.621 7	.491 9	.390 1	.310 1	.247 0	.197 1	.157 7	.126 4	.101 5
25	.779 8	.609 5	.477 6	.375 1	.295 3	.233 0	.184 2	.146 0	.116 0	.092 3
26	.772 0	.597 6	.463 7	.360 4	.281 2	.219 8	.172 2	.135 2	.106 4	.083 9
27	.764 4	.585 9	.450 2	.346 8	.267 8	.207 4	.160 9	.125 2	.097 6	.076 3
28	.756 8	.574 4	.437 1	.333 5	.255 1	.195 6	.150 4	.115 9	.089 5	.069 3
29	.749 3	.563 1	.424 3	.320 7	.242 9	.184 6	.140 6	.107 3	.082 2	.063 0
30	.741 9	.552 1	.412 0	.308 3	.231 4	.174 1	.131 4	.099 4	.075 4	.057 3
35	.705 9	.500 0	.355 4	.253 4	.181 3	.130 1	.093 7	.067 6	.049 0	.035 6
40	.671 7	.452 9	.306 6	.208 3	.142 0	.097 2	.066 8	.046 0	.031 8	.022 1
45	.649 1	.410 2	.264 4	.171 2	.111 3	.072 7	.047 6	.031 3	.020 7	.013 7
50	.608 0	.371 5	.228 1	.140 7	.087 2	.054 3	.033 9	.021 3	.013 4	.008 5
55	0.578 5	0.336 5	0.196 8	0.115 7	0.068 3	0.040 6	0.024 2	0.014 5	0.008 7	0.005 3

续表

期数	12%	14%	15%	16%	18%	20%	24%	28%	32%	36%
1	.8929	.8772	.8696	.8621	.8475	.8333	.8065	.7813	.7576	.7353
2	.7972	.7695	.7561	.7432	.7182	.6944	.6504	.6104	.5739	.5407
3	.7118	.6750	.6575	.6407	.6086	.5787	.5245	.4768	.4348	.3975
4	.6355	.5921	.5718	.5523	.5158	.4823	.4230	.3725	.3294	.2923
5	.5674	.5194	.4972	.4762	.4371	.4019	.3411	.2910	.2495	.2149
6	.5066	.4556	.4323	.4104	.3704	.3349	.2751	.2274	.1890	.1580
7	.4523	.3996	.3759	.3538	.3139	.2791	.2218	.1776	.1432	.1162
8	.4039	.3506	.3269	.3050	.2660	.2326	.1789	.1388	.1085	.0854
9	.3606	.3075	.2843	.2630	.2255	.1938	.1443	.1084	.0822	.0628
10	.3220	.2697	.2472	.2267	.1911	.1615	.1164	.0847	.0623	.0462
11	.2875	.2366	.2149	.1954	.1619	.1346	.0938	.0662	.0472	.0340
12	.2567	.2076	.1869	.1685	.1373	.1122	.0557	.0517	.0357	.0250
13	.2292	.1821	.1625	.1452	.1163	.0935	.0610	.0404	.0271	.0184
14	.2046	.1597	.1413	.1252	.0985	.0779	.0492	.0316	.0205	.0135
15	.1827	.1401	.1229	.1079	.0835	.0649	.0397	.0247	.0155	.0099
16	.1631	.1229	.1069	.0980	.0709	.0541	.0320	.0193	.0118	.0073
17	.1456	.1078	.0929	.0802	.0600	.0451	.0259	.0150	.0089	.0054
18	.1300	.0946	.0808	.0691	.0508	.0376	.0208	.0118	.0068	.0039
19	.1161	.0829	.0703	.0596	.0431	.0313	.0168	.0092	.0051	.0029
20	.1037	.0728	.0611	.0514	.0365	.0261	.0135	.0072	.0039	.0021
21	.0926	.0638	.0531	.0443	.0309	.0217	.0109	.0056	.0029	.0016
22	.0826	.0560	.0462	.0382	.0262	.0181	.0088	.0044	.0022	.0012
23	.0738	.0491	.0402	.0329	.0222	.0151	.0071	.0034	.0017	.0008
24	.0659	.0431	.0349	.0284	.0188	.0126	.0057	.0027	.0013	.0006
25	.0588	.0378	.0304	.0245	.0160	.0105	.0046	.0021	.0010	.0005
26	.0525	.0331	.0264	.0211	.0135	.0087	.0037	.0016	.0007	.0003
27	.0469	.0291	.0230	.0182	.0115	.0073	.0030	.0013	.0006	.0002
28	.0419	.0255	.0200	.0157	.0097	.0061	.0024	.0010	.0004	.0002
29	.0374	.0224	.0174	.0135	.0082	.0051	.0020	.0008	.0003	.0001
30	.0334	.0196	.0151	.0116	.0070	.0042	.0016	.0006	.0002	.0001
35	.0189	.0102	.0075	.0055	.0030	.0017	.0005	.0002	.0001	*
40	.0107	.0053	.0037	.0026	.0013	.0007	.0002	.0001	*	*
45	.0061	.0027	.0019	.0013	.0006	.0003	.0001	*	*	*
50	.0035	.0014	.0009	.0006	.0003	.0001	*	*	*	*
55	0.0020	0.0007	0.0005	0.0003	0.0001	*	*	*	*	*

注：*<0.0001.

附表3 1元年金终值表

$$\frac{(1+i)^n-1}{i}$$

期数	1%	2%	3%	4%	5%	6%	7%	8%	9%	10%
1	1.000 0	1.000 0	1.000 0	1.000 0	1.000 0	1.000 0	1.000 0	1.000 0	1.000 0	1.000 0
2	2.010 0	2.020 0	2.030 0	2.040 0	2.050 0	2.060 0	2.070 0	2.080 0	2.090 0	2.100 0
3	3.030 1	3.060 4	3.090 9	3.121 6	3.152 5	3.183 6	3.214 9	3.246 4	3.278 1	3.310 0
4	4.060 4	4.121 6	4.183 6	4.246 5	4.310 1	4.374 6	4.439 9	4.506 1	4.573 1	4.641 0
5	5.101 0	5.204 0	5.309 1	5.416 3	5.525 6	5.637 1	5.750 7	5.866 6	5.984 7	6.105 1
6	6.152 0	6.308 1	6.468 4	6.633 0	6.801 9	6.975 3	7.153 3	7.335 9	7.523 3	7.715 6
7	7.213 5	7.434 3	7.662 5	7.898 3	8.142 0	8.393 8	8.654 0	8.922 8	9.200 4	9.487 2
8	8.285 7	8.583 0	8.892 3	9.214 2	9.549 1	9.897 5	10.26 0	10.63 7	11.028	11.436
9	9.368 5	9.754 6	10.159	10.583	11.027	11.491	11.978	12.488	13.021	13.579
10	10.462	10.950	11.464	12.006	12.578	13.181	13.816	14.487	15.193	15.937
11	11.567	12.169	12.808	13.486	14.207	14.972	15.784	16.645	17.560	18.531
12	12.683	13.412	14.192	15.026	15.917	16.870	17.888	18.977	20.141	21.384
13	13.809	14.680	15.618	16.627	17.713	18.882	20.141	21.495	22.953	24.523
14	14.947	15.974	17.086	18.292	19.599	21.015	22.550	24.214	26.019	27.975
15	16.097	17.293	18.599	20.024	21.579	23.276	25.129	27.152	29.361	31.772
16	17.258	18.639	20.157	21.825	23.657	25.673	27.888	30.324	33.003	35.950
17	18.430	20.012	21.762	23.698	25.840	28.213	30.840	33.750	36.974	40.545
18	19.615	21.412	23.414	25.645	28.132	30.906	33.999	37.450	41.301	45.599
19	20.811	22.841	25.117	27.671	30.539	33.760	37.379	41.446	46.018	51.159
20	22.019	24.297	26.870	29.778	33.066	36.786	40.995	45.752	51.160	57.275
21	23.239	25.783	28.676	31.969	35.719	39.993	44.865	50.423	56.765	64.002
22	24.472	27.299	30.537	34.248	38.505	43.392	49.006	55.457	62.873	71.403
23	25.716	28.845	32.453	36.618	41.430	46.996	53.436	60.883	69.532	79.543
24	26.973	30.422	34.426	39.083	44.502	50.816	58.177	66.765	76.790	88.497
25	28.243	32.030	36.459	41.646	47.727	54.863	63.249	73.106	84.701	98.347
26	29.526	33.671	38.553	44.312	51.113	59.156	68.676	79.954	93.324	109.18
27	30.821	35.344	40.710	47.084	54.669	63.706	74.484	87.351	102.72	121.10
28	32.129	37.051	42.931	49.968	58.403	68.528	80.698	95.339	112.97	134.21
29	33.450	38.792	45.219	52.966	62.323	73.640	87.347	103.97	124.14	148.63
30	34.785	40.568	47.575	56.085	66.439	79.058	94.461	113.28	136.31	164.49
40	48.886	60.402	75.401	95.026	120.80	154.76	199.64	259.06	337.88	442.59
50	64.463	84.579	112.80	152.67	209.35	290.34	406.53	573.77	815.08	1 163.9
60	81.670	114.05	163.05	237.99	353.58	533.13	813.52	1 253.2	1 944.8	3 034.8

续表

期数	12%	14%	15%	16%	18%	20%	24%	28%	32%	36%
1	1.000 0	1.000 0	1.000 0	1.000 0	1.000 0	1.000 0	1.000 0	1.000 0	1.000 0	1.000 0
2	2.120 0	2.140 0	2.150 0	2.160 0	2.180 0	2.200 0	2.240 0	2.280 0	2.320 0	2.360 0
3	3.374 4	3.439 6	3.472 5	3.505 6	3.572 4	3.640 0	3.777 6	3.918 4	3.062 4	3.209 6
4	4.779 3	4.921 1	4.993 4	5.066 5	5.215 4	5.368 0	5.684 2	6.015 6	6.362 4	6.725 1
5	6.352 8	6.610 1	6.742 4	6.877 1	7.154 2	7.441 6	8.048 4	8.699 9	9.398 3	10.146
6	8.115 2	8.535 5	8.753 7	8.977 5	9.442 0	9.929 9	10.980	12.136	13.406	14.799
7	10.089	10.730	11.067	11.414	12.142	12.916	14.615	16.534	18.696	21.126
8	12.300	13.233	13.727	14.240	15.327	16.499	19.123	22.163	25.678	29.732
9	14.776	16.085	16.786	17.519	19.086	20.799	24.712	29.369	34.895	41.435
10	17.549	19.337	20.304	21.321	23.521	25.959	31.643	38.593	47.062	57.352
11	20.655	23.045	24.349	25.733	28.755	32.150	40.238	50.398	63.122	78.998
12	24.133	27.271	29.002	30.850	34.931	39.581	50.895	65.510	84.320	108.44
13	28.029	32.089	34.352	36.786	42.219	48.497	64.110	84.853	112.30	148.47
14	32.393	37.581	40.505	43.672	50.818	59.196	80.496	109.61	149.24	202.93
15	37.280	43.842	47.580	51.660	60.965	72.035	100.82	141.30	198.00	276.98
16	42.753	50.980	55.717	60.925	72.939	87.442	126.01	181.87	262.36	377.69
17	48.884	59.118	65.075	71.673	87.068	105.93	157.25	233.79	347.31	514.66
18	55.750	68.394	75.836	84.141	103.74	128.12	195.99	300.25	459.45	770.94
19	63.440	78.969	88.212	98.603	123.41	154.74	244.03	385.32	607.47	954.28
20	72.052	91.025	102.44	115.38	146.63	186.69	303.60	494.21	802.86	1298.8
21	81.699	104.77	118.81	134.84	174.02	225.03	377.46	633.59	1 060.8	1 767.4
22	92.503	120.44	137.63	157.41	206.34	271.03	469.06	812.00	1 401.2	2 404.7
23	104.60	138.30	159.28	183.60	244.49	326.24	582.63	1 040.4	1 850.6	3 271.3
24	118.16	158.66	184.17	213.98	289.49	392.48	723.46	1 332.7	2 443.8	4 450.0
25	133.33	181.87	212.79	249.21	342.60	471.98	898.09	1 706.8	3 226.8	6 053.0
26	150.33	208.33	245.71	290.09	405.27	567.38	1 114.6	2 185.7	4 260.4	8 233.1
27	169.37	238.50	283.57	337.50	479.22	681.85	1 383.1	2 798.7	5 624.8	11 198.
28	190.70	272.89	327.10	392.50	566.48	819.22	1 716.1	3 583.3	7 425.7	15 230.3
29	214.58	312.09	377.17	456.30	669.45	984.07	2 129.0	4 587.7	9 802.9	20 714.2
30	241.33	356.79	434.75	530.31	790.95	1181.9	2 640.9	5 873.2	12 941.	28 172.3
40	767.09	1 342.0	1 779.1	2 360.8	4 163.2	7 343.2	2 729.	69 377.	*	*
50	2 400.0	4 994.5	7 217.7	10 436.	21 813.	45 497.	*	*	*	*
60	7 471.6	18 535.	29 220.	46 058.	*	*	*	*	*	*

注：*＞99 999.

附表4 1元年金终值表

$$\frac{1-(1+i)^{-n}}{i}$$

期数	1%	2%	3%	4%	5%	6%	7%	8%	9%
1	0.990 1	0.980 4	0.970 9	0.961 5	0.952 4	0.943 4	0.934 6	0.925 9	0.917 4
2	1.970 4	1.941 6	1.913 5	1.886 1	1.859 4	1.833 4	1.808 0	1.783 3	1.759 1
3	2.941 0	2.883 9	2.828 6	2.775 1	2.723 2	2.673 0	2.624 3	2.577 1	2.531 3
4	3.902 0	3.807 7	3.717 1	3.629 9	3.546 0	3.465 1	3.387 2	3.312 1	3.239 7
5	4.853 4	4.713 5	4.579 7	4.451 8	4.329 5	4.212 4	4.100 2	3.992 7	3.889 7
6	5.795 5	5.601 4	5.417 2	5.242 1	5.075 7	4.917 3	4.766 5	4.622 9	4.485 9
7	6.728 2	6.472 0	6.230 3	6.002 1	5.786 4	5.582 4	5.389 3	5.206 4	5.033 0
8	7.651 7	7.325 5	7.019 7	6.732 7	6.463 2	6.209 8	5.971 3	5.746 6	5.534 8
9	8.566 0	8.162 2	7.786 1	7.435 3	7.107 8	6.801 7	6.515 2	6.246 9	5.995 2
10	9.471 3	8.982 6	8.530 2	8.110 9	7.721 7	7.360 1	7.023 6	6.710 1	6.417 7
11	10.367 6	9.786 8	9.252 6	8.760 5	8.306 4	7.886 9	7.498 7	7.139 0	6.805 2
12	11.255 1	10.575 3	9.954 0	9.385 1	8.863 3	8.383 8	7.942 7	7.536 1	7.160 7
13	12.133 7	11.348 4	10.635 0	9.985 6	9.393 6	8.852 7	8.357 7	7.903 8	7.486 9
14	13.003 7	12.106 2	11.296 1	10.563	9.898 6	9.295 0	8.745 5	8.244 2	7.786 2
15	13.865 1	12.849 3	11.937 9	11.118	10.379 7	9.712 2	9.107 9	8.5595	8.060 7
16	14.717 9	13.577 7	12.561 1	11.652 3	10.837 8	10.105 9	9.446 6	8.851 4	8.312 6
17	15.562 3	14.291 9	13.166 1	12.165 7	11.274 1	10.477 3	9.763 2	9.121 6	8.543 6
18	16.398 3	14.992 0	13.753 5	12.689 6	11.689 6	10.827 6	10.059 1	9.37 19	8.755 6
19	17.226 0	15.678 5	14.323 8	13.133 9	12.085 3	11.158 1	10.335 6	9.60 36	8.960 1
20	18.045 6	16.351 4	14.877 5	13.590 3	12.462 2	11.469 9	10.594 0	9.818 1	9.128 5
21	18.857 0	17.011 2	15.415 0	14.029 2	12.821 2	11.764 1	10.835 5	10.016 8	9.029 2
22	19.660 4	17.658 0	15.936 9	14.451 1	13.488 6	12.303 4	11.061 2	10.200 7	9.442 4
23	20.455 8	18.292 2	16.443 6	14.856 8	13.488 6	12.303 4	11.272 2	10.371 1	9.580 2
24	21.243 4	18.913 9	16.935 5	15.247 0	13.798 6	12.550 4	11.469 3	10.528 8	9.706 6
25	22.023 2	19.523 5	17.413 1	15.622 1	14.093 9	12.783 4	11.653 6	10.674 8	9.822 6
26	22.795 2	20.121 0	17.876 8	15.982 8	14.375 2	13.003 2	11.825 8	10.810 0	9.929 0
27	23.559 6	20.705 9	18.327 0	16.329 6	14.643 0	13.210 5	11.986 7	10.935 2	10.026 6
28	24.316 4	21.281 3	18.764 1	16.663 1	14.898 1	13.406 2	12.137 1	11.051 1	10.116 1
29	25.065 8	21.844 4	19.188 5	16.983 7	15.141 1	13.590 7	12.277 7	11.158 4	10.198 3
30	25.807 7	22.396 5	19.600 4	17.292 0	15.372 5	13.764 8	12.409 0	11.257 8	10.273 7
35	29.408 6	24.998 6	21.487 2	18.664 6	16.374 2	14.498 2	12.947 7	11.654 6	10.566 8
40	32.834 7	27.355 5	23.114 8	19.792 8	17.159 1	15.046 3	13.331 7	11.924 6	10.757 4
45	36.094 5	29.490 2	24.518 7	20.720 0	17.774 1	15.455 8	13.605 5	12.108 4	10.881 2
50	39.196 1	31.423 6	25.729 8	21.482 2	18.255 9	15.761 9	13.800 7	12.233 5	10.961 7
55	42.147 2	33.174 8	26.774 4	22.108 6	18.633 5	15.990 5	13.939 9	12.318 6	11.014 0

续表

期数	10%	12%	14%	15%	16%	18%	20%	24%	28%	32%
1	0.909 1	0.892 9	0.877 2	0.869 6	0.862 1	0.847 5	0.833 3	0.806 5	0.781 3	0.757 6
2	1.735 5	1.690 1	1.646 7	1.625 7	1.605 2	1.565 6	1.527 8	1.456 8	1.391 6	1.331 5
3	2.486 9	2.401 8	2.321 6	2.283 2	2.245 9	2.174 3	2.106 5	1.981 3	1.868 4	1.766 3
4	3.169 9	3.037 3	2.917 3	2.855 0	2.798 2	2.690 1	2.588 7	2.404 3	2.241 0	2.095 7
5	3.790 8	3.604 8	3.433 1	3.352 2	3.274 3	3.127 2	2.990 6	2.745 4	2.532 0	2.345 2
6	4.355 3	4.111 4	3.888 7	3.784 5	3.684 7	3.497 6	3.325 5	3.020 5	2.759 4	2.534 2
7	4.868 4	4.563 8	4.288 2	4.160 4	4.038 6	3.811 5	3.604 6	3.242 3	2.937 0	2.677 5
8	5.334 9	4.967 6	4.638 9	4.487 3	4.343 6	4.077 6	3.837 2	3.421 2	3.075 8	2.786 0
9	5.759 0	5.328 2	4.916 4	4.771 6	4.606 5	4.303 0	4.031 0	3.565 5	3.184 2	2.868 1
10	6.144 6	5.650 2	5.216 1	5.018 8	4.833 2	4.494 1	4.192 5	3.681 9	3.268 9	2.930 4
11	6.495 1	5.937 7	5.452 7	5.233 7	5.028 6	4.656 0	4.327 1	3.775 7	3.335 1	2.977 6
12	6.813 7	6.194 4	5.660 3	5.420 6	5.197 1	4.793 2	4.439 2	3.851 4	3.386 8	3.013 3
13	7.103 4	6.423 5	5.842 4	5.583 1	5.342 3	4.909 5	4.532 7	3.912 4	3.427 2	3.040 4
14	7.366 7	6.628 2	6.002 1	5.724 5	5.467 5	5.008 1	4.610 6	3.961 6	3.458 7	3.060 9
15	7.606 1	6.810 9	6.142 2	5.847 4	5.575 5	5.091 6	4.675 5	4.001 3	3.483 4	3.076 4
16	7.823 7	6.974 0	6.265 1	5.954 2	5.668 5	5.162 4	4.729 6	4.033 3	3.502 6	3.088 2
17	8.021 6	7.119 6	6.372 9	6.047 2	5.748 7	5.222 3	4.774 6	4.059 1	3.517 7	3.097 1
18	8.021 6	7.249 7	6.467 4	6.128 0	5.817 8	5.273 2	4.812 2	4.079 9	3.529 4	3.103 9
19	8.364 9	7.365 8	6.550 4	6.198 2	5.877 5	5.316 2	4.843 5	4.096 7	3.538 6	3.109 0
20	8.513 6	7.469 4	6.623 1	6.259 3	5.928 8	5.352 7	4.869 6	4.110 3	3.545 8	3.112 9
21	8.648 7	7.562 0	6.687 0	6.312 5	5.973 1	5.383 7	4.891 3	4.121 2	3.551 4	3.115 8
22	8.771 5	7.644 6	6.742 9	6.358 7	6.011 3	5.409 9	4.909 4	4.130 0	3.555 8	3.118 0
23	8.883 2	7.718 4	6.792 1	6.398 8	6.044 2	5.342 1	4.924 5	4.137 1	3.559 2	3.119 7
24	8.984 7	7.784 3	6.835 1	6.433 8	6.072 6	5.450 9	4.937 1	4.142 8	3.561 9	3.121 0
25	9.077 0	7.843 1	6.872 9	6.464 1	6.097 1	5.466 9	4.947 6	4.147 4	3.564 0	3.122 2
26	9.160 9	7.895 7	6.906 1	6.490 6	6.118 2	5.480 4	4.956 3	4.151 1	3.565 6	3.122 7
27	9.237 2	7.942 6	6.935 2	6.513 5	6.136 4	5.491 9	4.963 6	4.154 2	3.566 9	3.123 3
28	9.306 6	7.984 4	6.960 7	6.533 5	6.152 0	5.501 6	4.969 7	4.156 6	3.567 9	3.123 7
29	9.369 6	8.021 8	6.983 0	6.550 9	6.165 6	5.509 8	4.974 7	4.158 5	3.568 7	3.124 0
30	9.426 9	8.055 2	7.002 7	6.566 0	6.177 2	5.516 6	4.978 9	4.160 1	3.569 3	3.124 2
35	9.644 2	8.175 5	7.070 0	6.616 6	6.215 3	5.538 6	4.991 5	4.164 4	3.570 8	3.124 8
40	9.779 1	8.243 8	7.105 0	6.641 8	6.233 5	5.548 2	4.996 6	4.165 9	3.571 2	3.125 0
45	9.862 8	8.282 5	7.123 2	6.654 3	6.242 1	5.552 3	4.998 6	4.166 4	3.571 4	3.125 0
50	9.914 8	8.304 5	7.132 7	6.660 5	6.246 3	5.554 1	4.999 5	4.166 6	3.571 4	3.125 0
55	9.947 1	8.317 0	7.137 6	6.663 6	6.248 2	5.554 9	4.999 8	4.166 6	3.571 4	3.125 0

参 考 文 献

[1] 陈兴滨. 管理会计学[M]. 2版. 北京：中国人民大学出版社，2008.
[2] 单祖明. 管理会计学习指导、习题与案例[M]. 2版. 北京：高等教育出版社，2007.
[3] 侯晓红. 管理会计[M]. 大连：东北财经大学出版社，2004.
[4] 李雪松. 企业财务管理咨询与诊断[M]. 北京：中国经济出版社，2003.
[5] 潘飞. 管理会计[M]. 上海：上海财经大学出版社，2003.
[6] 邵敬浩. 管理会计[M]. 2版. 北京：高等教育出版社，2007.
[7] 吴大军，牛彦秀，王满. 管理会计[M]. 大连：东北财经大学出版社，2004.
[8] 吴大军. 管理会计[M]. 北京：中央广播电视大学出版社，1999.
[9] 杨文安. 管理会计原理与个案[M]. 上海：上海财经大学出版社，2002.
[10] 余绪缨. 管理会计[M]. 北京：首都经济贸易大学出版社，2004.
[11] 张玉英. 管理会计[M]. 北京：科学出版社，2005.
[12] 赵国忠. 财务管理案例[M]. 北京：高等教育出版社，2004.
[13] 仲岩. 管理会计实务[M]. 2版. 北京：高等教育出版社，2004.
[14] 周柯爱. 管理会计[M]. 杭州：浙江大学出版社，2004.
[15] 朱清贞，颜晓燕，肖小玮. 财务管理案例教程[M]. 北京：清华大学出版社，2003.

北京大学出版社高职高专财经类规划教材书目

财务会计系列

序号	书名	标准书号	主编	定价	出版年月
1	统计学基础	978-7-81117-756-5	阮红伟	30	201101 第2次印刷
2	统计学原理	978-7-81117-825-8	廖江平	25	201111 第3次印刷
3	统计学原理	978-7-301-21924-9	吴思莹	36	201301
4	统计学原理与实务	978-7-5038-4836-0	姜长文	26	201007 第5次印刷
5	实用统计基础与案例	978-7-301-20409-2	黄彬红	35	201204
6	经济学基础	978-7-301-21034-5	陈守强	34	201301
7	经济法实用教程	978-7-81117-675-9	胡卫东	39	201111 第3次印刷
8	经济法原理与实务	978-7-5038-4846-9	孙晓平	38	200905 第3次印刷
9	财经法规	978-7-81117-885-2	李 萍	35	201202 第2次印刷
10	会计基本技能	978-7-5655-0067-1	高东升	26	201211 第3次印刷
11	会计基础实训	978-7-301-19964-0	刘春才	29	201201
12	会计基础实务	978-7-301-21145-8	刘素菊等	27	201208
13	企业会计基础	978-7-301-20460-3	徐炳炎	33	201204
14	基础会计	978-7-5655-0062-6	常 美	28	201008
15	基础会计教程	978-7-81117-753-4	侯 颖	30	200907
16	基础会计教程与实训	978-7-5038-4845-2	李 洁	28	201008 第5次印刷
17	基础会计教程与实训（第2版）	978-7-301-16075-6	李 洁	30	201301 第2次印刷
18	基础会计实训教程	978-7-5038-5017-2	王桂梅	20	201106 第3次印刷
19	基础会计原理与实务	978-7-5038-4849-0	侯旭华	28	200908 第3次印刷
20	财务管理	978-7-5655-0328-3	翟其红	29	201107
21	财务活动管理	978-7-5655-0162-3	石兰东	26	201301 第2次印刷
22	财务管理教程与实训	978-7-5038-4837-7	张 红	37	200911 第3次印刷
23	财务会计	978-7-5655-0117-3	张双兰	40	201101
24	财务会计（第2版）	978-7-81117-975-6	李 哲	32	201003
25	财务会计	978-7-301-20951-6	张严心等	32	201208
26	财务会计实用教程	978-7-5038-5027-1	丁增稳	36	200805
27	财务会计实务	978-7-301-22005-4	管玲芳	36	201301
28	财务管理	978-7-301-17843-0	林 琳	35	201301 第2次印刷
29	Excel财务管理应用	978-7-5655-0358-0	陈立稳	33	201108
30	中小企业财务管理教程	978-7-301-19936-7	周 兵	28	201201
31	财务管理实务教程	978-7-301-21945-4	包忠明等	30	201302
32	成本会计	978-7-5655-0130-2	陈东领	25	201101
33	成本会计	978-7-81117-592-9	李桂梅	28	201207 第3次印刷
34	成本会计实训教程	978-7-81117-542-4	贺英莲	23	201101 第3次印刷
35	成本费用核算	978-7-5655-0165-4	王 磊	27	201211 第2次印刷
36	成本会计	978-7-301-19409-6	徐亚明	24	201211 第2次印刷
37	成本会计实务	978-7-301-19308-2	王书果	36	201108
38	成本会计	978-7-301-21561-6	潘素琼	27	201301
39	审计业务操作	978-7-5655-0171-5	涂申清	30	201301 第2次印刷
40	审计业务操作全程实训教程	978-7-5655-0259-0	涂申清	26	201204 第2次印刷
41	审计学原理与实务	978-7-5038-4843-8	马西牛	32	201007 第2次印刷
42	税务会计实用教程	978-7-5038-4848-3	李克桥	37	200808 第2次印刷
43	涉税业务核算	978-7-301-18287-1	周常青	29	201101
44	企业纳税实务	978-7-5655-0188-3	司宇佳	25	201101
45	企业纳税与筹划实务	978-7-301-20193-0	郭武燕	38	201203
46	纳税申报与筹划	978-7-301-20921-9	李英艳等	38	201207
47	新编纳税筹划	978-7-301-22770-1	李 丹	30	201307
48	企业纳税计算与申报	978-7-301-21327-8	傅凤阳	30	201210
49	会计电算化实用教程	978-7-5038-4853-7	张耀武	28	200802
50	会计电算化实用教程（第2版）	978-7-301-09400-6	刘东辉	20	200806
51	电算会计综合实习	978-7-301-21096-3	陈立稳等	38	201208

序号	书 名	标准书号	主编	定价	出版年月
52	会计电算化项目教程	978-7-301-22104-4	亓文会	34	201303
53	会计英语	978-7-5038-5012-7	杨 洪	28	200908 第 2 次印刷
54	财经英语阅读	978-7-81117-952-1	朱 琳	29	201301 第 3 次印刷
55	行业特殊业务核算	978-7-301-18204-8	余 浩	30	201101
56	预算会计	978-7-301-20440-5	冯 萍	39	201205
57	Excel 在财务和管理中的应用	978-7-301-22264-5	陈跃安等	33	201303
58	管理会计	978-7-301-22822-7	王红珠等	34	201307

经济贸易系列

序号	书 名	标准书号	主编	定价	出版年月
1	资产评估	978-7-81117-645-2	董亚红	40	201107 第 2 次印刷
2	国际结算	978-7-81117-842-5	黎国英	25	201207 第 2 次印刷
3	国际结算	978-7-5038-4844-5	徐新伟	32	200907 第 2 次印刷
4	国际贸易结算	978-7-301-20980-6	罗俊勤	31	201207
5	货币银行学	978-7-5038-4838-4	曹 艺	28	201206 第 4 次印刷
6	货币银行学	978-7-301-21181-6	王 菲等	37	201209
7	国际金融基础与实务	978-7-5038-4839-1	冷丽莲	33	200708
8	国际金融	978-7-301-21097-0	张艳清	26	201208
9	国际金融实务	978-7-301-21813-6	付玉丹	36	201301
10	国际贸易概论	978-7-81117-841-8	黎国英	28	201204 第 4 次印刷
11	国际贸易理论与实务	978-7-5038-4852-0	程敏然	40	200708
12	国际贸易实务	978-7-301-19393-8	李湘滇	34	201301 第 2 次印刷
13	国际贸易实务操作	978-7-301-19962-6	王言炉	37	201201
14	国际贸易实务	978-7-301-20929-5	夏新燕	30	201208
15	国际贸易实务	978-7-301-20192-3	刘 慧等	25	201305 第 2 次印刷
16	国际贸易实务	978-7-301-16838-7	尚 洁等	26	201208
17	国际商务谈判	978-7-81117-532-5	卞桂英	33	201001 第 2 次印刷
18	国际商务谈判（第 2 版）	978-7-301-19705-9	刘金波	35	201112
19	国际商法实用教程	978-7-5655-0060-2	聂红梅	35	201204 第 2 次印刷
20	进出口贸易实务	978-7-5038-4842-1	周学明	30	200805 第 2 次印刷
21	金融英语	978-7-81117-537-0	刘 娣	24	201009 第 3 次印刷
22	财政基础与实务	978-7-5038-4840-7	才凤玲	34	201001 第 2 次印刷
23	财政与金融	978-7-5038-4856-8	谢利人	37	200808 第 2 次印刷
24	外贸单证	978-7-301-17417-3	程文吉	28	201109
25	新编外贸单证实务	978-7-301-21048-2	柳国华	30	201208
26	国际商务单证	978-7-301-20974-5	刘 慧等	29	201207
27	商务英语学习情境教程	978-7-301-18626-8	孙晓娟	27	201109
28	国际投资	978-7-301-21041-3	高田歌	33	201208
29	商业银行会计实务	978-7-301-21132-8	王启姣	35	201208
30	商业银行经营管理	978-7-301-21294-3	胡良琼等	27	201209
31	保险实务	978-7-301-20952-3	朱丽莎	30	201208
32	国际市场营销项目教程	978-7-301-21724-5	李湘滇	38	201301
33	报关实务	978-7-301-21987-4	董章清等	35	201301
34	报关与报检实务	978-7-301-16612-3	农晓丹	37	201303
35	报检报关业务：认知与操作	978-7-301-21886-0	姜 维	38	201301
36	外贸英语函电	978-7-301-21847-1	倪 华	28	201301
37	经济学基础	978-7-301-22536-3	王 平	32	201306
38	国际海上货运代理实务	978-7-301-22629-2	肖 旭	27	201306
39	国际贸易实务	978-7-301-22739-8	刘笑诵	33	201307
40	国际贸易与国际金融教程	978-7-301-22738-1	蒋 晶等	31	201307

营销管理系列

序号	书 名	标准书号	主编	定价	出版年月
1	电子商务实用教程	978-7-301-18513-1	卢忠敏	33	201211 第 2 次印刷

序号	书 名	标准书号	主编	定价	出版年月
2	网络营销理论与实务	978-7-5655-0039-8	宋沛军	32	201112 第 2 次印刷
3	电子商务项目式教程	978-7-301-20976-9	胡 雷	25	201208
4	电子商务英语	978-7-301-17603-0	陈晓鸣	22	201111 第 2 次印刷
5	市场营销学	978-7-5038-4859-9	李世宗	28	200807 第 2 次印刷
6	市场营销	978-7-81117-957-6	钟立群	33	201207 第 2 次印刷
7	市场调查与预测	978-7-5655-0252-1	徐 林	27	201105
8	市场调查与预测	978-7-301-19904-6	熊衍红	31	201112
9	市场营销理论与实训	978-7-5655-0316-0	路 娟	27	201107
10	市场营销项目驱动教程	978-7-301-20750-5	肖 飞	34	201206
11	市场调查与预测情景教程	978-7-301-21510-4	王生云	36	201301
12	市场调研案例教程	978-7-81117-570-7	周宏敏	25	201101 第 2 次印刷
13	营销策划技术	978-7-81117-541-7	方志坚	26	201012 第 2 次印刷
14	营销策划	978-7-301-20608-9	许建民	37	201205
15	现代推销技术	978-7-301-20088-9	尤凤翔等	32	201202
16	推销与洽谈	978-7-301-21278-3	岳贤平	25	201009
17	商务沟通实务	978-7-301-18312-0	郑兰先	31	201112 第 2 次印刷
18	商务礼仪	978-7-5655-0176-0	金丽娟	29	201207 第 2 次印刷
19	商务礼仪	978-7-81117-831-9	李 巍	33	201205 第 3 次印刷
20	现代商务礼仪	978-7-81117-855-5	覃常员	24	201206 第 3 次印刷
21	商务谈判	978-7-5038-4850-6	范银萍	32	200908 第 2 次印刷
22	商务谈判	978-7-301-20543-3	尤凤翔等	26	201205
23	职场沟通实务	978-7-301-16175-3	吕宏程	30	201208
24	管理学基础	978-7-81117-974-3	李蔚田	34	201204 第 3 次印刷
25	管理学原理	978-7-5038-4841-4	季 辉	26	201007 第 3 次印刷
26	管理学原理与应用	978-7-5655-0065-7	秦 虹	27	201207 第 2 次印刷
27	管理学实务教程	978-7-301-21324-7	杨清华	33	201301
28	企业管理	978-7-5038-4858-2	张 亚	34	201007 第 3 次印刷
29	现代企业管理	978-7-81117-806-7	于翠华	38	200908
30	现代企业管理	978-7-301-19687-8	刘 磊	32	201301 第 3 次印刷
31	通用管理实务	978-7-81117-829-6	叶 萍	39	201101 第 2 次印刷
32	中小企业管理	978-7-81117-529-5	吕宏程	35	201108 第 4 次印刷
33	中小企业管理（第 2 版）	978-7-301-21124-3	吕宏程	39	201305 第 2 次印刷
34	企业管理实务	978-7-301-20657-7	关善勇	28	201205
35	连锁经营与管理	978-7-5655-0019-0	宋之苓	37	201208 第 3 次印刷
36	企业经营管理模拟训练（含记录手册）	978-7-301-21033-8	叶 萍等	29	201208
37	企业经营ERP沙盘实训教程	978-7-301-21723-8	葛颖波	29	201301
38	管理信息系统	978-7-81117-802-9	刘 宇	30	200907
39	现代公共关系原理与实务	978-7-5038-4835-3	张美清	25	201003 第 2 次印刷
40	公共关系实务	978-7-301-20096-4	李 东等	32	201202
41	人力资源管理	978-7-5038-4851-3	李蔚田	40	200802
42	人力资源管理实务	978-7-301-19096-8	赵国忻	30	201107
43	消费心理学	978-7-81117-661-2	臧良运	31	201205 第 5 次印刷
44	消费心理与行为分析	978-7-301-19887-2	王水清	30	201305 第 2 次印刷
45	广告原理与实务	978-7-5038-4847-6	郑小兰	32	201007 第 2 次印刷
46	零售学	978-7-81117-759-6	陈文汉	33	201111 第 2 次印刷
47	商品学概论	978-7-5038-4855-1	方凤玲	20	201008 第 3 次印刷
48	秘书理论与实务	978-7-81117-590-5	赵志强	26	200812
49	广告实务	978-7-301-21207-3	夏美英	29	201209
50	营销渠道开发与管理	978-7-301-21214-1	王水清	34	201209
51	商务统计实务	978-7-301-21293-6	陈晔武	29	201209
52	秘书与人力资源管理	978-7-301-21298-1	肖云林等	25	201209

序号	书名	标准书号	主编	定价	出版年月
53	市场营销学	978-7-301-22046-7	饶国霞等	35	201301
54	市场营销策划	978-7-301-22384-0	冯志强	36	201305
55	商务谈判实训	978-7-301-22628-5	夏美英	23	201306
56	ERP沙盘模拟实训教程	978-7-301-22697-1	钮立新	25	201307

物流管理系列

序号	书名	标准书号	编著者	定价	出版时间
1	现代物流概论	978-7-81117-803-6	傅莉萍	40	201010 第2次印刷
2	现代物流管理	978-7-301-17374-9	申纲领	30	201205 第2次印刷
3	现代物流管理	978-7-5038-4854-4	沈默	37	200908 第3第印刷
4	现代物流概论	978-7-301-20922-6	钮立新	38	201207
5	企业物流管理	978-7-81117-804-3	傅莉萍	32	201208 第3次印刷
6	物流专业英语	978-7-5655-0210-1	仲颖	24	201205 第2次印刷
7	现代生产运作管理实务	978-7-301-17980-2	李陶然	39	201211 第2次印刷
8	物流案例与实训	978-7-301-17521-7	申纲领	28	201307 第3次印刷
9	物流市场调研	978-7-81117-805-0	覃逢	22	201102 第2次印刷
10	物流营销管理	978-7-81117-949-1	李小叶	36	201205 第2次印刷
11	采购管理实务	978-7-301-17917-8	李方峻	28	201205 第2次印刷
12	采购实务	978-7-301-19314-3	罗振华	33	201306 第2次印刷
13	供应链管理	978-7-301-20639-3	杨华	33	201205
14	采购与供应链管理实务	978-7-301-19968-8	熊伟	36	201201
15	采购作业与管理实务	978-7-301-22035-1	李陶然	30	201301
16	仓储管理技术	978-7-301-17522-4	王冬	26	201306 第2次印刷
17	仓储管理实务	978-7-301-18612-1	李怀湘	30	201209 第2次印刷
18	仓储与配送管理	978-7-81117-995-8	吉亮	38	201207 第3次印刷
19	仓储与配送管理实训教程	978-7-81117-886-9	杨叶勇	24	201209 第2次印刷
20	仓储与配送管理实务	978-7-5038-4857-5	郭曙光	44	201009 第2次印刷
21	仓储与配送管理实务	978-7-301-20182-4	李陶然	35	201203
22	仓储与配送管理项目式教程	978-7-301-20656-0	王瑜	38	201205
23	仓储配送技术与实务	978-7-301-22673-5	张建奇	38	201307
24	物流运输管理	978-7-301-17506-4	申纲领	29	201109 第2次印刷
25	物流运输实务	978-7-301-20286-9	黄河	40	201203
26	运输管理项目式教程	978-7-301-19323-5	钮立新	30	201108
27	物流信息系统	978-7-81117-827-2	傅莉萍	40	201205 第2次印刷
28	物流信息系统案例与实训	978-7-81117-830-2	傅莉萍	26	200908
29	物流信息技术与应用	978-7-301-17212-4	谢金龙	30	201211 第3次印刷
30	物流成本管理	978-7-301-20891-5	傅莉萍	28	201207
31	第三方物流综合运营	978-7-301-21213-4	施学良	32	201209
32	物流市场营销	978-7-301-21249-3	张勤	36	201209
33	国际货运代理实务	978-7-301-21968-3	张建奇	38	201301
34	物流经济地理	978-7-301-21963-8	葛颖波等	29	201301
35	运输组织与管理项目式教程	978-7-301-21946-1	苏玲利	26	201301
36	物流商品养护技术	978-7-301-22771-8	李燕东	25	201307
37	物流设施与设备	978-7-301-22823-4	傅莉萍等	28	201307
38	运输管理实务	978-7-301-22824-1	黄友文	32	201307
39	药品物流基础	978-7-301-22863-0	钟秀英	30	201307

相关教学资源如电子课件、电子教材、习题答案等可以登录www.pup6.com下载或在线阅读。

扑六知识网（www.pup6.com）有海量的相关教学资源和电子教材供阅读及下载（包括北京大学出版社第六事业部的相关资源），同时欢迎您将教学课件、视频、教案、素材、习题、试卷、辅导材料、课改成果、设计作品、论文等教学资源上传到pup6.com，与全国高校师生分享您的教学成就与经验，并可自由设定价格，知识也能创造财富。具体情况请登录网站查询。

如您需要免费纸质样书用于教学，欢迎登录第六事业部门户网（www.pup6.com）填表申请，并欢迎在线登记选题以到北京大学出版社来出版您的大作，也可下载相关表格填写后发到我们的邮箱，我们将及时与您取得联系并做好全方位的服务。

扑六知识网将打造成全国最大的教育资源共享平台，欢迎您的加入——让知识有价值，让教学无界限，让学习更轻松。

联系方式：010-62750667，sywat716@126.com（经管），lihui851085153@163.com（物流），linzhangbo@126.com，欢迎来电来信咨询。